エビデンスの社会学

Sociology of Scientific Evidence

証言の消滅と真理の現在

松村一志

Kazushi Matsumura

青土社

エビデンスの社会学　目次

第Ⅱ部　歴史篇

エビデンスの社会学　証言の消滅と真理の現在

凡例

一、文献挙示の形式は、原則的に論文誌『相関社会科学』の方式に従っている。ただし、全角・半角等の書式は適宜変更した。本文中での引用に際しては、「著者名［出版年：引用箇所］」の簡略表記を用いている。

二、引用箇所は「」で示し、引用文中で省略した部分は［…］とした。引用者による補足説明は［］で補っている。

三、引用文献の初出については「→」を使用し、「初版出版年→第N版出版年」という形で、両方の発行年を表記した。ただし、同一内容の再版は同じ版と見なしている。また、文献リスト上には、改版に当たって変更が生じた情報のみ記載し、それ以外の情報は省略した。

四、翻訳書の出版年については「＝」を使用し、「原書出版年＝翻訳書出版年」と表記した。翻訳書が複数巻に分かれている場合、文献リスト上では、「原書＝翻訳書上巻：翻訳書下巻」のように列挙している。

五、翻訳書からの引用に当たっては、基本的に翻訳書の訳文を使用している。訳文を改変した場合には、その旨を記載した。

はじめに

1

ある事件の話から始めよう。

事件の当事者は、コナン・ドイル（一八五九—一九三〇）である。ドイルと言えば、名探偵シャーロック・ホームズを生み出した小説家だ。その作品を紐解けばわかる通り、ドイルは「証拠」とは何かを考え抜いた人物の一人である。現場に残された足跡や微物を科学的に観察するホームズの手法は、当時まだ一般的ではなかった「科学捜査」の先駆けとも言える。

ところが、ドイルには小説家の他に、もう一つの顔があった。それは、心霊主義者としての一面である。心霊主義とは、死後の魂（＝幽霊）の存在を信じる思想である。よく知られていることだが、ドイルは幽霊の存在を信じ、その「証拠」を集めていた。しかし、その「証拠」収集はお世辞にも上手く運んだとは言い難い。その一つの象徴が、コティングリー妖精事件である。

いきさつはこうだ。

一九一七年七月、イングランド北部のヨークシャー地方にあるコティングリー村で、エルシー・ライト（一九〇一―一九八八）とその従姉妹フランシス・グリフィス（一九〇七―一九八六）という二人の少女がカメラを持って森に出かけ、写真を撮って帰ってきた。エルシーの父親が写真を現像すると、そこには少女と一緒に、手のひらサイズの小さな妖精が写っていた。一九二〇年五月には、この写真が神智学協会の役員エドワード・ルイス・ガードナー（一八六九―一九六九）の目に触れ、翌六月には、写真の存在を耳にしたドイルのもとに、写真が送られた。この写真を信じたドイルは、同年の『ストランド・マガジン *The Strand Magazine*』（クリスマス号）でことの詳細を報告し、さらに一九二二年には『妖精の到来 *The Coming of Fairies*』（Doyle［1922=1998→2021］）という書物まで出版した。こうして、世間は大騒ぎになり、一大事件に発展したのである（浜野［2015:136-139］，井村［2021:7-8］）。

事件に決着がついたのは、それから数十年後の一九八一年のことである。社会学者ジョー・クーパーが、すっかり老婦人になったフランシスから、写真（うち一枚を除く）が捏造だと聞き出したのである。トリックは至って簡単で、『メアリー王女のギフトブック *Princess Merry's Gift Book*』という絵本の中の妖精を描き写し、適当な場所にピン留めして写真に収めたという、ただそれだけのことだった（Cooper［1990=1999: 第16章］，浜野［2015:154-155］，井村［2021:7］）。

しかし、なぜ「証拠」に造詣の深いドイルほどの人物が、子供騙しのトリック写真にいとも簡単に騙されてしまったのだろうか？

この事件は、一見すると、ドイルの迂闊さを示すものに見えるかもしれない。けれども、ここではむしろ、それを「証拠」を扱うことの難しさを象徴するエピソードだと捉えてみたい。

私たちは日々、様々な情報に触れている。しかし、そうした情報の真偽を見分けるのも容易ではない。確信を持っていた情報が間違っていたり、眉唾だと思っていた情報が正しかったり、という経験も一度や二度ではないだろう。

それを避けるために、私たちにできるのは「証拠」を探してみることである。その情報を裏付けるデータはあるのか？　情報のソース（出処）はどこなのか？　このように問いかけてみる。そうすると、「証拠」が見つかったり、あるいは見つからなかったりする。

だが、「証拠」が見つかれば安心かと言えば、そうとも言い切れない。なぜなら、今度は「証拠」が覆る可能性もあるからだ。「確実な証拠」だと思っていたものが、後から間違いだったことが発覚するかもしれない。

「動かぬ証拠」だと信じたものに裏切られる経験はありふれている。そう考えると、コティングリー妖精事件は、何もドイルだけの問題ではないように思えてくる。ひょっとすると、妖精の写真を信じてしまうドイルの行動も、実は、私たちの姿そのものなのではないか？

私たちは情報とどう向き合い、「証拠」をどう見極めているのか——ドイルの事件は、私たち自身をめぐるこうした問いを投げかけている。

まずは、「証拠」という問題を切り口に、私たちの生きる社会のあり方を見渡してみよう。

2

「証拠」とは何か？　この問いに対する答えは、時代とともに移り変わってきた。

二一世紀を生きる私たちが真っ先に思い浮かべるのは、写真や指紋あるいはＤＮＡといった「物証」だろう。それらは、推理小説や刑事ドラマに出てくる「動かぬ証拠」の典型である。例えば、犯行の瞬間をカメラが捉えていれば、あるいは、犯行現場から特定の人物の指紋やDNAが検出されれば、その人物こそが犯人に違いない――そう疑いたくなる。

しかし、こうした「物証」が当たり前になったのも、実はそれほど昔のことではない。いまから二〇〇年前の一九世紀初頭には、写真も指紋も、ましてやDNA型鑑定など未だ使われていなかった。例えば、フランスの画家ルイ・ジャック・マンデ・ダゲール(一七八九―一八五一)が、初めての実用的な写真術「ダゲレオタイプ」を発表したのは、一八三九年のことである(菊池[2016:10-11])。また、イギリスの遺伝学者フランシス・ゴルトン(一八二二―一九一一)が、世界初の指紋の専門書『指紋 *Finger Prints*』を出版したのは、一八九二年である。指紋の分類や指紋を使った捜査は以前から散発的に行われていたが、本格的な導入は一八九〇年代を待たねばならなかった(橋本[2010:116-126])。さらに、DNA型鑑定が開発され、初めて犯罪捜査に応用されたのは、それからおよそ一世紀後の一九八〇年代のことである(瀬田[2005:第2章])。

つまり、私たちが真っ先に思い浮かべる「証拠=物証」の代表例はいずれも、一九世紀以降の産物なのである。それでは、一九世紀以前の人々が思い浮かべる「証拠」とは、一体どのようなものだったのか?

イギリス最初の推理小説の一つ、ウィルキー・コリンズ(一八二四―一八八九)の『白衣の女 *The Woman in White*』(一八六〇)は、そうした時代の記録として読むことができる。この話の中心は、イギリスの田舎に大きな屋敷を構える富豪フェアリー家の財産を狙った陰謀である。一族の娘ローラ・フェアリーは、遺産を狙う夫の企みによって、自分と瓜二つのアン・キャサリックという女性と入れ替えられ、死亡したことにされてしまう。そのため、ローラは自らの法律的な地位を回復するために、自分がアンではなく正真正銘のローラその人であることを証明しなければならなかった。だが、自分が自分であることを、どうすれば証明できるのか？　ローラの地位回復に奔走する絵画教師ウォルター・ハートライトは、弁護士のウィリアム・カールにこう言われてしまう。

二人の人物の容貌が似ている場合の本人確認の問題は最も難しい事件なのです。今回のようにややこしい状況を伴っていない場合ですら、最も厄介なものなのです。私としましては、この驚くべき出来事の解明には、正直言って展望が持てないのです。仮に、リマリッジの教会墓地に埋葬された女がレディー・グライド［＝ローラ・フェアリー］でないとしても、あなたのお話によれば、レディー・グライドに容貌はそっくりだという。だとすれば、我々が当局に対して遺体発掘の許可を申請しても、得るところは何もないでしょう。一言で言えばですね、ハートライトさん、これは訴訟になりませんよ。絶対に駄目ですね。（Collins［1859-1860→1910:399-400=1996:64］、［　］内は引用者による）

写真や指紋が未だ普及していない一九世紀半ばの環境では、自分が自分であることを証明することさえ容易ではない。ローラとその仲間がかろうじて利用できたのは、人々の「証言」と業務日誌や帳簿などの「証拠書類」だけだった。度重なる調査の末、ハートライトはようやく貸馬車屋の帳簿と御者の証言を入手し、死亡診断書が発行された次の日にローラが馬車に乗っていたこと——すなわち、ローラが入れ替えられたこと——を証明する。そしてついに、本物のローラを連れたハートライトが、フェアリー家や村の人々を集めて調査結果を告げると、弁護士のカールが「考え得る限り完全な証拠（the plainest evidence）で立証されている」ことを保証し、聴衆は歓声を上げた。「間違いなくお嬢様だ。お嬢様は生きておられるぞ。お嬢様に神様の祝福を！　さあ、皆の衆も一緒に！　さあ！」（Collins [1859-1860→1910:562=1996:386-387]、傍点は引用者による）

3

「証拠」を取り巻く環境は、この二〇〇〇年の間に様変わりしている。二〇世紀には、証明写真つきの身分証が当たり前になったが、二一世紀に入ると、パソコンやスマートフォンにカメラや指紋認証が搭載され、「物証」のテクノロジーを誰もが手軽に使うことができるようになった。

だから、この物語の舞台がもしも現代社会であったなら、顔認証や指紋認証も使えたはずだし、DNA型鑑定によって血縁関係を明らかにすることもできただろう。そうした「物証」のテクノロジーに慣れ親しんだ現代人からすれば、貸馬車屋の帳簿と御者の証言は「完全な証拠」どころか、戸籍上の死亡を取り消すための「証拠」としては、あまりにも根拠薄弱なものに思えてしまう。馬車に乗った人物こそが偽物のローラだったとしたら、全てが崩れてしまうからだ。

しかし、写真や指紋やDNA型鑑定が存在しない世界では、そもそも「証言」や「証拠書類」以上の説得性を持つ「証拠」が必要であるという発想自体を持つことができない。つまり、何が「完全な証拠」であるのかは、その時代の状況に依存している。

決定的な「証拠」であったはずのものが、後から見ると、はなはだ頼りないものに見えてくること。

この変化をもたらしたのは、一七世紀前後に発展を始め、一九世紀以降、それまでにないペースで飛躍を重ねた科学である。科学は、次々に新たな「物証」のテクノロジーを生み出して、「証拠」を取り巻く環境を変化させるだけでなく、何が「証拠」であるのかをめぐる人々の感性をも変えてしまった。「科学的証拠」でなければ、十分な「証拠」とは言えない――そういう感性を出現させたのである。

二一世紀には、コンピュータやインターネットの爆発的な普及に伴い、科学はさらに「データ」のテクノロジーを急速に進化させている。天文学や測地学あるいは人口調査に見られるように、「数値」という意味での「データ」は古くからある。だが、今日ではそれがデジタル化され、電子的に保存されることで、いままでにない規模・速度で処理できるようになった。写真や指紋といった「物証」も次々にデジタル化され、電子的なデータベースへと保存されている。私たちは、言わば「データベース」の時代を生きているのだ。そうした中、「証拠」という概念の輪郭がぼやけ、「証拠」とは何かという問題が、改めて問い直されている。

では、私たちの生きるこの時代において「証拠」とは何なのか？　それはいかなる歴史を持ち、これからどう変わっていくのか？　私たちは「証拠」とどう付き合っていけば良いのか？

本書を貫くのは、これらの問題である。

4

ただし、こうした問いに答える上で外せないものがある。それは、いま述べた「科学的証拠」だ。

一口に「証拠」と言っても、その種類は様々である。中でも、私たちが最も重視しているのは、

「科学的証拠」だろう。「エビデンス」というカタカナ語の浸透は、そのことを象徴している。

「エビデンス」とは、直訳すれば「証拠」や「根拠」のことだが、単なる「証拠」というよりも、むしろ「科学的証拠」というニュアンスが強い。二一世紀に入って、「エビデンス」という言葉がよく使われるようになったが、この言葉の広がりは、私たちの生きる社会が「科学的証拠」にますます強く依存するようになったことを示している。医療・経済・教育・政治……といった様々な分野で、「科学的証拠」に基づく決定が求められるようになった。そうした中で、「科学的証拠」によって立証されれば、それは「事実」だという感覚も広がっている。

とはいえ、「科学的証拠」が万能かと言えば、そんなことはない。というのも、そこには「誤謬」の可能性があるからだ。現在の科学において「科学的証拠」と認められていることが、未来の科学でも同じように「科学的証拠」と認められるとは限らない。例えば、最新の臨床データに基づいて治療を行う近年の医療では、「エビデンス」が日々更新されている。だから、もしも自分の担当医が、三〇年前の「エビデンス」をもとに治療に当たっていることがわかれば、不安に思うだろう。何が「エビデンス」と言えるかは、刻々と変化しているのである。

だが、それだけではない。「誤謬」の問題よりも遥か手前に、もっと根本的な問題がある。それは「嘘」の可能性だ。現時点で「科学的証拠」と見なされているものが、本当は「捏造」かもしれない――研究不正の問題は、そうした疑いを広く認知させてきた。例えば、アメリカのベル研究所の超電導の研究者ヤン・ヘンドリック・シェーンが起こしたシェーン事件（二〇〇二年）は、史上最大級の捏造事件として知られている。また、韓国・ソウル大学の黄禹錫《ファン・ウソク》教授が引き起こした黄禹錫事件（二〇〇五年）は、ＥＳ細胞捏造事件として大きなニュースになった。そして日本でも、理化学研究所で起きたSTAP細胞（刺激惹起性多能性獲得細胞）の捏造問題が、STAP細胞事件（二〇一四年）として世間を騒がせた。

このように、「科学的証拠」をめぐっては、「誤謬」や「嘘」といった問題が付きまとう。だから、目の前の「科学的証拠」をそのまま鵜呑みにするのは早計だろう。しかし、だからといって、「科学的証拠」を無視するとしたら、それもまた別の危険を冒すことになる。

このことは、いままさに問題になっていることでもある。

原発事故やパンデミックに象徴されるように、私たちの生きる現代社会は、様々な「リスク」に晒され、科学的知識やテクノロジー抜きでは語れなくなっている。そうした「リスク」が降りかかるとき、私たちは専門家に意見を求める。──原発は安全なのか？　放射能汚染はどのくらい深刻なのか？　マスクには感染予防の効果があるのか？　ワクチンの副反応は重篤なのか？……等々。ところが、その意見はしばしば対立し、何を信じれば良いのかわからなくなってしまう。

こうした中で、正反対の二つの動きが生まれている。

一方では、マスメディアやインターネットを通じて、人々がますます実験データなどの「エビデンス」ないし「科学的証拠」を求めるようになっている。しかし他方で、インターネットを中心に、科学の通説を全否定する「フェイクニュース」や「陰謀論」（＝科学否定論）もまた目立っている。つまり、「科学的証拠」が求められると同時に、それを拒絶する動きも広がっているのだ。

もちろん、「科学的証拠」が、いつでも正しいとは限らない。数ヶ月前まで「正しい」（＝真理）とされていた事柄が、いつの間にか「間違い」（＝虚偽）になったり、逆に、「間違い」だとされていた情報が、「正しい」ものとして再評価されたりする。ある時点での「科学的証拠」は、あくまでもその時点の「証拠」にすぎない。だから、それを過信するのは問題だろう。しかし、「科学的証拠」を全面的に拒否することは、それを盲信するよりも遥かに危険である。「科学的証拠」を信じすぎず、かつ同時に、それを疑いすぎないこと――私たちに必要なのは、そのような態度だろう。

では、「科学的証拠」について、何をどのように考えれば良いのか？

5

「科学的証拠」をめぐっては、大きく分けて二つの考え方をとることができる。

一つは、「科学的証拠」を使えば世界を正しく捉えられる、という楽観的な見方である。古代から現代に至るまで、科学はその手法を「進化」させてきた。だから、「科学的証拠」に基づけば、世界をよりよく把握することができる。科学における実証の手続きを信頼するこうした立場は、緩やかに「実証主義」と呼ばれている。

もう一つは、「科学的証拠」を使っても世界を正しく捉えることはできない、という悲観的な見方である。科学はその手法を変化させてきたが、そのことは「悪夢」とも捉えられる。過去の「科学的証拠」の多くが、現在では「非科学」の烙印を押されている。これとちょうど同じように、現在の「科学的証拠」も将来的には「非科学」と見なされてしまうのだとしたら、私たちは「科学的証拠」を信じることができなくなる。科学的手続きの有効性に疑問を投げかけるこうした立場は、「相対主義」と呼ばれている。

二〇世紀の人々は、科学技術の光と影を目の当たりにした。科学技術のかつてない発達により、人々の生活は驚くほど便利になった。だが、その反面、放射能汚染・公害・薬害・環境破壊……というように、その負の側面も次々と明らかになってきた。「科学的証拠」の歴史を「進歩」と捉える実証主義と、それを言わば「悪夢」と捉える相対主義は、まさにそうした科学をめぐる信頼と不信の思想的表現と見ることもできる。二〇世紀後半の人文・社会科学では、両者が激しい対立を繰り広げたが、その背景には、こうした時代状況があった。

けれども、本書の見方は、二つのどちらでもない。むしろ、次のように考えている。「科学的証拠」は、確かに「誤謬」や「嘘」に晒されている。過去の「科学的証拠」が覆されることも稀ではないし、実は捏造かもしれない。しかし、だからといって、その全てが信頼できないわけではない。それどころか、他の「証拠」と比べると、「科学的証拠」の方が信頼性は遥かに高いと言って良いだろう。「科学的証拠」は「誤謬」や「嘘」の可能性を、他の「証拠」と比べればかなりうまくコントロールできている。

「科学的証拠」は完全ではないし、時と場合によっては最善でさえないかもしれない。それでも、トータルに見れば、「科学的証拠」ほど信頼できる「証拠」はないだろう。それは、絶対に確実とは言えないにしても、相対的には確かな「証拠」なのである。

だとするならば、「科学的証拠」を信じるか疑うかの二者択一で考えるべきではない。むしろ、「科学的証拠」がどこまで信頼でき、どこから疑わしくなるのかを、仔細に観察するべきだろう。言い換えれば、科学が「誤謬」や「嘘」をどのようにコントロールしているのか、あるいはしていないのかを、その他の「証拠」と比較しながら捉え直す必要がある。

この本では、そうした視点から「科学的証拠」について考えてみたい。具体的には、次のような問いに答えることを目指している。

「科学的証拠」とは何であり、その他の「証拠」とはどう違うのか？「証拠」の長い歴史において、「科学的証拠」はどう位置づけることができるのか？ それはどのように形成され、これからどうなっていくのか？

二一世紀に入り、私たちはますます多くの情報の真偽を自分で判断しなければならなくなった。その中で、「証拠」とは何かという問いを誰もが突きつけられている。したがって、「科学的証拠」について考えることは、いま私たちがどのような社会を生きており、これからいかなる社会を生きることになるのかを考える重要なヒントになるはずだ。

6

本書の見取り図を示しておこう。

大きく分けると、本書は二つのパート（理論篇・歴史篇）からなり、そこに序章・中間考察・終章が加わっている。

序章では、本書全体の問題関心を改めて説明していく。具体的には、二〇世紀後半以降の人文・社会科学の動向を大まかに把握しつつ、本書の直接の先行研究となる社会学と科学論の展開を見ていく。その中で、実証主義とも相対主義とも異なる本書の基本的立場を説明する。

前半（第Ⅰ部）は「理論篇」に当たり、「科学的証拠」を考えるための基礎理論を練り上げていく。

ここでは、話題を必ずしも「証拠」に限定せず、むしろ「科学」「実在」「真理」といった大きな主題を扱っていく。第1章では社会構成主義と呼ばれる科学論の一つの流派を、第2章ではドイツの社会学者ニクラス・ルーマンの科学システム論を、第3章ではフランスの哲学者ミシェル・フーコーの真理論をそれぞれ検討しながら、本書なりの理論的立場を提案することになる。「科学」「実在」「真理」を広い視点から論じていくこのパートは、一見すると迂遠に見えるかもしれない。だが、この作業によって初めて、「科学的証拠」を論じるための基礎を築くことができる。

後半（第Ⅱ部）は「歴史篇」に当たり、いよいよ「科学的証拠」の歴史を解明する。第4章では、科学史・科学社会学の歴史研究を検討しながら、科学における「証拠」の歴史をめぐる論点を明確にする。続く第5章・第6章では、一九世紀と二〇世紀の転換期に焦点を絞り、「科学的証拠」が確立する過程を描いていく。そうした作業を通じて、「証拠」の長い歴史の中に「科学的証拠」を位置づけることになる。

終章では、第Ⅰ部・第Ⅱ部の成果を整理し、今日の科学技術社会論の動向とも絡めながら、二一世紀における「証拠」のあり方を本書の視点から捉え直していく。

もちろん、各章の内容は連続しているので、前から順番に読まれるように書かれている。しかし、第Ⅰ部と第Ⅱ部は相対的に独立しているので、歴史への興味が強ければ、第Ⅰ部を飛ばし、第Ⅱ部から読んでいただいても構わない。ただし、理論があってこその歴史なので、第Ⅱ部から読む場合でも、読み終わってから、ぜひ第Ⅰ部に戻ってみていただければと思う。

7

最後に、本書の方針について一言だけ述べておこう。

この本は学術書なので、人文・社会科学の様々な知見を参考にしながら、議論を進めていくことになる。主な登場人物だけでも名前を挙げておこう。

哲学方面では、ルートヴィヒ・ヴィトゲンシュタインのほか、カール・ポパーを始めとする科学哲学者を取り上げ、科学的実在論と反実在論の対立や、科学と非科学の「線引き問題」を論じる。社会学方面では、ニクラス・ルーマン、ミシェル・フーコー、ブリュノ・ラトゥールといった先端的な理論家の議論を追いかけ、「システム」「言説」「構築」といった観点から科学を見ていく。また、科学史方面では、イアン・ハッキング、スティーヴン・シェイピン、サイモン・シャッファーといった著名な論者の「科学革命」をめぐる知見を応用する。さらに、文化史・メディア史方面では、カルロ・ギンズブルグ、ジョナサン・クレーリー、フリードリヒ・キットラーといった論者による一九世紀論を扱っていく。

このように、本書の話題は多岐にわたるが、専門家ではない一般の読者でも読みやすいように、できる限りわかりやすく書いたつもりだ。

人文・社会科学の議論は、ときに極めて難解で、さっぱりわからないことがある。私自身、研究を続ける中で、そうした議論と悪戦苦闘してきた。もちろん、議論にも人それぞれのスタイルがあり、難解な言葉を難解なまま議論することもできると思うが、筆者自身は、なるべく平明な言葉に直して議論したいと考えてきた。

この本でも、社会学と科学論およびその周辺の重要な論者をかなり広範に取り上げたが、その際、どの議論も、できるだけ平易な形に噛み砕いて紹介した。だから、こうした分野に馴染みのない人でも、そこまで苦労せずに事情が飲み込めるようになっている（と思う）。その意味で、本書は社会学や科学論のガイドとしても活用できるだろう。もちろん、従来の議論の一つ一つに筆者なりのリアクションをとっているので、社会学や科学論の動向をよく知る方は、筆者のコメントを吟味してくださるとありがたい。

本書が、読者の方々の新たな思考を呼び起こす一助となれば幸いである。

序章　「言語論的転回」以後

どんな研究にも出発点となる「問い」がある。ふとした会話から、あるいは何気ない出来事の中から、「問い」は立ち上がってくる。そうした始まりの「問い」に答えるとき、研究は最も実り豊かなものになるだろう。まずは、本書が扱う「問い」の輪郭を描き出していこう。

1　実証主義と相対主義

認識をめぐる現代人の直観には、二つの極があるように思われる。そのことを象徴する言葉を二つ取り上げてみたい。一つは、二〇世紀を代表する哲学者ルートヴィヒ・ヴィトゲンシュタインによる次の観察である。

三二四　われわれは、科学的な証拠に反するようなことを信じる人を、分別ある人とは呼ばない。
（Wittgenstein［1969:41=1975:81］）

例えば、祈祷によって病気を治そうとする人を見たら、多くの人は「おかしい」と思うだろう。そう言いたくなるのは、私たちが「科学的証拠」を信頼しているからだ。

人間は観察や実験によって様々な事実を明らかにしてきた。もちろん、中には主観的なバイアスによる間違いもあるが、それを補って余りある膨大な知識を蓄積している。だから、バイアスさえ取り除けば、私たちは世界のことを正しく知ることができるし、逆に、観察や実験によって得られた「科学的証拠」を否定する人がいるとすれば、その人の方こそどこかおかしいに違いない――そう考えられる。ここには、「世界は一つであり、客観的な方法を用いれば、世界についての事実を明らかにできる」という一種の実証主義がある。[1]

しかし、これとは異なるもう一つの発想もある。少し時代は遡るが、一七世紀フランスの哲学者ブレーズ・パスカルは次のように述べている。

> ピレネー山脈のこちら側では真実でも、向こう側では誤りなのだ。(Pascal [1670→1963=1981: ラフュマ版・断片60])

ピレネー山脈とは、フランスとスペインの国境に沿って連なる山脈のことである。だから、パスカルはここで、地域ごとに「知識」が変わってしまうと言っているのだ。

これは、現代人にとっても身近な発想だろう。ものの見方や感じ方は人それぞれ違うし、時代や地域によってもバラバラだ。一つの出来事についても様々な解釈がありうるし、自分の社会で常識だと思われていることが、別の社会では全く通用しないということもある。だから、「世界はこうだ」という決定的な見方など存在しない――そう考えられる。[2] ここにあるのは、「世界は見方次第でどのようにでも見えるため、世界についての事実が何かを決めることはできない」という相対主義である。[3]

こうした二つの考え方は、どちらも私たちが日常的によく耳にするものだ。両者は全く逆のことを主張しているので、本当ならどちらが正しいのかを選ばなければならない。ところが、たいていの人は、両者の矛盾を意識することなく、二つの考え方を無自覚に使い分けている。

では、学問の世界はどうだろう?

実は、二〇世紀後半の人文・社会科学の理論に限って言うと、そこで大きな影響力を持ったのは、圧倒的に相対主義の方だった。「言語論的転回 Linguistic Turn」と呼ばれる思想潮流のもと、相対主義と親和的な考え方が広がったのである。[4]

例えば、二〇世紀フランスの現代思想は、スイスの比較言語学者フェルディナン・ド・ソシュールの理論を淵源としながらも、広い意味での〈言語〉が思考を規定するという見方を推し進めた。[5] 未開社会の文化を言語学や数学のモデルによって解明したクロード・レヴィ＝ストロースの人類学、人間の無意識を言語によって構造化されたものと見なすジャック・ラカンの精神分析、あらゆる文化現象を記号として読み解くロラン・バルトの記号学、それぞれの時代の言説を歴史的変化の側面から掘り起こすミシェル・フーコーの言説分析、そして哲学のテクストが意図せずして抱える自己矛盾を暴き出すジャック・デリダの脱構築。一つ一つがユニークな発想を含むが、いずれも私たちがものごとを自由に考えているのではなく、実は〈言語〉それ自体が不気味な自律性――あるいは他者性――を持つことを明らかにしている。

同じことは、一九世紀末から二〇世紀初頭にかけてドイツ語圏・英語圏で生まれた分析哲学や、その影響のもとで発達した英米系の科学哲学にも当てはまる。伝統的な哲学において、言語は特別な位置を占める対象ではなかった。問われるべきは個人の意識であり、意識を適切に反省することが目指されていたのである。ところが、分析哲学は、哲学の問題を言語の問題へと変換し、言語表現の分析を哲学の中心に据えた。その中で、私たちの認識——とりわけ科学的認識——が、深いところから言語表現に規定されているという見方が主流になる。例えば、観察と理論の不可分性を示したW・V・O・クワインの全体論《ホーリズム》や、科学史上の学説の交代を「パラダイム」と呼ばれる認識枠組の転換として描き出すトーマス・クーンのパラダイム論は、その代表格である。

これらの思想は、哲学・人類学・歴史学・社会学といった人文・社会科学の様々な領域へと浸透し、広い意味での〈言語〉こそが私たちの思考を規定しているのだという認識を強烈に印象づけてきた。それによって、人文・社会科学は〈言語〉という重要な視点を獲得することになった。

ところが、それは同時に、次のような深刻な懐疑を生み出した。——もし私たちの思考が、広い意味での〈言語〉によって規定されており、当の〈言語〉が時代や文化ごとに異なるものであるとするなら、私たちが「いま・ここ」で「正しい」と思っていることも、別の時間・空間では通用しない幻想にすぎないのではないか？　私たちの思考はあくまでも「近代・西洋」という時間・空間の制約を受けているのではないか？

こうした疑いから、果たして「真理」「事実」「証拠」「客観性」といったものが本当にありうるのかという問題が、一種の難問《アポリア》として浮上してくる。もちろん、歴史を遡れば、思考の外部を認めるか否かをめぐる論争は古くからある。中世の普遍論争では、「普遍」（＝類や種）が存在すると考える実念論と、それを人間が作り出した単なる「名辞」（＝ラベル）にすぎないと見なす唯名論が論争を繰り広げたし、一九世紀には、精神より物質の方が根源的だとする唯物論と、物質的世界を精神の産物だと見なす観念論が鋭く対立した。だから、上記のような疑念は、唯名論や観念論の焼き直しに見えるかもしれない。

けれども、二〇世紀の「言語論的転回」の場合には、こうした議論が、歴史資料の分析やフィールドワークといった経験的研究をめぐる方法論の広範な見直しにつながった点に特徴がある。先ほどの疑念を真面目に受け取るならば、自分自身の文化的・歴史的制約を顧みないような素朴な方法論は、根本から見直さなければならない。こうして、「言語論的転回」以降、相対主義の考え方が無視できない影響力を獲得したのである。

ところが、二一世紀に入って、これとは全く逆の考え方が広がりつつある。すなわち、データやソース（引用元）といった「エビデンス」を重視する風潮が、至るところに浸透しているように感じられるのだ。

この言葉が広がる契機となったのは、一九九一年にカナダの医師ゴードン・ガイアットが提唱した「根拠に基づく医療」すなわち「エビデンス・ベースト・メディシン Evidence-Based Medicine」である。それは、医師の個人的経験や理論的解釈ではなく、最新の臨床データに基づく治療を目指す考え方であり、九〇年代を通じて医療の世界に浸透した（Guyatt and Rennie eds.［2002:xvi-xviii=2003:xxvi-xxviii］）。現在では「エビデンス・ベースト」という標語がさらに、教育や政策など医療の外にまで広がっている。

「エビデンス」と呼ばれるのは、主として「科学的証拠」だが、この言葉は日常生活にも浸透し、何かにつけてデータやソースを求める態度を生んでいる。それが、健全な実証主義を超えて、「エビデンシャリズム」（=証拠至上主義）とも呼ぶべき強迫的な態度に至っているとの批判もある（千葉

[2015→2018])。

同じように、「事実《ファクト》」や「真実《トゥルース》」といった言葉も、ますます重要性を増している。科学・政治・経済・芸能をめぐる情報が「事実」かどうかに強い関心が向けられ、「事実」と言えない情報は、「デマ」や「陰謀論」あるいは「フェイク・ニュース」といった言葉で直ちに切り捨てられるようになっている。

「言語論的転回」がもたらした過激とも言える相対主義と、「エビデンス」を重要視する楽観的な実証主義。相対主義の観点からすれば、何が「エビデンス」であり、何がそうでないのかは、あくまで文脈依存的だと言いたくなる。そうした留保なしに特定の「エビデンス」を信奉することは、自分と異なる意見を排除する言論空間を発生させてしまう可能性を孕むからだ。実際、「デマ」に引っかかるのは、往々にして「エビデンス」を過剰に追い求めてしまう場合である。しかし、逆に、相対主義を過度に重く見てしまうと、今度は「デマ」を「デマ」として批判することもできなくなってしまう。それどころか、「デマ」とされる側の方が、相対主義のフレーズを積極的に取り入れてさえいる（東ら[2008:8-11], 浅田ら[2017:137-142]）。

こうした中、現代の人文・社会科学は、相対主義と実証主義の狭間で股裂きになっているように見える。一方では「真理など存在しない」という考え方が根強く残っているが、他方では「エビデンス」に基づかない言論を「疑似科学」や「デマ」として批判することも必要になっており、態度が分裂しているのである。[6]

では、素朴な相対主義と素朴な実証主義をともに避けながら、それでも「実在」(=世界)やそれをめぐる「証拠」について思考するにはどうすれば良いのか？

本書の端緒にあるのは、こうした「問い」である。何が真理で、何が虚偽なのかが切実な問題となっているいま、この問いに答えることは、学問的にも実践的にも重要だろう。本書は、あくまでも相対主義と付き合うことで、この問題に答えてみたい。

そこで参考になるのが、科学論における相対主義の見直しである。科学論とは、科学哲学・科学史・科学社会学などからなる分野だが、そこでは「反実在論」と呼ばれる相対主義の一形態が大きな争点の一つになってきた。

以下では、本書の核となる科学論の二つの流れを見ていこう。議論の見取り図が少し複雑にはなるが、本書の前提となる重要な部分なので、ぜひ読み飛ばさずに流れを追いかけてみてほしい。

2 「社会構成主義」のリミット

「言語論的転回」の代表例の一つは、「構築主義」とか「社会構成主義」と呼ばれる議論である。これらを総称する場合、便宜的に〈構築主義〉と表記しよう。

一般的な理解によれば、〈構築主義〉とは私たちが当たり前に信じている事実や価値が、実は社会によって植えつけられたものだと考える立場のことを指す。

例えば、私たち（＝日本語圏の人々）は「虹は七色からなる」と考えている。だが、虹それ自体は実は、グラデーションになっており、「七色」と数えてしまうのは、私たちがそう習ったからにすぎない。実は、虹が七色だと言い始めたのは、あのアイザック・ニュートン（一六四三―一七二七）だと言われている（板倉［2003:32-35］）。ニュートンの考えが広まった結果、「虹は七色からなる」との認識が当たり前のものになったのである。だとすれば、「虹は七色からなる」という認識は、社会によって「構築」されたものだと言った方が良い。[7] これが〈構築主義〉の基本的な考え方だ。

以下では、科学論における〈構築主義〉の展開を、少し詳しく追いかけてみよう。

2-1 〈構築主義〉とは何か？[8]

〈構築主義〉は一括りにまとめられがちだが、そこにも、社会問題の構築主義・歴史構築主義・科学論の社会構成主義・ジェンダー論の構築主義・ナショナリズム論の構築主義・障害学の構築主義・ラディカル構成主義などの様々なタイプがある。[9] それぞれが独自の展開を遂げており、必ずしも同じ前提を持つわけではない。

そのことは、呼称について考えてみるとよくわかる。社会学では、「構築主義Constructionism」という名前が浸透しており、「構成主義Constructivism」という呼称はあまり使われない。ところが、本書がこれから見ていく科学論では、むしろ「社会構成主義Social Constructivism」という呼び方が一般的で、「社会構築主義Social Constructionism」とは呼ばれない。[10] 社会学の「構築主義」と科学論の「社会構成主義」とは、半ば独立した研究伝統を形作っているのだ。[11]

「構築主義」や「社会構成主義」といった名称は、なまじ強力なイメージを持っているだけに、いずれも同じ議論であるかのように錯覚しかねない。実際、〈構築主義〉の批判者たちは、そうした細かい差異に目を向けることなく、「構築主義は極端すぎる」とか「社会構成主義は馬鹿げている」というように十把一絡げに棄却してしまうことさえある。こうした問題を避けるには、各分野における〈構築主義〉の持つ前提がどこで重なり、どこで分かれるのかを整理すべきだろう。

イギリスの心理学者ヴィヴィアン・バーは、伝統的な心理学・社会心理学・社会学とは異なる〈構築主義〉の特徴を次の七点にまとめている（Burr［1995=1997:7-12］）。

（a）反本質主義
（b）反実在論
（c）知識の歴史的および文化的な特殊性
（d）思考の前提条件としての言語
（e）社会的行為の一形態としての言語
（f）相互作用と社会的慣行への注目
（g）過程への注目

〈構築主義〉の基本前提は、世界についての私たちの認識が社会の産物だという発想にある。ここから、様々な考え方が現れてくる。簡単に説明しておこう。

私たちは、ものごとに「本質」を見出しやすい。「イヌとは……な生き物だ」とか「犯罪者は……な人間だ」というように、それぞれに不変の「本質」があると考えている。だが、そう考えるのは「本質」の理解を刷り込まれたからで、現実のものごとには多様性がある（→a：反本質主義）。

私たちはまた、世界を正しく認識できるとも考えている。「これは机である」とか「ここには電子がある」というように、ものごとの「実在」を信じている。しかし、世界についての認識は、ものの見方（＝パースペクティブ）ごとに異なっている。だから、私たちの認識が本当に「実在＝世界」と一致しているかどうかは確かめようがない（↓b：反実在論）。

そう考えると、私たちの認識は、私たちの生きる時代や地域で共有されたものにすぎず、異なる時代や地域では受け入れられないかもしれない。つまり、私たちの認識は、「いま・ここ」という歴史的・文化的な特殊性を帯びている（↓c：知識の歴史的および文化的な特殊性）。

もう一つ重要なのは、私たちの認識が、言語によって分節化されていることである。「これはリンゴだ」という認識は、「リンゴ」という言葉なしにはありえない。つまり、私たちの思考は、言語の使用を前提している（↓d：思考の前提条件としての言語）。

言語を使うことで、人々はまた、社会的行為を営んでいる。例えば、「……と約束する」と発言することで、「約束」という行為が可能になる（↓e：社会的行為の一形態としての言語）。

このことは、社会現象を分析する上でも、重要な意味を持っている。私たちは往々にして、社会現象の原因を、個人の内部（態度・動機づけ・認知……）や社会構造（経済・家族……）に求めがちである。だが、言語によって社会的行為が作られるとするならば、社会現象の原因は、むしろ、日常的な相互作用の過程に求めるべきものだと言った方が良い（↓f：相互作用と社会的慣行への注目・g：過程への注目）。

もちろん、以上の基準は目安にすぎず、〈構築主義〉の議論は、そのタイプに応じて、どの特徴を持つかが変わってくる。しかし、どのタイプにおいても最低限の前提となっているのは、（a）の反本質主義だろう。反本質主義からすれば、ものごとの本質だと思われていたことが、実は作られたものにすぎないと言うことができる。

「バラは赤い」という文を例に取ってみよう。この文は、主語「バラ」と述語「赤い」からなっている。ここで、主語「バラ」と述語「赤い」の結びつきを必然的なものだと考えると、「バラ＝赤い」となり、「赤さ」を「バラ」の本質だと見なす本質主義になる。これに対し、主語「バラ」と述語「赤い」の結びつきが恣意的なものにすぎないと考えると、「バラ≠赤い」となり、「赤さ」のような特定の属性を「バラ」の本質だと考えない反本質主義（＝a）になるのである。

　こうした発想は、ものごとの本質だと思われてきたことが、実は思い込みにすぎないと暴露する効果を持つため、様々な領域で社会批判の武器として使われてきた（Hacking［1999＝2006］）。例えば、「日本人は協調性が高い」といった文を問題にすればナショナリズム論の構築主義になるし、「女性は家事に向いている」のような文を問題にすればジェンダー論の構築主義になる。

　ところが、一部の〈構築主義〉は反本質主義（＝a）に留まらず、反実在論（＝b）にまで踏み込むことになる。例えば、社会学者の北田暁大は、歴史構築主義の議論が、反本質主義から反実在論へと転化することを指摘している。

　一般的な〈構築主義〉で問題にされるのは、「バラは赤い」のような属性記述である。この場合、主語「バラ」の存在自体は前提され、あくまでも「バラ」の属性（＝本質）だけが疑われる。これに対し、歴史構築主義が問題にするのは、単なる属性記述ではなく、「バラは存在した」のような存在についての記述である。この場合、主語「バラ」と述語「存在する」の結びつきが問われるので、バラの本質のみならず、その存在まで疑う反実在論になる（北田［2001→2018:88-91］）。反実在論を認めるなら、「バラは存在した」という記述も、歴史的・文化的に「構築」された思い込みにすぎないことになる。

　しかし、このような考え方に立つと、あらゆるものの存在を疑うことができ、目の前にあるものの全てを疑わなければならなくなってしまう。そんな過激な議論を認めて良いだろうか?

2-2 反-反実在論としての「社会構成主義」

反実在論が最も切実な形で登場した分野の一つは、本書が扱う科学論の社会構成主義だろう。そこでは、「電子」や「遺伝子」のような科学的対象の存在が議論の的になってきた。

ここで科学論の社会構成主義と呼ぶのは、(1) イギリスの社会学者バリー・バーンズ、デーヴィッド・ブルア、ハリー・コリンズを筆頭とする科学知識の社会学(SSK:Sociology of Scientific Knowledge)、(2) フランスの社会学者ミシェル・カロン、ブリュノ・ラトゥールに代表される科学人類学、(3) アメリカの科学史家ダナ・ハラウェイをはじめとする科学のカルチュラル・スタディーズおよびフェミニズム科学論、といった研究群である(金森[2000:205-269])。いずれも、広い意味で科学的知識の社会的性格に関心を向けている。

論者や時期により議論にも大きな幅はあるが、科学論の社会構成主義には、「真理」「事実」「客観性」「合理性」といった概念はフィクションにすぎず、現在の科学的知識も、「いま・ここ」においてたまたま「科学的」だと見なされているにすぎない、という考え方が含まれている。だが、この見方をとると、あらゆる科学的対象の存在が疑わしくなってしまう。そのため、実在論に親和的な哲学者や科学者からは、しばしば荒唐無稽な反実在論として痛烈に批判されてきた。

例えば、物理学者アラン・ソーカルとジャン・ブリクモンの『「知」の欺瞞 *Impostures Intellectuelles*』(一九九七)は、バーンズとブルアおよびラトゥールといった科学論者への批判に二章程度の紙幅を割いている(Sokal and Bricmont [1997=1998=2000→2012:第4章、第6章])。

著者の一人であるソーカルの名前は、一九九六年の「ソーカル事件」によってよく知られている。フランス現代思想における科学用語の濫用を告発するために、ソーカルがあえて科学用語をデタラメに使用した論文を『ソーシャル・テクスト *Social Text*』に投稿したところ、その論文が査読を通過して実際に掲載されてしまい、大きな騒動に発展したのである。

『「知」の欺瞞』はそれを踏まえた上で出版されたので、科学用語の濫用を揶揄した書物とのイメージが強い。だが、その射程はもう少し広く、科学論の社会構成主義に対する批判も含まれていた。そこでは、社会構成主義が科学を貶める反実在論の代表格として敵対視されている。[12]

では、反実在論と実在論の対立は単なる平行線に終わっているのだろうか？

実を言うと、科学論では、社会構成主義の反省を徹底させ、反実在論を言わば「内破」するような論理が生まれている。

一般的に「世界についての認識は言語によって構築されている」との主張には、「世界が構築されているのなら、事物や身体は存在しないのか？」という疑問が突きつけられる。事物や身体が存在しないとの主張は直観に反するので、このように理解される限り、社会構成主義は馬鹿げた議論に見える。そこで、より洗練された社会構成主義者は、事物や身体の存在を否定したり肯定したりするのではなく、事物や身体が「実在として構築されている」と考えることになる。どういうことか？

例えば、目の前にイスが見えるとき、普通の人ならそれが実在していると考えるだろう。これに対し、素朴な社会構成主義者（＝素朴な反実在論者）なら、次のように考える。

世界は言語によって分節化されている。例えば、「犬」「机」「コップ」……といった認識は、言語体系を使ってなされており、「イス」という概念もまたそうした分節化を前提している。ところで、「イス」が実在していると知ろうとすれば、私たちは言語体系の外側に「イス」そのものを見出さなければならない。けれども、あらゆる認識が言語体系の内側の出来事であるとするならば、私たちは言語体系の外側に何があるかを直接に知るすべを持たないことになる。だから、私たちが「イス」だと思っているものも、言語体系によって与えられた幻想かもしれず、「イス」が本当にあるかどうかは誰にもわからない。

しかし、この立論には疑問が残る。もしも全てが言語体系の内部の出来事ならば、どうして私たちは「実在している」とか「実在しない」といった判断ができてしまうのだろうか？　素朴な社会構成主義者は、この疑問に答えることができないのだ。

そこで、より洗練された社会構成主義者は、むしろ「実在している」という感覚自体がどのように構築されているのかを問う。つまり、「実在している」とか「実在しない」といった判断が、いかにして可能になっているのかと問うのである。このとき、素朴な反実在論は否定され、むしろ、反実在論が論理的には可能であるにもかかわらず、私たちが実際にはそれに陥らずに済んでいるのはなぜかが問題になる。

このように、科学論の社会構成主義では、反実在論をもう一段深く考え直す動きが生まれている。こうした発想を、本書では「反－反実在論 Anti-Antirealism」と呼びたい[13]。「反－反実在論」に立つことで、反実在論と実在論の古典的な対立図式を超える、新たな視野が開けてくる。本書は、科学論の社会構成主義が到達したこの地点から出発したい。

3　科学史と社会学のあいだ

科学論におけるもう一つの重要な動向は、一九八〇年代から九〇年代にかけて広がった科学史と社会学の境界に位置する学際的な研究群である。それらは、社会構成主義（とりわけ、科学知識の社会学）の影響を受けつつも、やや独立したジャンルを形成している。

3-1　内在的アプローチと外在的アプローチ

科学史の研究方法には、二つのアプローチがある。一つは内在的アプローチ（internal approach）、そしてもう一つは外在的アプローチ（external approach）である。科学的知識は歴史とともに移り変わるものだが、その変遷を記述する方法を二つに分けることができるのだ。

内在的アプローチとは、科学的知識の変遷を科学内在的な展開だと捉える方法である。例えば、エーテルの存在は、一九世紀以前の科学では信じられていたが、二〇世紀になると否定されるようになった。このとき、エーテル仮説の棄却が、理論の進展やデータの蓄積といった科学の合理的成長によってもたらされたと考えるならば、内在的アプローチになる。

これに対し、外在的アプローチは、科学理論の変遷を科学外在的な要因から捉える方法である。例えば、一九世紀までの科学でエーテルが信じられていた理由や、二〇世紀の科学がそれを棄却した理由を、「階級」という社会要因や「集団心理」のような心理要因に求めると、外在的アプローチになる。

もちろん、実際の研究を考えれば、どちらか一方のアプローチしか使わないことは稀であり、両者を折衷した形で行われるのが一般的だろう。けれども、一部の論者は、内在的アプローチの関係を理論的に検討してきた。例えば、ハンガリー生まれの科学哲学者イムレ・ラカトシュは、次のように考えている。

科学的知識は合理的に成長する。だから、科学史的記述を行う場合、まずは科学的知識の展開の合理的な解釈（＝合理的再構成）を考え、内在的説明を試みるべきである。それを踏まえた上で、実際の歴史が合理的説明からどうズレているのかを確認し、そのズレを理解するための外在的説明を考える必要がある（Lakatos［1978=1986:173-177］）。

ところが、科学知識の社会学のバーンズとブルアの考えでは、ラカトシュの議論は問題を抱えている。ラカトシュは、科学理論の中に「合理的信念／非合理的信念」という区別を設け、それぞれ内在的説明と外在的説明という別の原理で説明しようとしている。だが、これでは説明の仕方を恣意的に変更する二重基準《ダブル・スタンダード》に陥ってしまう。もしも非合理的信念を社会要因・心理要因によって説明するのであれば、合理的信念も同じように社会要因によって説明するべきではないか？　二人はそう主張したのだ（Barnes and Bloor［1982=1985:85-86］）。バーンズとブルアのこうした考え方は、社会要因・心理要因による説明を一貫させようとする強い立場なので、「ストロング・プログラム Strong Programme」とも呼ばれている。

「ストロング・プログラム」は、必ずしも科学史全般に影響を与えたわけではない。とはいえ、科学知識の社会学の登場以降、非合理的信念ではなく、むしろ、合理的信念の側を社会要因・心理要因によって説明しようと試みる新たな研究群が現れてきた。

3-2 科学史の新しい古典

科学知識の社会学が提示した研究方針は、知と権力の関係に鋭く切り込んだミシェル・フーコーの言説分析、宮廷社会と礼儀作法の歴史を分析した社会学者ノルベルト・エリアス（一八九七—一九九〇）の文明化論、未開社会・古代社会の贈与交換を解明した民族学者マルセル・モース（一八七二—一九五〇）の贈与論といった社会に関する様々な知見と結びつきながら、科学史と社会学の従来的な区分には収まらない作品を生んできた。

代表的なものとしては、スティーヴン・シェイピンとサイモン・シャッファーの『リヴァイアサンと空気ポンプ *Leviathan and the Air-Pump*』（一九八五）、イアン・ハッキングの『偶然を飼いならす *The Taming of Chance*』（一九九〇）、マリオ・ビアジョーリの『宮廷人ガリレオ *Galileo, Courtier*』（一九九三）、セオドア・ポーターの『数値と客観性 *Trust in Numbers*』（一九九五）、メアリー・プーヴィーの『近代的事実の歴史 *A History of the Modern Fact*』（一九九八）、ロレイン・ダストンとピーター・ギャリソンの『客観性 *Objectivity*』（二〇〇七）といった著作を挙げることができる（Shapin and Schaffer［1985→2011=2016］, Hacking［1990=1999］, Biagioli［1993］, Porter［1995=2013］, Poovey［1998］, Daston and Galison［2007→2010=2021］）。

これらの研究に特徴的なのは、広い意味での認識論（＝認識に関する認識）への注目だろう。[14] つまり、個別具体的な科学的知識の歴史を問題にするのではなく、むしろ、「知識」「経験」「事実」「蓋然性」「証拠」「客観性」といった認識論的概念の歴史や、それらの概念と結びつきながら形成された実験・観察・討論・論文執筆などの科学的実践の歴史を問題にしている。しかも、そうした作業には、程度の差こそあれ、概念と実践をより広い社会関係の網の目の中に位置づける社会史のスタイルが採用される。例えば、ダストンとギャリソンの『客観性』は、いまある「客観性」という理想が、実は一九世紀半ばに突如出現したという説を唱えている（Daston and Galison［2007→2010=2021］）。

これらの歴史研究が立てる問いは、次のようなものである。

現在の科学が前提する認識論的概念はどのように登場し、変化してきたのか？　それは科学的実践の歴史とどう結びついているのか？　そうした概念と実践の変遷は、いかなる社会史的条件に規定されているのか？

このような問題設定が、「ストロング・プログラム」を前提にしていることは明らかだろう。なぜなら、それはイデオロギーに代表される非合理的信念の歴史ではなく、合理的信念を支える認識論的概念と科学的実践の歴史それ自体を描くものだからだ。

3-3　反-反実在論としての科学史

ところで、本書にとって重要なのは、以上のような歴史研究が、一見すると反実在論のように見えることである。「事実」「証拠」「客観性」といった認識論的概念の歴史を描くことは、それらを自明視する近代社会の発想を相対化するところがある。例えば、次のような疑問が出てきたとしても全く不思議ではない。——「客観性」という概念自体が一九世紀の産物だとするならば、「客観性」なるものは歴史特殊的なフィクションにすぎないのではないか？

同じ疑問は「事実」や「証拠」といった他の概念にも当てはまる。だから、以上のような歴史研究は、「事実」「証拠」「客観性」といった概念の有効性を否定する過激な相対主義、すなわち、反実在論だと見なされかねない。

ところが、これらの歴史研究に従事する科学史家たちは、しばしば反実在論との距離を強調している。例えば、ダストンは自身の研究プログラムである「歴史的認識論 Historical Epistemology」が、反実在論とは異なることを強調している。というのも、ある概念の歴史的背景を描くことは、その概念を否定することとは違うからである（Daston［2009:812-813］）。同じように、ギャリソンもまた、自身の立場を素朴な反実在論と区別するために、「反－反実在論者 anti-antirealist」と自認している（Galison［1997:840］）。

とはいえ、概念の歴史を描くことは当の概念を肯定も否定もしない、というダストンの考え方は、いささか説得力が弱い。なぜなら、概念の歴史を描いた瞬間に、その概念の有効性に疑いが生じ、それが相対化されてしまうことは否定できないからだ。だとすれば、概念の歴史を描くことと反実在論との違いは、むしろ、次のように考えるべきだろう。

――たしかに、概念の歴史を描くことにより、問題とされる概念そのものは心理的に相対化される。しかし、だからといって、その概念が社会的に失効するわけではない。

注目してほしいのは、認識論的概念が科学的実践と結びついているという事情である。「事実」や「客観性」といった認識論的概念は、私たちの頭の中にのみあるものではない。それは、「事実」を求めたり、「客観性」を求めたりする科学的実践とともにある（岡澤［2021:3節］）。

実験や観察をどのように遂行すべきか、討論はどのように進められるべきか、論文はどのように書かれるべきか……といった科学的実践の具体的なあり方は、認識論的概念によって決定づけられるが、同時に、科学的実践が認識論的概念を決定づけてもいる。例えば、「客観性」の理念があるからこそ、実験データを自動記録装置で書き留めることは推奨される。しかし、逆に、自動記録装置が存在するからこそ、私たちは「客観性」とは何なのかを明確にすることができる。このように、認識論的概念と科学的実践とは互いを支え合っている。

したがって、いくら頭の中で認識論的概念の有効性を疑ってみたとしても、いまある科学的実践の形を変えない限り、私たちがそうした概念を本当の意味で手放すことはありえない。以上で見てきた研究群は、このことに目を向けている点で、素朴な反実在論とは袂を分かっている。つまり、この流れもまた独自の経路で「反‐反実在論」に辿り着いているのである。

4　真理の社会学

ここまで、少し丁寧に科学論の動向を追いかけてきた。要するに、科学論の社会構成主義においても、科学史・科学社会学の歴史研究においても、「反‐反実在論」と呼びうる立場が出てきている。

素朴な実在論は、私たちが「実在」（＝世界）を正しく捉えられると考えている。一方、過激な反実在論は、知識の歴史的・文化的相対性に訴えることで、私たちには「実在」（＝世界）を捉えることができないと主張してきた。それは、「事実」「証拠」「客観性」といった認識論的概念を真っ向から否定するものだ。

これに対し、「反‐反実在論」は第三の道を行く。つまり、私たちが「実在」を正しく捉えている保証はどこにもないことを一旦は認めた上で、そうであるに*も*か*か*わらず、「事実」「証拠」「客観性」といった概念を容易には手放せないことの奇妙さを、逆に浮かび上がらせるのだ。

では、そこから何が見えてくるのか？

「反−反実在論」は、あくまでも基本的なスタンスにすぎない。問題は、そこから実際に私たちの社会のありようを分析していくことである。何が「実在」するかを、私たちはどう決めているのか？そのために、「証拠」をどのように定義し、それをどう使っているのか？

本書は、このような問題に取り組むために、「反−反実在論」のもとで可能になる具体的な試みの一つとして、「真理の社会学」というプランを提案してみたい。

4-1 反-反実在論としての「真理の社会学」

「真理の社会学」が問題にするのは、ものごとの〈真理〉と〈虚偽〉を判別する実践である。例えば、「さっきまで雨が降っていた」という主張の真偽を確かめたければ、地面が濡れているかどうかを確認すれば良い。このように、ある主張を「正しい」とか「間違っている」と判断するには、論理が通っているかとか、証拠はあるかといった一定の手続きがある。それによって、「何が存在するのか」とか「世界はどうなっているのか」を見定めている。本書は〈真理〉と〈虚偽〉を判別するこの手続きを問題にしたい。そう考えるのは、このことが現代社会のあり方を考える重要な鍵になると思われるからだ。だが、その説明に入る前に、そもそも〈真理〉と〈虚偽〉の判別手続きを分析することがどういう作業なのかを確認しておこう。

ここで参考にしたいのが、アメリカの科学史家・社会学者シェイピンの『真理の社会史 *A Social History of Truth*』（一九九四）である。シェイピンは、一七世紀イングランドのロンドン王立協会（Royal Society）という学術団体を事例とし、〈真理〉と〈虚偽〉の判別手続きを社会史の観点から分析した。

シェイピンの見るところ、あらゆるコミュニティは〈真理〉と〈虚偽〉とを評価する分類基準を持っている。しかし、その基準はコミュニティごとに異なる。哲学者という社会集団は、「真理」という概念を非常に厳密に定義する。これに対し、一般の人々は「真理」「事実」「知識」といった言葉を、哲学者よりも遥かに曖昧な意味で使っている。そこでシェイピンは、特定の集団の「真理」概念に囚われることなく、それぞれの集団が〈真理〉と〈虚偽〉の分類基準をどこに置いているかを観察すべきだと考えた[15]。

シェイピンの発想を引き継いで、ここでは、特定の集団の用法を指す場合は「真理」と「虚偽」のように鉤括弧で表記し、逆に、特定の集団の用法を離れた「好ましい信念」と「好ましくない信念」一般のことを指す場合には〈真理〉と〈虚偽〉のように山括弧で表記しよう。

こうした視角は「反-反実在論」とも密接に関わっている。

素朴な相対主義者（=反-反実在論者）であれば、次のように考えるだろう。——ある人にとっての〈真理〉は、いつでも他の誰かにとって〈虚偽〉でありうるし、逆に、ある人にとっての〈虚偽〉は、他の人にとっての〈真理〉でありうる。そうした判断は、時代ごとに移り変わるし、文化によっても違うため、〈真理〉や〈虚偽〉を一義的に決定することは不可能である。したがって、何が〈真理〉で何が〈虚偽〉なのかを判断することは、本当はできないはずだ。

だが、ここで、相対主義者に同意する代わりに、先述した反実在論の見直し（=反-反実在論）を、相対主義者にも適用してみよう。すると、相対主義者の見逃しているものが浮かび上がってくる。それは、何が〈真理〉であり、何が〈虚偽〉であるかの判断が多様であるとしても、〈真理〉と〈虚偽〉の判断自体はやめられないということである。たしかに時代や文化によって〈真理〉や〈虚偽〉の中身は移り変わる。そのことを自覚するならば、何が〈真理〉であり、何が〈虚偽〉なのかはわからなくなるだろう。しかし、だからといって、私たちが〈真理〉と〈虚偽〉の判断をやめられるわけではない。そもそも、相対主義の立場をとること自体、「相対主義が正しい」という判断なしにはありえない。

このことは、〈真理〉と〈虚偽〉を判別する手続きが、個人の意思で簡単に手放したり、そのやり方を自由に変更したりできるものではないことを意味している。ただし、その手続きは、人間の本能として初めからインプットされたものだとも言えない。なぜなら、手続きのあり方は、時代や文化ごとに異なっているからだ。したがって、〈真理〉と〈虚偽〉を判断する手続きは、個人の意思や人間の本能ではない何か（＝時代・文化）によって前もって与えられている。このように考えれば、〈真理〉と〈虚偽〉を判断する手続きについての社会学を立ち上げることができる。そこでは、次のような問いが立てられる。

〈真理〉と〈虚偽〉を判別する手続きの基本構造はどのようなものか？ その歴史的・文化的なバリエーションにはどういうタイプがあるのか？ 判別手続きのそうした変異は、いかなる社会的条件に支えられているのか？

こうした作業を、本書では「真理と虚偽の社会学」略して「真理の社会学Sociology of Truth」と呼びたい。[16]

4-2 「知識社会学」の再定義[17]

本書の問題関心は「知識社会学」と呼ばれる領域に属している。「知識社会学」とは、知識を社会によって規定されたものだと捉え、その仕組みを考察する分野のことだ。ただし、本書の言う「真理の社会学」は、古典的知識社会学とは大きく異なっている。その最大の違いは、「知識」という中心概念の見直しにある。以下、本節は少し専門的な話が続くので、大枠を掴んでもらえれば、細かい部分は読み飛ばしてもらって構わない。

日常の語感において、「知識」は実在論的に捉えられている。つまり、「知識」と「世界」(=実在)の間に対応関係(=一致)が想定されている。例えば、「昨日は雨だったと知っている」と言うとき、それが昨日の世界についての「正しい認識」(=真理)だと主張していることになる。この語感に基づいて、哲学でも「知識」は「正当化された真なる信念」(=真だと思う理由があり、かつ実際に正しい信念)と定義されてきた(戸田山[2002:4])。

一方、古典的知識社会学は、「知識」を反実在論的に捉えている。つまり、「知識」の概念を「世界」(=実在)から切り離し、それを人々の「信念belief」(=人々が真だと信じること)と同一視した。例えば、ハンガリー出身の社会学者カール・マンハイムの「イデオロギー」概念や、社会学者ピーター・バーガーとトーマス・ルックマンの「現実」概念は、いずれも人々が「そうだ」と信じている(が正しいとは限らない)事柄を指している(Mannheim[1929→1952=1971→2006], Berger and Luckmann[1966=1977→2003])。

こうした発想の背後には、「何が正しいとされるかは社会や集団ごとに異なる」という認識がある。仮に「正しい」とされることが社会や集団によって異なるとすれば、現在の社会や集団が持つ「知識」もまた「世界」(=実在)との一致を欠いた「虚偽」かもしれない。こうした反実在論に立つと、「知識=信念」を「世界」との一致から説明することができなくなり、代わりに「知識=信念」を持つ「個人」の置かれた「社会的諸条件」が「知識=信念」の内容をダイレクトに決定するというモデルをとることになる［↓図０．１］。

　しかし、「反－反実在論」の立場からすれば、こうした発想には問題がある。古典的知識社会学（≒反実在論）は、ある社会や集団の「知識＝信念」が、その成員から「真理」だと見なされているとの仮説から出発する。例えば、幽霊の存在を信じている社会や集団があれば、そこでは「幽霊は存在する」という「知識＝信念」が「真理」だと思われていると推測できる。

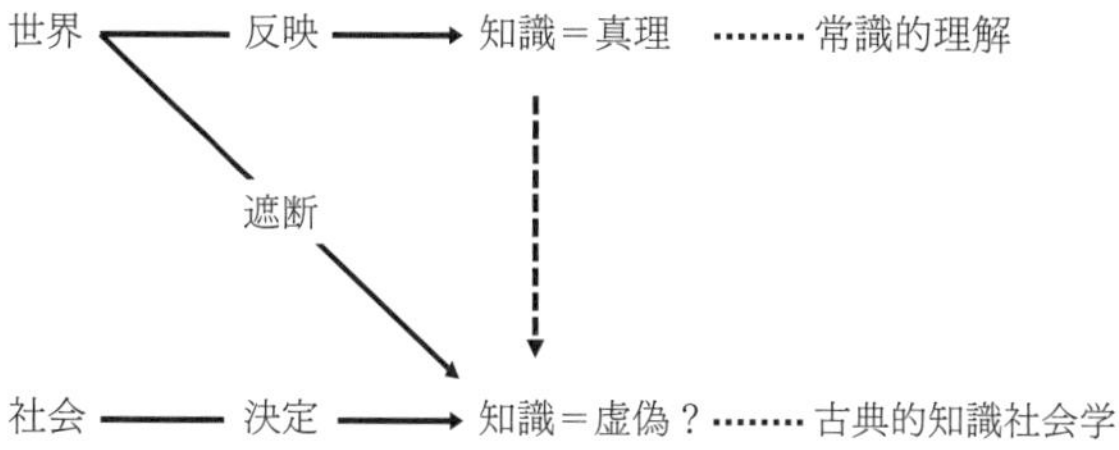

図0.1. 古典的知識社会学のモデル

　だが、実際には、人々は全ての「信念」に確信を持っているわけではない。それどころか、多くの「信念」については、それが〈真理〉なのか〈虚偽〉なのかと悩んだり、他人と議論したりする。そうした検討を経て初めて、その「信念」が〈真理〉（＝知識）だと確定される。体験や議論を通じて、「幽霊は存在する」という主張に傾くこともあれば、そこから離れることもある。

　だとするならば、「知識＝信念」を固定されたものと捉えるのではなく、むしろ「知識＝信念」がどのように生み出され、変化し、消えていくのか——言わば、知識生産のプロセス——を捉える視角が必要だろう[18]。

　例えば、私たちは様々な物事について「仮説」を立てている。そして、各種の情報を組み合わせながら、「仮説」への確信を深めたり、疑いを深めたり、そこから新たな「仮説」を立てたりしている。つまり、「仮説」を吟味することで、単なる「信念」を確固たる「知識」へと作り変える。

　むろん、「仮説」を立てたり吟味したりするプロセスも行き当たりばったりに展開するわけではない。そこには、論理が通っているのか、証拠はあるのか、信頼できる人物の情報か、といった様々な手続きがある。つまり、知識生産のプロセスは、〈真理〉と〈虚偽〉を決定する判別手続きによって制御されている。

しかも、その手続きの中身は、歴史的・文化的状況に左右される。例えば、ある薬品の副作用を知りたければ治験を行うほかないが、現在では、倫理的に認められる実験が厳しく定められている。すなわち、判別手続き自体が「社会的諸条件」に晒されているのだ。

したがって、「真理の社会学」は、古典的知識社会学のように「社会的条件」が「知識＝信念」の内容を直接的に決定すると考えるのではなく、むしろ、知識生産のプロセスが、〈真理〉と〈虚偽〉の判別手続きに規定され、その手続き自体が「社会的諸条件」に左右されるというように、「知識＝信念」の内容が間接的に制約されると考えることになる。このとき、「知識＝信念」の内容は主要な関心事ではなくなり、むしろ、知識生産のプロセスそれ自体に働く拘束性（＝判別手続き・社会的諸条件）の形態こそが問題になる［→図0．2］。

こうした見方に立つと、〈真理〉を扱う態度もまた変わってくる。「真理の社会学」は、〈真理〉と〈虚偽〉の判別を決定的なものと見なすのでも、恣意的なものと見なすのでもなく、むしろ、それを暫定的なものだと見なすことになる。つまり、後から書き換えられうる「とりあえず」の判断だと考えるのだ。

例えば、科学は実験によって〈真理〉を確定することができるが、いつでも理想的な実験ができるわけではない。自然科学であれば、資金が膨大すぎて実験設備を用意できないこともあるし、医学や社会科学であれば、実験参加者の人権という制約から、実験が不可能になることもある。そうした限られた状況の中で、特定の知見が暫定的な〈真理〉として流通する。

　もちろん、だからといって、相対主義（＝反実在論）が言うように、〈真理〉とされるものの全てが一様に「暫定的」だとは言えない。長期的な観察によって「確立」されている知見もあれば、未だ「確立」されていない知見もあるだろう。したがって、ある知見をめぐる〈真理〉と〈虚偽〉の判断は、原理的には変更可能だとしても、現実的には変更可能性に大きなばらつきがあると考えた方が良い。このように考えることで、〈真理〉と〈虚偽〉の判断を過信するのでも、（相対主義のように）完全に諦めるのでもない形で、捉え直すことができる。

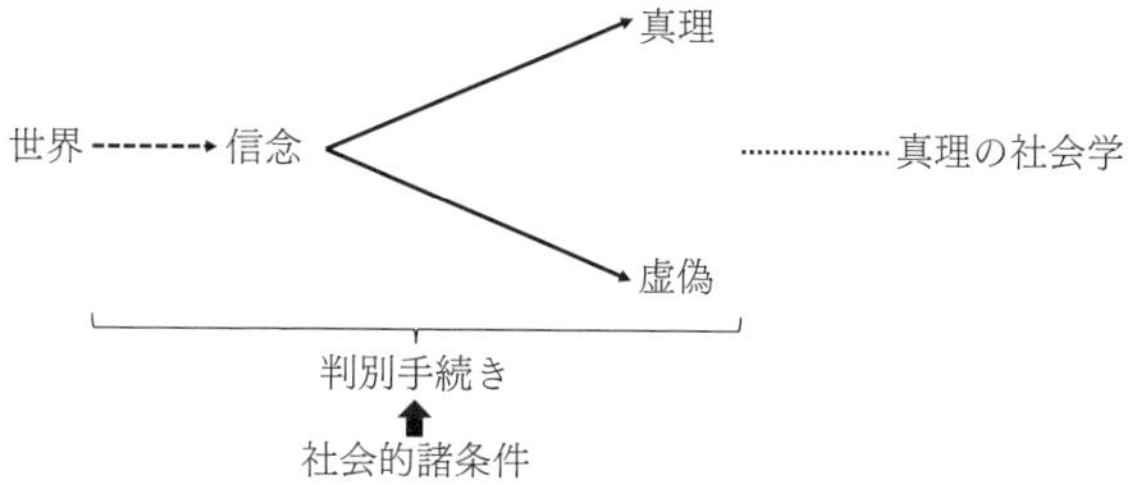

図0.2　「真理の社会学」のモデル

　実のところ、以上のような「真理の社会学」の発想は、本書の独創ではない。すでに古典的知識社会学の問題点に自覚的な議論が出てきている。例えば、本論で詳しく見ることになるフーコーの真理論、ラトゥールのアクター・ネットワーク理論、ニクラス・ルーマンの科学システム論などの先端的な議論は、「真理の社会学」のバリエーションだと捉えることができるし、そう読んだ方が良い。[19]いずれの論者も、「言説」「ネットワーク」「システム」といった知識生産のプロセス自体を主題化する術語を導入することで、「知識」概念それ自体を使わなくなっているからだ。[20]
　ところが、こうした革新にもかかわらず、これらの議論はしばしば古典的知識社会学と同一視されてきた。すなわち、「知識は社会によって規定されている」とする社会決定論だと見なされてきたのだ。したがって、これらの論者が本当は何を発見したのかを十分に自覚するには、新しいラベルを用意した方が良い。本書が「真理の社会学」というラベルを使うのは、そのためである。

4-3 「証拠」という問題

では、こうした見方は「証拠」の問題とどう関わっているのか？

〈真理〉と〈虚偽〉を判別する手続きは、「論理」と「証拠」とに大きく分けることができる。議論の一貫性に関わるのが「論理」であり、議論の根拠に当たるのが「証拠」である。とりわけ、「証拠」をめぐる手続きは、歴史的に大きく変化してきた。

それを象徴する出来事の一つが「近代科学」の成立である。近代に先立つ中世の時代にも、いまで言う「科学」に当たるものは存在してきた。しかし、そこでは、アリストテレスのような古代の権威ある著者の「証言」が重視され、観察や実験に基づく研究はあくまでも傍流に留まっていた。これに対し、私たちのよく知る「近代科学」は、「証言」をそのまま受け入れるのではなく、実験や観察によって自分の眼で確かめることを、自らの特徴と見なしている（Shapin［1996=1998:87-105］）。

ここで、生物の新種発見の手続きを例に考えてみよう。現在の生物学の前身に当たるヨーロッパの博物学は、動物・植物・鉱物を収集し、そして分類してきた。その対象はヨーロッパばかりではない。アジアやアフリカといった非西洋地域に生息する動植物もまた注目を集めてきた。では、非西洋地域の動植物をどうすれば知ることができるのか？

そこで用いられたのが、非西洋地域への旅行から帰ってきた旅行者の「証言」である。旅行者は現地で珍しい動植物を目にしたり、現地人の報告を耳にしたりする。旅行者は、そうした情報を記録し、ヨーロッパへと持ち帰ってきたのである。

けれども、旅行者の「証言」には弊害もあった。それは、誤謬や嘘といった〈虚偽〉の可能性である。そのことを象徴しているのが、「怪物」の存在だ。ヨーロッパでは、世界の遥か彼方に、ヨーロッパ人とは似ても似つかない奇妙な人間（例えば、頭がなく、肩に目のついた人間）が住んでいるという信念が古代から存在していたが、一四世紀になると、ヨーロッパの旅行者が書いた旅行記によって、この信念が復活したという（Shapin［1996=1998:115］）。旅行も困難で、写真も存在しない時代には、「証言」の中身を検証することが難しく、いまから見れば荒唐無稽な「怪物」の存在が信じられていたのである。

翻って、現代の生物学における新種発見の手続きでは、標本という「物証」が必要になっており、「証言」によって伝えられる伝聞情報は排除されている。つまり、新種発見に使われる「証拠」は「証言」から「物証」へと変化してきた。このようにして、近代科学では、「証言」よりも「物証」の方が重視されるようになっている。

もちろん、現在でも「証言」が積極的に使われる領域はある。その一つは、法廷である。法廷では「証拠調べ」と呼ばれる手続きが発達し、「物証」だけでなく、「証言」や「書証」も重要性を持っている。例えば、「証言」をめぐっては、反対尋問が行われる。つまり、法廷では科学と全く異なる手続きが採用されているのだ。

以上のように、「証拠」をめぐる手続きは、時代によっても領域によっても異なっている。その意味で、「証拠」の問題は、〈真理〉と〈虚偽〉を判別する手続きのバリエーションを問う「真理の社会学」の格好の例になっている。

4-4 探究の方針——科学のある社会

それでは、「真理の社会学」の作業を、具体的にはどう進めれば良いのだろうか？ とりわけ、「証拠」をめぐる手続きを分析するには、どうすれば良いのか？

言うまでもなく、〈真理〉と〈虚偽〉の判別という実践が取りうる可能性の全てを網羅的に理論化することはできないし、あらゆる実践の通史を描くこともできない。代わりに、特定の時代・地域・分野に問題を限定し、その範囲内での実践を分析することはできるだろうが、それでは個別的記述に留まってしまう。では、他にどのような方法があるだろうか？

幸い、社会学や科学論には、本書と問題関心を強く共有する論者や学派も幾つか存在している。すでに述べてきたように、「反-反実在論」や「真理の社会学」は、様々な論者が同時並行的に発見してきた見解を再構成したものだ。ただし、それぞれの論者が提示しているビジョンは断片的なものに留まっており、それらを総合すると知識や科学の見え方がどう変わるのかは、十分に明らかになっていない。

そこで本書では、問題関心を共有する上記の研究群を、理論的・経験的に検討していくスタイルを採用したい。その狙いは、それらを「真理の社会学」という名前のもとで再編成することにより、これまで点在していた成果を新たに関係づけ、一歩先へと進めることにある。その作業を通じて、〈真理〉と〈虚偽〉を判別する手続きの一つである「証拠」の歴史を考えていく。

その際、注目したいのが「科学」である。私たちの生きる社会では「科学／非科学」という二分法が決定的に重要な意味を持っている。政治・経済・医療・テクノロジーといった様々な問題について「科学的証拠」が求められるし、逆に、疑似科学やオカルトにおける「証拠」は「非科学的」として忌避される。つまり、「科学／非科学」の二分法は〈真理〉と〈虚偽〉を判別する上で、無視できない基準になっているのだ。

もちろん、全ての人がそうした見方に同意するわけではない。だが、科学を否定し、疑似科学や代替医療と呼ばれる知を信奉する人でさえ、「科学／非科学」という二分法が浸透しているという状況を否応なく意識させられる。だからこそ、「科学は要素還元主義にすぎず、全体を捉えることはできない」というように、「科学的証拠」の限界を指摘することで「非科学」を擁護するタイプの議論が常套句にもなっている。

こうした「科学的証拠」は、実験や観察をベースとする「近代科学」の産物だが、全ての社会が「近代科学」を持つわけではない。ヨーロッパで「アカデミー」と呼ばれる学術団体が相次いで組織されたのは一六〜一七世紀であり、科学の専門職業化が進むのは、さらに時代が下った一八世紀末から一九世紀にかけてのことだ。日本においても、科学が本格的に制度化されたのは、やはり明治以降のことである。その意味で、近代社会とは、科学という極めて特異な〈真理〉と〈虚偽〉の判定手続きを持つ社会、言わば「科学のある社会」なのである。

そう考えると、「科学のある社会」において〈真理〉や〈虚偽〉の判別はいかにして行われるのか、またそれは「科学のない社会」の場合とどう違うのかが、重要な問題になってくる。つまり、「科学のある社会」において「証拠」とは何なのかを問う必要がある。

科学とは〈真理〉と〈虚偽〉の判断を専門に行う一つの制度であり、あくまで社会の中の一部門にすぎない。だが、本書では、社会の中で科学が占める位置づけの変化に注目し、科学を社会変動の「地震計」のようなものだと捉えてみたい。つまり、科学なる制度を、近代社会における〈真理〉や〈虚偽〉の判別の実践を考えていくための戦略的拠点として利用したいのである。

そうした一連の探究を通じて、一七世紀以来の「近代社会」はもちろん、私たちの生きる「現代社会」における「証拠」のあり方を見通すことが、本書の最終目標である。

5 本書の構成

最後に、改めて各章の内容について簡単に説明しておこう［↓図0.3］。

本書は二部構成になっている。第I部（第1章〜第3章）は「理論篇」、第II部（第4章〜第6章）は「歴史篇」に当てられ、その他に中間考察と終章が置かれる。

第I部「理論篇」では、科学論の社会構成主義を出発点とし、ルーマンやフーコーの議論を経由しながら、「反-反実在論」とその具体的な試みである「真理の社会学」の枠組を練り上げていく。それは、「証拠とは何か」とか「何が存在するのか」ひいては「真理とは何か」といった問題に答えるための理論的基礎を与えるものである。

第1章では、科学論の社会構成主義を取り上げる。実は、反実在論の代表格と目される科学論の社会構成主義の主張には、単なる反実在論として片付けられない側面が含まれている。すなわち、科学論の社会構成主義には、本書の言う「反-反実在論」の主張が含まれているのである。その主張を抽出しながら、「反-反実在論」の射程を明確にすることが、この章の目的である。

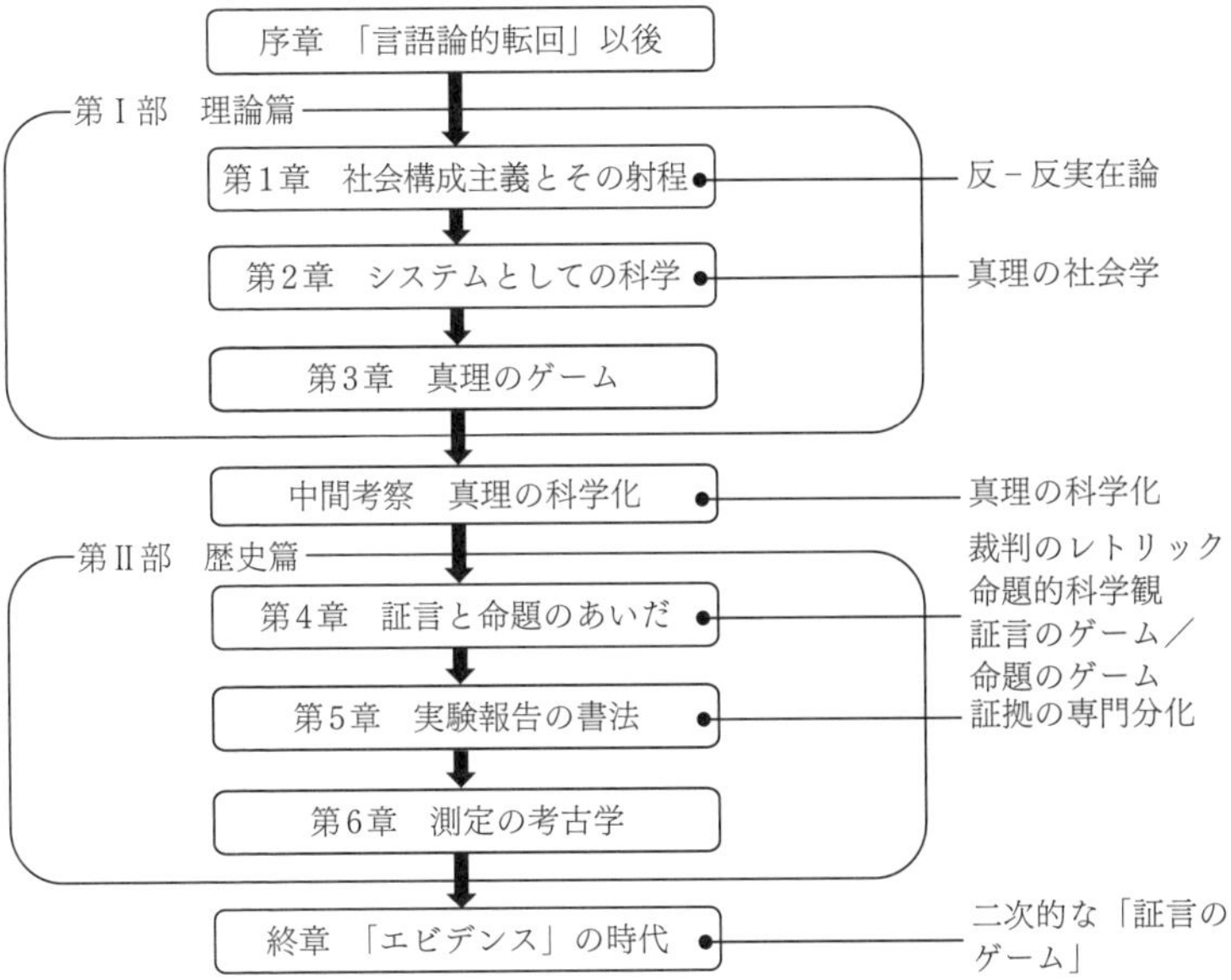
序章 「言語論的転回」以後
第Ⅰ部 理論篇
第1章 社会構成主義とその射程
反－反実在論
第2章 システムとしての科学
真理の社会学
第3章 真理のゲーム
中間考察 真理の科学化
真理の科学化
第Ⅱ部 歴史篇
第4章 証言と命題のあいだ
裁判のレトリック
命題的科学観
証言のゲーム／
命題のゲーム
第5章 実験報告の書法
証拠の専門分化
第6章 測定の考古学
終章 「エビデンス」の時代
二次的な「証言の
ゲーム」

図0.3 本書の構成

第2章では、ルーマンの科学システム論を検討していく。ルーマンの議論もまた「反‐反実在論」の一つのバリエーションと捉えることができるが、重要なのは、ルーマンが「反‐反実在論」の立場から「真理の社会学」と呼びうる理論を構想していることである。ルーマンの理論は、本書全体に基本的な枠組を与えてくれる。

とはいえ、ルーマンの理論が万能というわけではない。むしろ、そこには大きな理論的難点がある。ルーマン理論の前提をなすのは「機能分化」と呼ばれる仮説である。それは、近代化に伴い、社会全体が政治システム・経済システム・法システム・教育システム・科学システム……などの機能システムに分化したとする一種の近代化論である。しかし、科学システムに関する限り、この前提は十分には成立しない。この章ではそのことを理論的に示していく。

第3章では、ルーマンの「機能分化」仮説をフーコーの真理論と突き合わせることで、その問題点をさらに明確にしていく。フーコーの議論もまた「反‐反実在論」に立つ「真理の社会学」の一種と捉えることができる。しかも、その真理論に限って言えば、ルーマンの理論とも共通性が高い。だが、フーコーおよびそのフォロワーの歴史研究と照らし合わせると、ルーマンの議論が、理論のみならず歴史認識の面でも問題を抱えていることが明らかになる。

中間考察では、第Ⅰ部で示された課題を整理し、第Ⅱ部の目標を明確にしていく。第Ⅰ部の考察を敷衍すると、近代化の過程は、〈真理〉と〈虚偽〉を判別する手続きの一種にすぎないはずの科学が、〈真理〉と〈虚偽〉の判別手続きの見本の位置を占めるに至った過程だと考えることができる。中間考察では、これを「真理の科学化」と呼び、その過程を「証拠」の歴史という観点から捉えることを、第Ⅱ部の課題として提示する。

第Ⅱ部「歴史篇」では、ここまでの理論的考察を踏まえて、いよいよ〈真理〉と〈虚偽〉の判別手続きの歴史を分析していく。具体的には、法廷と科学の系譜学的つながりという観点から、「証拠」という考え方の歴史を描いてみたい。

第4章では、科学史の新しい古典の一つであるシェイピンとシャッファーの『リヴァイアサンと空気ポンプ』とそれに後続する研究を検討することで、歴史記述のための視角を準備する。これらの研究は、一七世紀の実験科学において、実験報告を法廷の「証言」に見立てる「裁判のレトリック」という記述戦略が使用されていたことを明らかにしている。ところが、二〇世紀の科学論において、実験報告はもっぱら「命題」(=観察命題)ないし「文」(=観察文)と見なされ、「証言」とは呼ばれてこなかった。その意味で、二〇世紀の科学論は、科学を「命題」から構成されたものだと捉える「命題的科学観」とも呼びうる見方を採用している。だとするならば、どこかの時点で「裁判のレトリック」は失われ、「命題的科学観」に取って代わられたのではないか?

言い換えれば、一七世紀の科学は法廷の手続きをモデルとしていたが、現在までの間に、科学は法廷から自らを切り離したのだと考えられる。この点をさらに具体的に解明していくのが、第5章と第6章である。

第5章では、一九世紀後半の心霊研究という一種の「疑似科学」を事例として、実験科学における「裁判のレトリック」の盛衰を分析する。また、第6章では、測定の歴史という観点から、「裁判のレトリック」の盛衰を、いくつかの科学分野を取り上げて、領域横断的に分析していく。

重要なのは、「裁判のレトリック」が一九～二〇世紀転換期に衰退していることである。その意味で、「裁判のレトリック」の衰退と「命題的科学観」の台頭とは、コインの表裏の関係にあると考えられる。そのことの社会的条件にまで踏み込むことで、「証拠」の歴史、ひいては「真理の科学化」の過程を解明することができる。

終章では、これまでの議論を「証言のゲーム」と「命題のゲーム」という対比によって再整理し、科学や知識をめぐる新しい見方を提示することを試みる。二〇世紀の科学は、「証言のゲーム」を「命題のゲーム」へと還元しようとする傾向を持っていた。しかし、二〇世紀末から二一世紀初頭にかけて、従来とは異なり、新しいタイプの「証言のゲーム」が現れている。その中で、現代社会は、新たな「証拠」の概念を生み出しつつある。

第Ⅰ部　理論篇

第1章　社会構成主義とその射程

もしもあなたが研究不正に手を染めているとしよう。あなたは物質Xの存在を捏造するために、データを改ざんしたり、画像を加工したりする。そして、科学者が疑いを持たないであろう「証拠」を準備すると、その成果を学会誌に発表する。

こうした捏造行為は、科学の中でも例外事例にすぎない。ほとんどの科学者は、捏造に手を染めたりはしないだろう。しかし、捏造が実際に可能なら、ある対象が存在しないにもかかわらず、科学者共同体にその存在を認めさせることが、原理的には可能だということになる。それでは、観察や実験によって得られる「科学的証拠」から、「電子」や「遺伝子」といった対象が本当に存在するか（＝実在するか）を知ることはできるのだろうか？

二〇世紀の人文・社会科学では、実証主義と相対主義が激しい対立を繰り広げてきた。科学論ではそれが、科学的実在論と反実在論の対決として展開され、一種の「踏み絵」のようにさえなっている。だから、「実在」を認めるか否かという問題に対する答えを練り上げることは、科学を論じる上での根本的な立場を決めることでもある。

本章では、反実在論の急先鋒と目される科学論の社会構成主義の主張を改めて検討していく。ただし、科学的実在論からの批判を受ける中で、社会構成主義では、実はすでに「反‐反実在論」とも呼ぶべき穏当な立場が主流になっている。以下では、社会構成主義の議論を読み解きながら、本書全体の基調となる「反‐反実在論」という考え方を取り出してみたい。それは、科学的実在論のように科学的知識を肯定するのでも、反実在論のようにそれを否定するのでもなく、科学的知識を相対的に確実な知識として捉える視座を提示してくれる。

なお、この章では、本書の中でも最も原理的な問題を扱っている。そのため、少し込み入った議論が展開されているが、まずは大きな流れがわかれば十分である。細かい部分はあまり気にせず、最後まで読み進めてみて欲しい。

1　社会構成主義をどう評価するか？

序章で見てきたように、二〇世紀後半の社会学では、広い意味での〈構築主義〉が強い影響力を持ってきた。そこにも様々な種類があり、社会問題の構築主義・ジェンダー論の構築主義・ナショナリズム論の構築主義・障害学の構築主義など、それぞれの領域でそれぞれの展開を遂げてきた。そうした流れの一つが、科学論の社会構成主義である。

それは、（1）バリー・バーンズやデーヴィッド・ブルアによって開始された科学知識の社会学、（2）ミシェル・カロンやブリュノ・ラトゥールに代表される科学人類学、（3）ダナ・ハラウェイをはじめとする科学のカルチュラル・スタディーズやフェミニズム科学論、などからなる研究群のことだった。これらは、科学的知識の持つ社会的性格に関心を向けるため、科学技術社会論（ＳＴＳ：Science Technology Studies / Science, Technology and Society）や、科学の社会的研究（Social Studies of Science）とも呼ばれている。[1] 中でも、*Social Studies of Science* 誌は、その重要な拠点として機能してきた。

　論者や時期によっても主張に大きな幅はあるが、科学論の社会構成主義は、「科学は実在を捉えられない」ないし「科学的対象は社会が構築したものだ」と主張する反実在論と見なされ、科学的実在論の立場をとる哲学者や科学者から痛烈な批判を浴びてきた。例えば、すでに紹介したソーカルとブリクモンの『「知」の欺瞞』は、フランス現代思想を批判するとともに、科学知識の社会学やラトゥールを名指しで批判している。

　二人は次のように主張する。――従来の科学社会学は、科学という営みを取り巻く制度の分析を行ってきた。これに対し、一九七〇年代に生まれた科学知識の社会学（＝ストロング・プログラム）の目標は遥かに野心的だ。それは、科学理論の内容それ自体を社会学的に説明しようとしたのである。しかし、科学者からすれば、こうした議論は容認できない。というのも、科学者は科学理論の内容が（社会によって決まるのではなく）自然を反映したものだと考えるからだ（Sokal and Bricmont［1997=1998=2000→2012:130］）。一方、もう一つの流れであるラトゥールの科学人類学は、主張があまりに曖昧で、その曖昧さを取り除くと、正しいけれども当たり前か、人を驚かすけれども明らかに間違った主張しかない（Sokal and Bricmont［1997=1998=2000→2012:140］）。

　こうして二人は、科学論の社会構成主義がいかに荒唐無稽な議論かを論じていく。それは、科学論の社会構成主義に対する批判者の感覚を代弁したものと言えるだろう。

　ところが、社会構成主義者と実在論者の対立には、一つ奇妙な性質がある。それは、反実在論の急先鋒と目される社会構成主義者が、しばしば科学的方法を積極的に採用したり、あるいはそれを肯定したりしていることである。

ソーカルとブリクモンに批判された科学知識の社会学の「ストロング・プログラム」は、科学的知識を説明する上で、次の四つの原則を採用している。(I) 因果性 (causality):因果的であること、(II) 不偏性 (impartiality):真理と虚偽の双方が説明対象になること、(III) 対称性 (symmetry):真理と虚偽が同じタイプの原因によって説明されること、(IV) 反射性 (reflexivity):説明パターンが社会学自身にも適用可能であること (Bloor [1973:173], Bloor [1976=1985:7])。

重要なのは、これらが、自然科学で採用されている原則の適用として提案されていることである。ブルアは言う。「こうすることにより、それ [科学知識の社会学] は他の科学の分野で当然とされているのと同じ価値を組み込むことになる」(Bloor [1976=1985:7], [ ] 内は引用者による)。科学的知識の社会学は、一見すると科学を否定する議論のように見えるが、実は、科学的知識についての科学的説明を目指しているのである。

ある時期以降のラトゥールもまた、自らを科学者側に立つ実在論者として提示している。少し長いがそのまま引用してみよう。「どうしてわれわれは科学者に対抗させられていたのであろうか? われわれがある主題を研究していることは、その主題を攻撃していることを意味しない。生物学者は反生命、天文学者は反天体、免疫学者は反免疫だとでも言うのだろうか? そのうえ、私は二〇年にわたって科学の学校で教育を行っているし、定期的に科学雑誌にものを書いているし、私と私の同僚は産業界と学界の科学者たちの側に立って遂行された契約研究によって生活を営んでいる。私はフランスの科学の既存の体制の一部ではなかったのだろうか? [...] もし科学論が何かを成し遂げたのだとしたら、科学から実在をわずかに差し引いたのではなく、科学に対して実在を付け加えたに違いない」(Latour［1999:2=2007:3］, 傍点は原文による)。

もっと遡れば、社会構成主義の源流とされるアメリカの科学史家トーマス・クーン自身が、『科学革命の構造』(一九六二)で示したパラダイム論について、それが科学の客観性を否定するものではないと、後から主張している。クーンは言う。「私を批判している人びとによれば、クーンにとって科学者集団によるパラダイムの選択は、「議論の実質を欠いた、単なる説得行為の展開にすぎない」に違いないという。この種の評価は、まったくの誤解である」(Kuhn［1977:321=1998:416］, 一部の訳文を改めた)。

このように、実は社会構成主義者も、科学を全否定しているわけではない。それどころか、場合によってはその擁護者であるとさえ自認している。

では、同じ一人の社会構成主義者が、ある時には反実在論者に見え、またある時には実在論者に見えるのはなぜなのか?

もちろん、社会構成主義者が自身の立場を変節させてきたことは否定しがたい。けれども、より重要なのは、実在論と反実在論というラベル自体の限界だろう。科学論において実在論者と反実在論者が腑分けされるとき、往々にして実在論者は科学の合理性を肯定し、反実在論者はそれを否定すると考えられている。例えば、英米系の科学哲学では、科学的実在論vs反実在論という対立軸のもと、社会構成主義を広い意味で反実在論の側に位置づける。[2] ところが、科学社会学内在的な整理では、むしろ「ストロング・プログラム」の導入・応用・乗り越えという図式が基調になり、科学的実在論と反実在論の対立は、あくまでもそれに絡めた形で登場するにすぎない(Pickering［1992］, Lynch［1993=

2012], 金森［2000], 綾部［2001], 中村［2001]）。

このことは、科学論の社会構成主義が、実在論vs反実在論という対立軸には還元しがたいモメントを含むことを示唆している。[3] それを実在論と反実在論の二分法で捉えようとすると、両者の間で展開される思考が揺らいで見えてしまうか、あるいは無理やりどちらかの極に割り振ってしまいかねない。だが、社会構成主義者が実在論や反実在論といった言葉と格闘してきたこともまた事実である以上、その二分法と関連づけないと、社会構成主義の理論的含意は十分に評価できない。だとするならば、社会構成主義が実在論と反実在論の二分法それ自体にいかなる挑戦を仕掛けたのかを問う必要があるだろう。

一つ付け加えておくと、科学論の社会構成主義をめぐっては、しばしばその内部での立場の違いが注目されてきた。例えば、ラトゥールは自身と科学知識の社会学との違いを強調し、「社会構成主義」と呼ばれることにも反発している（Latour［2005=2019:165-175]）。しかし、本書の見るところ、社会構成主義者の間では、差異よりも共通性の方が目立っている。そこで、以下では、複数の社会構成主義者に共通して見られる最大公約数的な論理を取り出すことにより、社会構成主義の理論的射程を明らかにしていこう。

2　科学的実在論と反実在論の対立点

歴史的に見ると、実在論と反実在論との対立は何度も繰り返されてきた。例えば、中世哲学の普遍論争では、「普遍（=類や種）は実在する」と考える実念論と、「普遍は名辞（=ラベル）にすぎない」

とする唯名論（および両者の中間に当たる概念論）の対立が見られた。また、一八世紀以降には、意識の根源には物質があるとする唯物論と、物質よりも意識の方が根源的だと考える観念論との間で激しい対立が繰り広げられてきた。だから、「世界は言語的に構築されている」と主張する〈構築主義〉を「唯名論」や「観念論」の現代版と見ることも珍しくない。[4]

ただし、科学論において問われてきたのは、単なる実在論と反実在論ではなく、科学的実在論と反実在論との対立である。では、科学的実在論と反実在論（特に社会構成主義）の対立点はどこにあるのだろうか？　それは、実念論と唯名論の対立や、唯物論と観念論の対立と同じものなのだろうか？

2-1　科学哲学における構図

英米系の科学哲学の科学的実在論論争では、電子のような目に見えないもの（＝科学的対象）の実在を認めるかどうかが問われる。すなわち、科学が実在を捉えられているかどうかが問題になってきた。その主な議論には、（a）科学的実在論を擁護する奇跡論法、（b）実在論批判の論法としての悲観的帰納法、（c）反実在論の理論としての操作主義・道具主義・構成的経験主義、などがある。順番に説明しよう。

（a）奇跡論法とは、「もし科学的実在論が間違っているならば、科学の成功（例えば、身の回りの科学技術がうまく機能していること）は奇跡になってしまうではないか（そんなことはありえない）」と主張することで、背理法的に科学的実在論を擁護するものだ。（b）悲観的帰納法は、「これまでの科学の歴史において、現象の説明に成功してきた科学理論（例えば、天動説やエーテル理論）はいずれも、後になって誤りであることが明らかになってきた。だから、成功している理論は全て誤りだろう」と主張することで、帰納法的に科学的実在論を棄却する。（c）操作主義・道具主義・構成的経験主義はそれぞれ異なるが、いずれも、観察不可能なものを科学によって把握可能な対象とは認めないことで、科学的実在論を否定する議論である（伊勢田［2003:119-134］）。

それでは、哲学的に見ると、科学論の社会構成主義はどういう立場になるのだろうか？

社会構成主義もまた広い意味で反実在論の一種だが、それは主に「決定不全性 underdetermination」に訴える議論だと理解されている。理論の「決定不全性」とは、あるデータの集まりを解釈しうる理論は複数あり、どの理論が正しいかをデータから一意に決めることはできない、という性質のことだ（戸田山［2015:149］）。例えば、一六世紀の時点では、天体の動きからだと天動説と地動説のどちらが正しいかが決定できなかった。この対立には決着がついたが、同じような理論の乱立状況がいつでも起こりうると考えるのが、「決定不全性」のテーゼである。

社会構成主義（の一部）は、これを次のように使っているという。――どの科学理論が正しいかは原理的には決定できない。にもかかわらず、科学者はある理論を採用し、別の理論を棄却している。それは、どちらの理論を採用すべきかを、科学者が社会的に合意しているからである（戸田山［2005:187］、戸田山［2015:156-157］）。

たしかに、社会構成主義は、「決定不全性」やそれに類する議論を展開してきた。だから、英米系の科学哲学に即して見れば、以上のように整理するのが自然だろう。しかし、社会構成主義それ自体の展開に即して見ると、別の姿も浮かび上がってくる。というのも、社会構成主義による反実在論の中心的な論点は、データと理論の関係（＝決定不全性）よりも、むしろ「実在する」「真である」「合理的」「客観的」といった言葉の用法にあると考えられるからだ。

以下では、科学哲学的な整理から少し離れ、社会構成主義の発想の源泉とされるクーンの議論に立ち戻る形で、科学的実在論と反実在論の対立点を確認してみよう。[5]

2-2 パラダイム論の二つの解釈

社会構成主義はしばしば、ルートヴィヒ・ヴィトゲンシュタインの言語ゲーム論やクーンのパラダイム論を使って議論を組み立ててきた。

「言語ゲーム」も「パラダイム」も、一般的には、世界を眺めるための「色眼鏡」のようなものだと理解されている。つまり、世界は「パラダイム」という「色眼鏡」によって分節化されており、パラダイムAから見える世界とパラダイムBから見える世界とは異なっている、というのだ。有名なだまし絵の一つに、ある人にはウサギに見え、ある人にはアヒルに見える「ウサギ－アヒル」の図があるが、それは「色眼鏡」の存在を気づかせてくれる（Wittgenstein［1953=1976:385］）。

こうした「色眼鏡」説は、一見すると、実在論と対立するように思われるかもしれない。しかし、実のところ、「色眼鏡」説だけでは反実在論にならない。というのも、それは単に「同じ世界が別様に見える」と主張するだけで、世界の存在自体を丸ごと疑うものではないからだ。では、「色眼鏡」説はどういう場合に反実在論になるのだろうか？

この点を考える上で重要なのが、パラダイム論をめぐる二つの解釈である。クーンは、科学史の古典となった『科学革命の構造』の中でパラダイム論を提唱した。それは、科学理論が徐々に発展してきたのではなく、むしろ「パラダイム」という認識枠組の劇的な交代（＝パラダイム・シフト）を繰り返してきたとする見方である。例えば、天動説から地動説への変化は、パラダイム・シフトの代表例の一つだ。

こうした歴史観のもと、当初、クーンは科学の進歩さえも否定していた（Kuhn［1962→1970=1971: 第13章］）。つまり、パラダイムAからパラダイムBへの転換によって「実在」（＝世界）についての知見が深まる、という考え方を否定したのだ。この場合、パラダイム論は、世界について確たることは何も言えないという反実在論を帰結する。ところが、クーンはその後、一転して、科学の進歩を認めるようになった。この立場をとると、世界についての知識は次第に深められていくことになり、パラダイム論はむしろ、実在論につながってくる。

このように、パラダイム論は、反実在論的にも実在論的にも読むことができる。ここで、この二つの解釈をもう少し詳しく見てみよう。

パラダイム論の実在論的な解釈とは次のようなものである。

――パラダイムAとパラダイムBとでは「世界」の見え方が異なるが、もしもパラダイム同士の優劣を評価できれば、どちらが「世界」をよりうまく記述しているかを確定できる。その場合、優れたパラダイムに依拠すれば、「世界」についてよりよく明らかにすることができると考えられる。例えば、天動説よりも地動説の方が優れたパラダイムだとわかれば、地球が回っていると言える。このように、パラダイム同士の優劣を評価できれば、反実在論に陥らずに済む。その評価基準として、クーンは「精確さ」「無矛盾性」「幅広い適用範囲」「単純性」「多産さ」といった性質を挙げている。クーンによれば、これらの評価基準は客観的（＝主観的な好みの問題ではない）なものであり、決して恣意的ではない（Kuhn［1977=1998:441-444］）。

これに対し、アメリカの分析哲学者リチャード・ローティは、「「実在するreally there」のような言葉を再構成するための理論から独立した方法は存在しない」(Kuhn [1962→1970:206=1971:237], 訳文は新たに作成した) というクーンの言葉を引きながら、パラダイム論の反実在論的な解釈を次のように展開している。

――パラダイムAとパラダイムBのどちらが「世界」(=実在) をよりうまく記述しているかを判断するには、その判定者は二つのパラダイムと「世界」とを何らかの意味で比べられなければならない。そのためには、パラダイムAとパラダイムBに対して第三者に当たるパラダイムCが必要になる。だが、そうすると今度は、パラダイムC自体は妥当なのかという疑問が浮かんでくる。同様に、パラダイムCを評価するには、新たなパラダイムDが必要になり、パラダイムDを評価するには、さらなるパラダイムEが必要になる。こうして無限後退が発生する。つまり、いかなるパラダイムからも独立な形で、パラダイム同士の優劣を評価することはできないのだ。その意味で、「合理的」「客観的」「論理的」「真である」といった表現は、あくまでも評価者の依拠するパラダイムの中で「良い」とされていることの言い換えにすぎない (Rorty [1987=1988→1999:8-9])。

こう整理すれば、パラダイムの間に優劣をつけられると考えるか否かが、科学的実在論と反実在論の分かれ目だと言える。科学的実在論と反実在論と言っても、ただ単に「世界」の存在を信じるかどうかが問題になっているわけではない。それはむしろ、「世界」についての記述の真偽を判別できるかどうかを問題にしている。つまり、実在論は「世界」に関する記述の真偽を客観的に確定できると考える一方、反実在論はそれが不可能だと主張するのだ。[6]

3　社会学者の遂行的矛盾

3-1　合理性と非合理性の区別

それでは、社会構成主義の議論はどのように展開してきたのか？

反実在論の思考を社会学において洗練させたのは、すでに述べたバーンズとブルアの科学知識の社会学である。二人は、人々が受け入れる信念が文化ごとに異なるという相対主義の立場から反実在論を導いている。その概要は次のようなものだ。

いま、仮に文化が非常に異なる二つの部族があるとする。このとき、どのような信念を好ましく思うかとか、どういう理由を説得的なものと認めるかは、部族ごとに異なっている。だが、違うのはそれだけではない。これに加えて、信念の好みを表現する語彙――「真理」や「事実」のような評価語――や、好みを正当化する基準さえも、部族ごとに異なっていると考えられる（Barnes and Bloor［1982=1985:85］）。

現代人の場合、「真」や「偽」あるいは「合理的」や「非合理的」といった言葉で、信念の好みを表現している。しかし、バーンズとブルアからすれば、そうした語彙はあくまでも我々の文化における選好を表すものにすぎない。だから、ある信念やそれを評価する基準が、特定の文化において「合理的」だと認められることはあっても、それぞれの文化を離れて、「本当に合理的である」と言うことには意味がない。つまり、文化を超えて成り立つ「合理性」などないと考えることができるのだ（Barnes and Bloor［1982=1985:86］）。

こうして見ると、バーンズとブルアの相対主義は、先ほど見たローティ的な反実在論と同じ論理になっている。どちらも「本当に実在する」とか「本当に合理的である」といった表現をパラダイムや文化とは独立に定式化することはできないと考えているからだ。

しかし、当然のことながら、この種の議論には批判もある。代表的なのは、「合理性と非合理性は区別できる」という立場からの批判だ。そうした論者の一人であるアメリカの科学哲学者ラリー・ラウダンは、次のように考えている。[7]

「合理的信念」と「非合理的信念」とは、異なる因果的メカニズムに従っている。「合理的信念」にはそれを信じるべき根拠があり、根拠が信念を生み出す原因になっている。一方、「非合理的信念」にはそれを信じるべき根拠がなく、他の何かが信念を生み出す原因になっている。例えば、誰かが「地球は丸い」と「空を飛ぶことは非常に危険だ」という二つの信念を持っているとしよう。「地球は丸い」の方は根拠（＝理由）があって信じているのに対し、「空を飛ぶことは非常に危険だ」の方は根拠なく信じている。このとき、前者は根拠によって生み出された信念だが、後者は根拠とは異なる何かによって生み出されたものである。だから、両者には全く異なるタイプの因果的説明が与えられなければならないはずだ[8]（Laudan［1981:187-188］）。

この種の批判は、科学者にとっても納得できるものだろう。実際、ソーカルとブリクモンもまた、『「知」の欺瞞』において、より直観的な例を使ってバーンズとブルアを批判している。

いま、「部屋で象が暴れている」と叫びながら講堂から出てきた人がいるとする。そのことを確かめようとするなら、まず部屋に行き、象が暴れているかどうかをチェックするだろう。そこで、象が暴れているのが見えたり、暴れている音が聞こえたり、暴れた形跡が残っているなら、象は実際に暴れていたと考えられる。この場合、次は警察や動物園に連絡することになる。しかし、逆に何の証拠も見つからなければ、叫んでいた人は、精神疾患か薬物のせいで幻覚を見ていたと考えられるので、医者か警察を呼ぶことになる。つまり、象が暴れていた証拠があれば、「実際に象がいた」と考えるのは「合理的」になり、証拠がなければ、そう考えるのは「非合理的」になる（Sokal and Bricmont［1997=1998=2000→2012:137-138］）。

ただし、この論法だけではバーンズとブルアを説得するには不十分だろう。というのも、これだけでは、「証拠の優劣を評価する基準は文化によって異なる」という反論の余地が残っているからだ。おそらくそう直観して、ソーカルとブリクモンはさらに別のタイプの批判を書き加えている。「バーンズとブルアも、社会学者や哲学者向けの雑誌にどんなことを書いているにしても、実生活で同じことをするだろうことは請け合っていい」（Sokal and Bricmont［1997=1998:91=2000→2012:138］）。

つまり、ソーカルとブリクモンは、社会学者であるバーンズとブルアが、いくら学術論文の中で「合理性／非合理性」なり「真／偽」なりの判断を保留にしたとしても、実生活では他の人と同じようにそれらを判断せざるをえないという遂行的矛盾（＝言行不一致）を犯していると批判するのだ。反実在論者は、しばしば「実在を信じないのであれば、高層ビルから飛び降りてみよ」と揶揄されるが、二人の論法もこれに相当する。

3-2 認識論的チキンレース

この論法には素朴なところがあるが、やはり痛いところを突いている。実際、科学知識の社会学の一翼を担った科学社会学者ハリー・コリンズとスティーヴン・イヤリーは、この種の批判の洗練されたバージョンとも言える「認識論的チキン epistemological chicken」という問題を提起し、激しい論争を巻き起こした[9]。

「認識論的チキン」とは、社会構成主義において、認識論的な反省が一種のチキンレースの様相を呈していることを皮肉った言葉である。あえて高層ビルの例に当てはめれば、誰が高層ビルから飛び降りるギリギリ手前まで行けるかを競うゲームになっているということになる。

コリンズとイヤリーの見るところ、科学知識の社会学の展開は、次のような流れに整理できる。――社会学者は、自身の物の見方を括弧に入れ、自分の研究対象となる集団が持つ世界像に内在する能力を持っている。すなわち、ある準拠枠（＝認識枠組）から別の準拠枠へと視点を移動させる能力を発展させてきた。この能力は「態度変更alternation」（Berger［1963=1979→2007→2017:89］）と呼ばれている。だが、こうした「態度変更」は、自分自身の持つ準拠枠が、数ある枠組の一種でしかないことを自覚させてしまう。その意味で、「態度変更」とは、何かを知るための方法ではなく、むしろ、何も知らないでいるための方法だと言える。バーンズとブルアに始まる科学知識の社会学は、この能力をさらに科学という準拠枠にまで適用することに成功した。こうして、社会学はついに科学さえをも括弧に入れることができるようになった（Collins and Yearly［1992a:301-302］）。

この延長線上に、さらに二つの方向性が生まれている。一つは、イギリスの社会学者スティーヴ・ウルガーによる「反射性reflexivity」の議論であり、もう一つは、カロンとラトゥールによる「対称性symmetry」の議論である。両者はともに、社会学自体の前提を問い直すラディカルな議論を展開している。コリンズとイヤリーはこれらを批判するが、その前に、両者の立場を確認しておこう。

(1) ウルガーの「反射性」

すでに述べたように、科学知識の社会学は「ストロング・プログラム」と呼ばれる四つの原則を打ち出した。そのうちの一つに、科学についての説明を自分自身にも適用すべきとする「反射性」の原則がある。ウルガーはこれを積極的に展開し、科学者の説明方法のみならず、社会学者自身の説明方法を分析していく必要があると考えた。

ウルガーによれば、社会学者(＝広い意味での構築主義者)は、科学者による「説明」が「対象」と一致しているという主張を疑う相対主義をとる一方、そうした相対主義を自分自身には突きつけない。つまり、社会学者は、相対主義を抑圧している(Woolgar [1983:240-242])。

その際に使われる戦略が「アイロニー」である。ウルガーの言う「アイロニー」とは、「現実だと思っていたことが、実は違っていた」と認識させる操作のことだ。つまり、ある「現実」について「説明1」があるとき、それとは異なる「説明2」の可能性を示すことで、「説明1」を相対化するのである。例えば、公式統計上の「自殺者数」は(事故死との区別が恣意的なために)本当の自殺者数を反映していないといった指摘がこれに当たる(Woolgar [1983:248-249])。

しかし、社会学者がいつも「アイロニー」を使えるのだとすると、「説明1」に対して「説明2」を持ち出せるのと同じように、「説明2」に対してもそれと異なる「説明3」を用意できるはずだ。そうなると、社会学者の説明自体が相対化されてしまう(Woolgar [1983:253-254])。その点を自覚するならば、「アイロニー」を単なる「ツール」として使うのではなく、むしろ、自己相対化を繰り返す「プロジェクト」としてそれを遂行すべきではないか(Woolgar [1983:260])。こうして、社会学者の説明自体が分析対象として浮上してくる(Woolgar ed. [1988])。

ちなみに、社会学の文脈においてウルガーは、科学社会学者としてよりも、社会問題の「実在」をめぐる論争を巻き起こした「存在論的ごまかしOntological Gerrymandering」論文の著者の一人としての方が遥かによく知られている（Woolgar and Pawluch［1985=2000→2006］）。しかし、以上の議論を踏まえれば、他ならぬウルガーが実在論争（＝OG問題）を提起したのも頷ける。[10]

（2）カロンとラトゥールの「対称性」

もう一つ重要なのが、カロンとラトゥールの議論である。科学知識の社会学の「ストロング・プログラム」には、「真理／虚偽」や「合理的信念／非合理的信念」といった二項対立の双方に対して同一の説明様式を採用すべきとする「対称性」の原則があるが、カロンとラトゥールはこれを独自の形で継承し、「自然／社会」という二項対立の双方に同一の説明様式を適用すべきだと考えた。

ラトゥールによると、古典的知識社会学は、「科学＝真理」を対象とすることができず、あくまで「イデオロギー＝虚偽」を分析することしかできなかった。この手法は、「真理」については「自然」との一致によって説明するが、「虚偽」については「社会」によって説明するという二元論になっている。これに対し、科学知識の社会学は「真理」と「虚偽」の双方を分析対象にすることで、両者をともに「社会」によって説明しようとした。ところが、この立場をとると、全てを「社会」によって説明せざるをえなくなり、「自然」も「社会」の構築物であるとする極端な議論に陥ってしまう。この問題を回避するには、「自然」を「社会」に還元するのではなく、「自然」と「社会」の両者を「対称的」に扱わなければならない。そこで発見されたのが、「自然」と「社会」が不可分な形で絡み合う「アクター・ネットワークactor-network」という水準である（Latour［1991=1993=2008:165-169］）。

こうして、ホタテ貝と漁師との関係や、実験対象・実験装置・科学者・実験室の外部世界の関係を、「自然」でも「社会」でもなく「アクター」の動きとして記述する方向性が生まれた（Callon［1986］, Latour［1987=1999］）。ラトゥールはこの論理をさらに進めて、社会学一般の問い直しを試みている（Latour［2005=2019:175-186］）。

さて、ここで話を元に戻そう。コリンズとイヤリーからすると、ウルガーの議論もカロンとラトゥールの議論も、どちらも問題を抱えている。二人は次のように批判する。ウルガーによる「反射性」の分析は、「現実」と「説明」の関係という問題をやりすごすのではなく、正面から検討する。ところが、正面から検討したところで、そこからは積極的な成果が何も生まれない（Collins and Yearly［1992a:307-308, 323］）。

一方、カロンとラトゥールの「対称性」の議論は、「自然／社会」という二分法に疑いをかける。しかし、実際にホタテ貝や実験対象について記述しようとする社会学者は、それらについての自らの観察を報告するか、もしくは科学者のような専門家の説明に頼らざるをえない。前者なら、何の権利でそのようなことができるのかがわからないし、後者なら、科学者の説明を自明視する素朴な科学社会学（科学知識の社会学以前）に戻ってしまう。その意味で、「アクター・ネットワーク」は哲学的にラディカルだが、本質的には保守的である（Collins and Yearly［1992a:316-317, 323］）。

このように、コリンズとイヤリーからすれば、ウルガーおよびカロンとラトゥールは、「あらゆる準拠枠を等しく括弧に入れる」という立場から出発するものの、前者は無限後退に陥り、後者は隠れ科学主義に陥っているというのだ。

さらに、コリンズとイヤリーは次のように主張する。あらゆる準拠枠を括弧に入れたままでは、目の前にバスがあるといった認識さえ疑わざるをえず、「バスに乗る」というような単純な行為でさえ不可能になってしまう。ところが、バスに乗れない社会学者などいない。このことは、社会学者が様々な場面で準拠枠を括弧に入れる作業を中断し、実在論者と同じように振舞っていることを意味する。つまり、社会学者は、準拠枠を括弧に入れるかどうかの判断それ自体を場面ごとに切り替えるメタレベルの態度変更（＝メタ態度変更 meta-alternation）を行っているのだ。だとすれば、社会学者による認識論的懐疑は、どこまで疑ってみせることができるかを競い合うだけの「度胸試し」にすぎない（Collins and Yearly［1992a:302］）。では、どうすれば良いのか？

この問題に対するコリンズとイヤリーの解答は、やや意外なものだ。二人は、「メタ態度変更」を回避することは誰にもできないし、そもそも「メタ態度変更」は欠点ではないと主張する（Collins and Yearly［1992a:302］）。

科学者が研究を進めるには、自然実在論という準拠枠を採用しなければならないし、同様に、社会学者が研究を進めるためには、社会実在論という準拠枠を採用する必要がある。もちろん、社会学の準拠枠から科学を見ることで、科学は脱神秘化される。しかし、だからといって、科学者の経験・技術・知恵を否定する必要はない。旅行代理店の店員が休暇について詳しく、不動産鑑定士が住宅の価値に詳しいのと同様に、科学者は自然についての知見を持っていると考えれば良いからだ。科学を数ある文化的事業の一つだと考えるならば、「メタ態度変更」は何ら否定すべきものではなく、むしろ、目的に合わせて、うまく「メタ態度変更」を行うべきだと言える（Collins and Yearly［1992a:308-309, 324］, Collins and Yearly［1992b:384-385］）。

こうした解答は、科学論内在的に見れば「開き直り」だと言わざるをえない[11]。実際、ウルガーおよびカロンとラトゥールは、この点でコリンズとイヤリーを批判している[12]。

しかし、解答の妥当性自体は差し当たり問題ではない。もっと重要なのは、「メタ態度変更」をやめることができないという発見の方である。コリンズとイヤリーは、社会学者が実生活においては反省をやめていること――すなわち、全てを疑おうとしたとしても、どこかで疑いきれない瞬間が残ってしまうこと――を浮かび上がらせた。仮に、社会学者としての反省を実生活でも一貫させようとしたとしても、そのようなことは端的に不可能だというのである。

もちろん、この点に関しては、社会学者としての態度と生活者としての態度は全く別の水準にあり、そもそも社会学者としての反省を実生活にまで持ち込む必要はないと考える立場もあるだろう。そのように考える人にとって、「認識論的チキン」のような問題は生じない。

しかし、少なくとも科学論の社会構成主義の場合には、科学をめぐる自然科学者や生活者の通念を修正することを志向している。そのため、社会学者としての反省は、否応なく生活者としての自分自身にも突きつけられてしまう。だからこそ、「認識論的チキン」が切実な問題になるのである。

実を言うと、科学知識の社会学の創始者バーンズとブルアも、信念の好みが存在すること自体は否定していない。仮に、相対主義者であったとしても、生理的・心理的・社会的条件のもとで特定の信念の選好を形成するし、それに基づいて信念を選択している（Barnes and Bloor［1982=1985:85］）。だとするならば、相対主義の立場から「真理」と「虚偽」の判定を括弧に入れたとしても、特定の信念を好ましく思うこと自体はやめられないということになる。

反実在論の論理を貫徹しようとしても、どこかで実在論的に振舞ってしまう瞬間が出てくること

――ここに、社会構成主義的な懐疑の限界地点を見出すことができる。

4 「反‐反実在論」という立場

4‐1 主観的確信／客観的確信

このことは、社会構成主義が矛盾しているというよりも、むしろ、それが一般に想像される反実在論とは異なる論理を採っていることの表れだと考えた方が良いのではないか？

晩年のヴィトゲンシュタインによる草稿をまとめた『確実性の問題 *Über Gewißheit*』（一九六九）は、そうした理解を明確にするための補助線になる。というのも、ヴィトゲンシュタインは、科学論の社会構成主義に多大なインスピレーションを与えてきたからだ。ヴィトゲンシュタインがそこで繰り返し論じているのは、次のような問題である。

一一八　ところでつぎのような言いかたは正しいか。いままでに誰も私の頭蓋をあけて、その中に脳が存在するかどうかを確かめはしなかった。にもかかわらずすべては脳の存在を証拠立て、これに対する反証となるものはない、と。（Wittgenstein［1969:18=1975:37］）

二八一　私Ｌ・Ｗは、友人の身体や頭に鋸屑が詰まってはいない、と信じて疑わない。私の感覚は、それを直接に証拠立てるような事実を何ひとつ教えはしないのだが。ひとが私に語ったこと、本で読んだこと、それから私自身の経験、それらに基づいて私は確信しているのである。それを疑うことは狂気の沙汰としか思えない。この場合も他人に調子を合わせた反応であることは勿論である。しかし他人に合わせるのはこの私なのだ。（Wittgenstein［1969:36=1975:72］、傍点は原文による）

どんな人でも、自分の頭蓋骨を開けて、その中に脳が入っているかを自分で調べたことはない。にもかかわらず、私たちは自分が脳を持つことは信じて疑わない。その根拠をあえて問えば、「大人から教わった」とか「教科書で読んだ」といった理由を挙げることになるだろう。だが、当の大人や教科書が正しいということをどうやって知ったのか？　そこまで考えると、根拠は次第に曖昧になってくる。このようにして、ヴィトゲンシュタインは、我々の確信が、実は何の支えもなく存在していることを発見するのである（Wittgenstein［1969=1975:§118, §159, §207, §275, §281］）。

では、ここから何が言えるのか？

スロベニアの哲学者スラヴォイ・ジジェクは、ヴィトゲンシュタインが「主観的確信」と「客観的確信」とを区別していることに注目している。「主観的確信」と「客観的確信」の区別は『確実性の問題』の中で散発的に登場するが、まとまって論じられているのは一九四節である[13]。

一九四　「確実」という言葉でわれわれは完全な確信を、あらゆる疑いの欠如を表現し、またこの言葉を用いてひとに確信させようとする。これは主観的な確実性である。それでは何かが客観的に確実であるのはいかなる場合か。――誤謬がありえない場合である。しかしこれは一体どんな可能性なのか。誤謬は論理的に排除されていなければならぬのではないか。（Wittgenstein［1969:

27=1975:54]，傍点は原文による）

ジジェクによれば、ここで言われているのは次のようなことだ。隣の部屋に食卓があるかを疑っているとする。この場合、実際に隣の部屋に行って食卓を自分の眼で見れば、食卓があると確信できる。このように、懐疑と吟味とによって得られるのが「主観的確信」である（Žižek［1991=1996:248-51］）。

そこで今度は、誰かに「君が見たのが食卓であったとどうして確信できるのか？」と尋ねられたとする。この場合、何かを答えようとしても「わかりきったことだ。この眼で見たのだから」といった同語反復しかできないだろう。このように、ある種の問いの可能性をあらかじめ排除したところで得られるのが「客観的確信」である（Žižek［1991=1996:248-51］）。

重要なのは、「客観的確信」が「実在」についての「真理」を保証してくれないことだ。ある主張の「真／偽」を判断するには、まずそれを疑った上で、根拠の有無を調べなければならない。ところが、「客観的確信」は初めから疑いを免れた根拠そのものである。だから、それ自体は「真／偽」の判定対象にはならず、「真理」でも「虚偽」でもありえない。

そのことをヴィトゲンシュタインは、「真理に根拠があるならば、その根拠は真でも偽でもない」（Wittgenstein［1969:28=1975:56］，傍点は原文による）と表現している。つまり、「客観的確信」は、疑問の余地がないにもかかわらず、「真理」を保証しないのである（Žižek［1991=1996:252-53］）。

事物が「実在」することは疑えないけれども、「実在している」という認識が「真理」だとも言えない——このような考え方のことを、ここでは「反-反実在論」と呼びたい。ここでは、それを次の二つの特徴によって定義づけよう。

（X）何が「実在」しているのかについては不可知論をとる

（Y）「実在」しない可能性を本気で疑うことのできない局面があることは認める

「反‐反実在論」は、（X）の意味では「実在論」と異なり、（Y）の意味では「反実在論」とも異なっている。例えば、目の前にイスが見えるとき、実在論者であれば、「イスは実在している」と考える。一方、反実在論者であれば、「イスが実在しているかはわからない」と考える。これに対し、反‐反実在論者は、「イスが実在しているとは言えないが、それを疑うこともできない」と主張する。というのも、私たちは、眼で見たものの「実在」は疑えないが、「眼で見たものは存在している」という主張自体を正当化できるわけでもないからだ。「実在」は端的に疑われていないか、疑うことができないだけである。それでも、私たちは「実在」という感覚自体を手放すことはできず、目の前のイスは「実在している」と感じられる。そこで、反‐反実在論者は「疑えないものは、実在しているかのように感じられる」と考えることになる。

では、このことは社会構成主義の見方をどう変えるのか？

4‐2　社会構成主義の再解釈

これまで科学論の社会構成主義は、「反実在論」の代表格だと理解されてきた。けれども、以上のように考えると、それは、むしろ「反‐反実在論」の延長線上にあると見た方が良い。

クーンが「実在するreally there」という表現を拒否しながら、科学の「客観性」を肯定したのも、バーンズとブルアが真偽の判断を保留しながら、信念の好みは認めたのも、そこで主張されていたのが「反実在論」ではなく、「反‐反実在論」だからだと考えるとうまく理解できる。[14]

ただし、社会構成主義を理解する上で、もう一つ見逃せないポイントがある。それは、社会構成主義において、「反‐反実在論」という立場が、科学人類学・科学社会学・科学史の事例研究として具現化されていることである。つまり、それは単なる思弁を超えて、科学論の方法論を書き換えたのである。ここでは二つの有名な研究を取り上げよう。

（1）言明タイプ

一つは、ラトゥールとウルガーの『ラボラトリー・ライフ*Laboratory Life*』（一九七九）である。この本は、実験室を対象にフィールド調査を行う実験室研究（ラボラトリー・スタディーズ）の金字塔とされてきた。中でも、ここで触れたいのは「言明タイプstatement type」の議論である。

科学的知識は、「水は一〇〇度になると沸騰する」とか「物体は微細な粒子からなる」といった言明の形をとっているが、ラトゥールとウルガーは、同じ内容の言明であっても、その出現の仕方にはいくつかのバリエーション（タイプ1〜5）があることを発見した。

ある事実についての言明を考えてみよう。それが自明な前提の場合、この言明は研究者の口にはめったに上らない（タイプ5）。例えば、「沸騰とは液体が内部からも気化する現象である」という内容は自明なので、研究者はそれを口にする必要がない。だが、議論の余地がない知識のうちの一部は明示される。例えば、教科書には、「AはBとしかじかの関係にある」（タイプ4）という形で、議論の余地のない言明が記載されている（Latour and Woolgar［1979→1986:75-86=2021:64-77］）。

とはいえ、ほとんどの言明は、何らかの疑問の余地を含んでいる。そのため、「AはBとしかじかの関係にある」という言明に、様相（モダリティ）を示す表現が付け加えられる。例えば、「……だと報告された」（タイプ3）という伝聞の形がとられたり、より疑わしければ、「……かどうかはよくわかっていない」（タイプ2）というように、証拠の有無に注意を促す表現が付け加えられたりする。そして、不確実性がさらに高ければ、「……と言い張っている」（タイプ1）のように、憶測であることが表示される（Latour and Woolgar［1979→1986:75-86=2021:64-77］）。

重要なのは、ラトゥールとウルガーが、ある言明タイプから別の言明タイプへの移行という観点から、「事実fact」という考え方を問い直してみせたことだ。二人は、「事実」がまずあって、それを描写する方法が五つに分かれると主張したのではない。そうではなくて、ある言明がその確実性を高め、「タイプ1」や「タイプ2」の言明から「タイプ4」や「タイプ5」の言明へと変化すると、その内容が「事実」だと見なされるようになると主張したのである。

言い換えれば、言明と「事実」の関係は、「言明内容が事実だから、その言明を疑うことができない」という関係になっているのではなく、むしろ「言明を疑うことができないから、その内容が事実に見える」という関係になっているというのだ。

（2）実験者の無限後退

実験室研究のもう一つの金字塔であるコリンズの『秩序を変える *Changing Order*』（一九八五）は、「実験者の無限後退experimenters' regress」という概念で知られている。

通常、実験というものは、何が正しい結果なのかが不透明な状態から始まる。そこで実験者は、正しい実験結果を獲得するために、良い実験装置を作ろうとする。だが、完成した実験装置が精確であるかどうかは、どうすれば確証できるのだろうか？

実は、ここに重大なジレンマが潜んでいる。というのも、正しい実験結果を知るためには、良い実験装置が必要だが、逆に、完成した実験装置が精確かどうかを知るには、正しい実験結果と照合しなければならないからだ。かくして、正しい実験結果を得るには良い実験装置が必要だが、実験装置の性能を知るには、あらかじめ正しい実験結果を持っていなければならないという循環が生じてしまうのである（Collins [1985:83-84]）。

ここでも、『ラボラトリー・ライフ』とよく似た関係が発見されている。すなわち、何が正しい実験結果なのかとか、どれが良い実験装置なのかがあらかじめわかっているわけではなく、むしろ、実験手続きに対する疑いが無くなったとき、「実験者の無限後退」の連鎖が断ち切られ、その実験結果が正しく見えるというのである。

「実在」と照合することで「認識」の当否が確定されるのではなく、逆に、「認識」を疑うことができない場合に「実在」なる感覚が得られる——科学的実在論論争の文脈に置き直せば、二つのケース・スタディは、こう主張していることになるだろう。こうした論理は、反実在論のように「実在」を否定するのでも、実在論のようにそれを肯定するのでもない。その意味で、「反－反実在論」の立場に立っている。

重要なのは、「反－反実在論」において、問いの中心がずらされていることである。科学的実在論と反実在論との論争は、「対象は実在しているのか？」という問題をめぐってなされるものであり、この問いに対して、理論的な解答が模索されてきた。これに対し、「反－反実在論」の場合には、「対象は実在しているのか？」と問う代わりに、「対象はどのようにして実在らしさを獲得したのか？」すなわち「対象はいかにして疑えなくなるのか？」という問いを立てることになる。この問いには、純理論的な回答を与えることができない。そのため、実験室のような科学の現場において「実在」という感覚自体が生まれるさまを観察することが求められるのだ[15]。

5 否定と肯定のあいだ

ところで、「反－反実在論」は、実在論の二重否定[16]になっている。つまり、「「実在しない」とは言えない」という主張に当たる。しかし、このように言うと、「「実在しない」と言えないなら、結局は「実在する」と言っているのと同じではないか？」という疑問が出てきても不思議ではない。そう考えると、「反－反実在論」と実在論はどう違うのかが問題になってくる。

例えば、目の前のイスについて「実在している」とは言わないとしても、その存在が疑えないと考えるのであれば、現状認識は実在論とほとんど変わらないように思われる。では、「反－反実在論」に立つと何が見えてくるのか？　そこにはどのような認識利得があるのか？

「反－反実在論」のポイントは、それが反実在論的な懐疑論を経由していることにある。

一般的に懐疑論は現実離れした不毛な議論だと考えられやすい。しかし、懐疑をかけることは、経験的記述にとっても積極的な意味を持っている。なぜなら、その作業は、「科学者が自身の主張をどう正当化しているのか」という「主観的確信」の次元のみならず、「科学者が何を疑っていないのか」という「客観的確信」の次元をも視野に収めることを可能にするからである。

「反-反実在論」は、そうした「疑いがたさ」がどのようにして「構築」されているのかを問題にする。[17] つまり、ある対象が「実在しない」とは言えなくなる過程を明らかにしようとするのだ。そのためには、実在論のように「実在」を自明視するのではなく、観察者自身が、いささか過剰な認識論的疑いに半分は浸かっていなければならない。

「実在しない」とは言えなくなる場面は幾つもあるが、その最も顕著な例は、実験装置をめぐる科学史・科学社会学的分析によって提供されてきた。そこでは、実験において何かが疑えなくなる瞬間――そのとき「実在」という感覚が出現する――が分析されている。

例えば、カナダの科学史家イアン・ハッキングは、科学者が自然に「介入」する瞬間に注目している。それによれば、科学者が電子の「実在」を確信するのは、実験装置を使ってある物体に電子を吹き付けるときである。つまり、電子の性質を利用した実験装置を組み立て、その作業にまずまず成功するとき、電子は「実在」として取り扱われる(Hacking [1983=1986→2015:60-63, 505-506])。実験装置がうまく作動していると判断できるのであれば、その因果的過程に組み込まれている電子の「実在」は疑うことができないからだ。

これとよく似た考えは、他にも見られる。ラトゥールは、ある対象が「実在している」と見なされるのは、その対象が反対者からの試験に「抵抗」するときだとしている(Latour [1987=1999:161])。科学社会学者アンドリュー・ピカリングもまた、物質的作用の「抵抗」とそれに対する人間的作用の「適応」の弁証法という形で、科学的知識と世界(=実在)の結びつきが生まれると考えている

（Pickering［1995:21-22, 180-184］, 平川［2002:38-39, 52-54］）。さらに、科学史家ピーター・ギャリソンは、科学者が現象を信じるのは、それが実験の条件を変えても成立する「安定性」を持つか、あるいは、現象の測定が「直接性」を持つ場合だという（Galison［1997:801］, 綾部［2002:208-210］）。

「介入」「抵抗」「安定性」「直接性」というように、論者ごとに「実在」を確信するメカニズムについての想定は異なる。けれども、「疑いがたさ」が生じる局面を取り上げている点では、どの論者も同じである。つまり、どの議論も「実在しない」とは言えなくなる条件を分節化したものなのである。実験装置による自然への「介入」がうまく機能していたり、そうした対象からの「抵抗」が感じられたり、あるいは現象が「安定性」を持っていたり、測定が「直接性」を持っていたりするにもかかわらず、それでも対象が「実在している」と思わないでいるのは不可能に近い。いずれの論者も、こうした形で「実在」について考えている。[18]

ただし、これらの議論は、実在論と取り違えられてしまう危険性を秘めている。なぜなら、特定の「疑いがたさ」を自明視すると、途端に実在論へと転化してしまうからだ。

例えば、ハッキングは次のように述べている。「私にかんする限り、［電子を］吹きかけることができれば、それ［＝電子］は実在する」（Hacking［1983:23=1986→2015:62］,［ ］内は引用者による）。このように、「介入に使えるものは実在しているように感じられる」という主張を超えて、「介入に使えるものは実在する」とまで断言すると、それは一種の実在論になる。その意味で、この立場は「介入実在論」とも呼びうるものだ（戸田山［2015:184］）。

言うまでもなく、こうした立場は、素朴な実在論と比べれば遥かに厳密である。また、「実在として扱われること」と「実在していること」とを区別しなくても、近似的には問題ない場合も多い。しかし、それは「疑いがたさ」の内実が、時代・地域・分野といった文脈によって変化する可能性を考えないため、結局はある種の教条主義に陥りかねない。例えば、一七世紀の科学と二〇世紀の科学とで「疑う」という行為の中身が大きく異なるかもしれない。そうした可能性と十分に向き合うには、自分自身の自明性の外にある事例を積極的に扱い、「疑いがたさ」の多元性を捉えていくことが決定的に重要になってくる。

科学的実在論と反実在論の二分法が一般的である以上、「反－反実在論」は反実在論に分類されてしまいやすい。[19] それでも、社会構成主義者は、あくまで「「実在しない」とは言えない」という二重否定に踏み留まるべきだろう。「実在」を認めてしまえば、現時点での科学的知識を特権化することにもなりかねず、なし崩し的に全てを失うからだ。二重否定に留まって初めて、科学的知識を単に特権化するのでも、過度に相対化するのでもなく、相対的に確実な知識として捉え直すことができる。

6 〈構築主義〉の現在

以上では、科学論の社会構成主義を「反－反実在論」という言葉で特徴づけてきた。実を言うと、「反－反実在論」によく似た発想は、〈構築主義〉一般においても同時並行的に発見されている。[20] 〈構築主義〉と言うと、普通は「全てが言説によって構築されている」とする言語中心主義だと思われやすい。だから、「実在もまた構築されている」という主張には、「物質や身体は言説の産物なのか？」といった疑問が付きまとう。もちろん、そのようなことはありえないので、この種の素朴な〈構築主義〉は、荒唐無稽な議論として片付けられてしまう。

しかし、こうした批判は〈構築主義〉をかなり戯画化している。より洗練された〈構築主義〉は、その批判者が想定するような素朴な反実在論でもなければ、素朴な言語中心主義でもない。それは、「実在」を単に否定するのでも、単に肯定するのでもなく、「（実在は）実在として構築されている」と主張するからだ（宮台［2010:231-232］）。つまり、それは「実在／観念」や「物質／言説」といった区別それ自体の構築を問題にする。こうした論理は、哲学者ジュディス・バトラーやジジェク、あるいは次に見るニクラス・ルーマンといった理論家にも共通して見られるものだ[21]。

科学論の社会構成主義がこれらと違うのは、素粒子や遺伝子のような実生活からかけ離れた対象が、自明で疑いえないもの（＝実在）と見なされるようになっていく過程をつぶさに描くことにある。それは、根拠のないところに根拠が生まれる理由や、疑われるものと疑われないものの関係が固定化していく理由を具体的な場面に即して明らかにすることで、科学的知識が持つ相対的な確かさを柔軟に記述することができる。

ただし、このことは同時に短所にもなっている。というのも、科学論の社会構成主義の作業は、実験室や歴史上の出来事といった具体的な場面の分析へと拡散していく傾向にあり、科学が全体としてどう動いており、それが社会の中でどういう位置を占めるのかを見通すための統一的な視座を欠いてしまうきらいがあるからだ。要するに、社会構成主義の示した方向性は適切だが、それだけでは大きな見通しを持つことができないのである。

そこで次章では、「反‐反実在論」に立ちながらも、こうした問題に対する明確なビジョンを打ち出したルーマンの科学論を検討していく。

第2章　システムとしての科学

今度は、何が「実在」するかという問題を別の角度から見てみよう。

第1章では、科学的実在論と反実在論の論争を、社会構成主義に注目して振り返った。そこから見えてきたのは、社会構成主義の中に「反－反実在論」とも呼ぶべき発想が生まれていることだった。本書もまたこの見方から出発するが、「反－反実在論」はあくまで「実在」をどう扱うべきかという認識論上の方針を示すものに留まっている。そこで本章では、「反－反実在論」のもとでの具体的な分析方針として「真理の社会学」というアプローチを提案したい。それは、〈真理〉と〈虚偽〉を判別するコミュニケーションに注目するものだ。

もしもあなたが「物質Xは存在する」と科学者の前で主張したとしよう。すると、論理が通っているかとか、証拠は十分なのかが厳しく問われるだろう。場合によっては、「実験ノート」を見せて欲しいと言われるかもしれない。しかし、同じ主張を一般人に向けて行ったとしたら、それが受け入れられるにせよ、拒絶されるにせよ、科学者とは異なる反応が返ってくるはずだ。

では、科学者と一般人のコミュニケーションはどう違うのか？　科学者のコミュニケーションに見られる〈真理〉と〈虚偽〉の判別には、どういう特徴があるのだろうか?

本章ではとくに、科学とそれ以外のコミュニケーションの違いを考えていく。こうした問いは、英米系の科学哲学において、科学と非科学の「線引き問題」として知られてきたものと重なるが、本書はむしろ、ニクラス・ルーマンの科学システム論を参照してみたい。それは、科学が全体としてどう動き、それが社会の中でどのような位置を占めているのかを大胆にモデル化したものであり、実は、「反-反実在論」に立つ理論にもなっている。

もちろん、ルーマンの議論にも「穴」がないわけではない。けれども、ルーマンがどこで躓《つまず》いたのかを探ることで、私たちはよりよい道を歩むことができる。少し迂遠に見えるかもしれないが、その作業は、「証拠」の歴史の中に「科学的証拠」を位置づけるための土台を与えてくれる。

ところで、この章で提案する「真理の社会学」の理論枠組は、本書全体の背骨とも言えるものだ。科学哲学やルーマンの議論に馴染みのない読者には、少し耳慣れない部分も多いかもしれないが、基本的な発想はさほど難しいものではないので、ぜひ頭に入れてもらえればと思う。

1 ルーマンの科学論

ドイツの社会学者ニクラス・ルーマンは、二〇世紀を代表するアメリカの社会学者タルコット・パーソンズの衣鉢を継ぐ理論家として、本国ドイツや日本などで大きな影響を与えてきた。一九八〇年代以降、ルーマンは『社会の……』と題したシリーズを矢継ぎ早に発表していった。その一つに『社会の科学 *Die Wissenschaft der Gesellschaft*』(一九九〇)がある。ルーマンは、社会というもののを、政治・経済・教育……といった下位《サブ》システム（＝機能システム）へと分化した一種のシステムと捉えているが、『社会の科学』は、科学システムをそうした機能システムの一つとして描写したもので、ルーマンが科学を正面から論じた稀有な書物である。

ところが、『社会の科学』は、科学論の文脈においてほとんど言及されてこなかった。その最大の理由は、ルーマンの議論が既存の科学論とは無縁の「孤島」のように見えるためだろう。ルーマンは社会システム理論という独自の研究プログラムを持っており、科学論の専門家からすれば、あえて参照する必要性が見えてこないのだ。

一般的に、ルーマンの書物は「ルーマン語」とも呼びうる独自の理論言語で埋め尽くされており、基本的な構図を理解しようとするだけでも骨が折れる。そのため、基本文献のリストにルーマンが挙がらない領域においては、そもそもルーマンの議論を読むという動機を持ちにくい。仮に、読もうと思ったとしても、ルーマンの作り出す諸概念は高度に体系化されていて、ハードルも高い。例えば、ある概念Aを理解するためには別の概念Bの理解が必要になり、概念Bを理解するためには概念Cの理解が必要になり……というように、芋づる式に議論を追いかける必要が出てきてしまう。理論体系の全貌が見えてくれば、自分の議論に必要な概念の範囲にひとまず見切りをつけることもできるが、それすらも膨大な時間がかかる。だから、そこまでしてルーマンを参照する必要はないと判断されやすい。

だが、こうした事情にもかかわらず、ルーマンの議論を参照することには大きなメリットがあると筆者は考えている。それは、ルーマンが様々な研究分野の動向を幅広くチェックし、それらに対して鋭い批評眼を向けているからだ。ルーマンがあるテーマについて論じる場合には、そのテーマに関わる研究動向を、理論・実証を問わず包括的に整理し、そうした研究動向の全体を支える前提を根本から批判する。その上で、従来の議論が抱える問題点を乗り越えるものとして、自身の理論を提示する。[1] したがって、それは既存研究の難点を把握するための有力な手がかりになるのだ。

このことは、ルーマンの科学論にもそのまま当てはまる。ルーマンは分析哲学・科学哲学・科学社会学における既存研究を意識しており、しばしばそれらとの差異を語っている。しかも、参照されているのは、分析哲学者W・V・O・クワインや科学社会学の祖ロバート・K・マートンによる古典的著作だけではない。『社会の科学』に付された膨大な脚注に分け入ると、同時代における科学論の社会構成主義（の周辺）についても意外なほど広く目配りしていることがわかる。筆者が確認できたものだけでも、バリー・バーンズ、デーヴィッド・ブルア、ハリー・コリンズ、トレバー・ピンチ、ブリュノ・ラトゥール、スティーヴ・ウルガー、マイケル・リンチ、カリン・クノール゠セティナ、マイケル・マルケイ、スティーヴン・シェイピン、サイモン・シャッファーといった論者の名前が登場している。[2]

つまり、ルーマンは自身の科学システム論を、分析哲学・科学哲学・科学社会学の代替案たらしめようとしており、加えて、科学論の社会構成主義を更新する野心も見せている。では、ルーマンは既存の科学論の問題点をどう分析し、それをどのように乗り越えようとしたのか？

『社会の科学』の「序言」には次のように書かれている。少し長いが引用しよう。かなり難しい箇所だが、続く解説と見比べてもらえれば、だいぶ理解しやすくなるはずだ。

分析哲学は、言語分析の影響のもと、とりわけ真理発見の形式として「文（sentence）」と「公共

> 的討議（public discourse）」に焦点を合わせて、認識論に社会的条件をくみこむのに重要な貢献をしてきた。だが分析哲学は適切なコミュニケーションの理論をもちあわせておらず、もっぱら言語による説明を基礎としていた。ましてや、哲学的に素朴な方法をとる社会科学との接触を避けてきた。知識社会学的な構成主義やエディンバラで作り上げられた科学社会学研究の「ストロング・プログラム（strong programme）」のようにもっとラディカルなものは、分析哲学と話がうまくつながらず、両者のギャップは不毛で誤解に満ちた論争をもたらした。われわれは、つぎのテーゼを掲げてこのような議論の現状を切り抜ける。すなわち、適切な認識論は、機能分化した社会にふさわしいものでなければならず、科学という機能システムが分出している事実を考慮し、さらには分出が可能になる条件を反省しなければならない。（Luhmann［1990:7=2009a:iii-iv］、一部の語句を修正し、傍点を付した）

ルーマンの考えを補足しつつ再構成すれば、次のようになるだろう。

分析哲学と社会構成主義は、ともに問題を抱えている。分析哲学は、人間の認識が「言語」によって構成されているという前提をとる。しかし、認識が形成される過程は「言語」だけ還元されるものではない。むしろ、言語使用を含み込んだ「コミュニケーション」の全体が観察されるべきである。

一方、社会構成主義の方は、認識の形成過程を「言語」に限定せず、「実践」として分析する視角を備えているものの、分析哲学との間に共通語彙がないため、無用な論争を生んでしまっている。こうした状況を乗り越えるには、認識の形成過程を「コミュニケーション」として分析できる枠組（＝社会システム理論）を用意し、両者の対立を調停しなければならない。

そこでルーマンが持ち出したのが、「科学システムWissenshaftssystem」という概念である。[3] ルーマンの見るところ、中世社会は「階層分化」という形態をとっており、階層によって序列化されていた。ところが、近代社会になると分化形態が変化し、「機能分化」という形態をとるようになる。つまり、全体社会は政治システム・経済システム・法システム・教育システム……といった幾つかの機能システムへと、役割に応じて分化するようになる。科学システムもそうした機能システムの一つである[4]［→図2．1］。

重要なのは、科学システムが、認識論や科学論という形で、認識それ自体の条件を観察するメタ理論（＝反省理論）を持つということだ。後で詳しく見るように、科学システムとは「真理／虚偽」を判別するコミュニケーション・システムを指すが、メタ理論である認識論や科学論も「真理／虚偽」を判別している。その意味で、メタ理論は、科学システム（ひいては社会システム）の一部である。だとするならば、科学システムのメタ理論の候補の一つである社会システム理論もまた、科学システムの一部であり、それ自体が「機能分化」の帰結だということになる。だから、「機能分化」を説明することができれば、社会システム理論は、自分自身を説明しうる完全なメタ理論になるというのだ（Luhmann［1990:8-10=2009a:v-vi］）。

ところで、本書が「真理の社会学」と呼ぶのは、〈真理〉と〈虚偽〉を判別するコミュニケーションの分析のことである。中でも、科学という特殊な「知」の制度を備えた近代社会（＝科学のある社会）における「証拠」のあり方を考えることが最終的な課題だった。

ルーマンの科学システム論は、「真理の社会学」の最も洗練されたバージョンであり、なおかつ、「機能分化」という観点から、近代社会についての見通しも与えてくれる。それでは、ルーマンの議論にはどのような認識利得があるのだろうか？　その試みは本当に成功しているのだろうか？　それとも失敗しているのだろうか？

2　反‐反実在論としてのシステム理論

2-1　システムと環境

まず確認したいのは、ルーマンの議論と科学論の社会構成主義との平行性である。前章の最後で述べたように、実はルーマンもまた「反‐反実在論」の立場を採用している。

　ルーマンの議論の中心にあるのは、「システム」という概念である。普通、「システム」と言うと、機械のようなものをイメージするかもしれない。たしかに、機械も「システム」の典型例の一つだが、ルーマンがイメージする「システム」は、むしろ、生物（＝有機体）のようにそれ自身の形を変えていくものであり、心や社会もまた、そうした「システム」だと考えた。

　そこでルーマンが依拠したのが、生物（とくに神経システム）をモデルにした「オートポイエーシス（自己産出）Autopoiesis」の考え方である。一般に「システム」と呼ばれるものは、一定の機構を維持するメカニズムを指すが、機械と生物とでは、その働きが違って

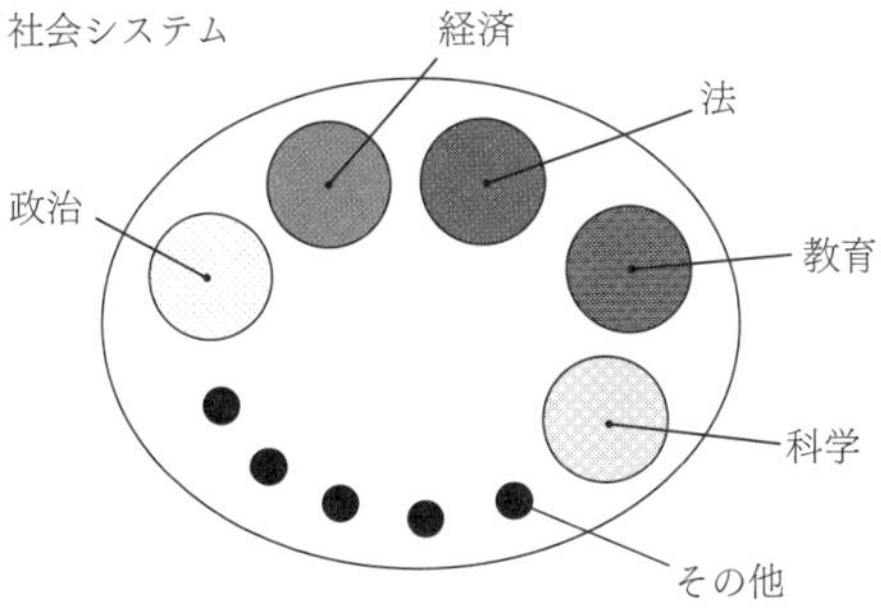

図2.1　機能分化モデル

いる。

機械という「システム」は、「入力」と「出力」に関する規則を持つ仕組みを備えている。例えば、自動車の場合、アクセルやブレーキの操作という「入力」に応じて、加速や減速が「出力」される。ただし、その構成要素となる部品は外部（＝製造者）から与えられたものであり、自動車が自分の部品を作ることはできない。その意味で、機械は他律的な「システム」（＝アロポイエーシス）である（Maturana and Varela［1972=1980=1991:73-75］, 河本［1995:155-157］）。

だが、こうした性質は、生物にはうまく当てはまらない。たしかに、生物にも「入力」と「出力」に当たるものはあるが、その関係は曖昧である。例えば、猫に同じ刺激を与えたとしても、必ず同じ反応が返ってくるとは限らない。そもそも、生物は機械と異なり、構成要素となる細胞を自分で作り出すことができる。つまり、生物は、機械よりも遥かに柔軟な仕組みを備えているのだ。その意味で、生物という「システム」は、自分自身の構成要素を作り変えていく自律的な「システム」（＝オートポイエーシス）なのである（Maturana and Varela［1972=1980=1991:73-75］, 河本［1995:158-161］）。

ルーマンは、心（＝意識）や社会（＝コミュニケーション）もまた、生物と同じ自律的な「システム」になっていると考えた。心や社会の働きは移ろいやすく、「入力」と「出力」の規則が決まっているわけではない。それどころか、何が「入力」や「出力」になるのかもはっきりしない。心を例にとると、ある風景を見て感動することもあれば、同じ風景に何も感じないこともある。また、風景のどの要素に反応するかもその時々で違う。同じように、社会の場合にも、ある状況から会話が生まれることもあれば、同じ状況から沈黙が生まれることもある。

こうした「システム」を捉えるために、ルーマンが注目したのが「システム／環境」の区別である。

それによれば、「オートポイエーシス」とは、作動することを通じて、その「内部」（＝システム）と「外部」（＝環境）の区別を繰り返し作り出していくような仕組みに当たる（Luhmann［1997→2018:66-67＝2009:60-61］）。

例として「論争」という単純な「社会システム」を考えよう。何人かで会話をしているときに、そのうちの二人が「論争」を始めたとする。一人目がある主張を行い、二人目が反論し、一人目が再び反論し、それに二人目がまた反論し……といった動きが繰り返されれば、「論争」が成立する。このとき、「論争」を構成する作動（＝システム）とそうでない作動（＝環境）の区別もまた成立している。つまり、「論争」のテーマに関わる発言は「システム」の要素だが、テーマから外れる発言は「環境」になる。

ただし、「システム」にできることは、単なる作動の繰り返しだけではない。「システム」は自分自身を観察し、その結果を取り入れることもできる（Luhmann［1997→2018:77＝2009:72-73］）。例えば、「論争」が元のテーマから次第に脱線していくとき、「その話はこの論争に関係ない」というように「論争」の範囲を観察することができる。たとえ本当は関係があったとしても、一度、「関係ない」と決めることができれば、「関係ない」ものとして議論を進めることができる。つまり、「論争」を構成する作動（＝システム）とそうでない作動（＝環境）の区別自体を、当の「論争」の中で取り上げることができるのだ。

このように、（1）システムは作動を通じて「システム／環境」の区別を生み出すが、それだけでなく、（2）システム自身が生み出した「システム／環境」の区別を自己観察することもできる。ただし、システムの生み出す「システム／環境」の区別と、自己観察によって把握された「システム／環境」の区別が一致しているどうかは、システム自身には判定できない。なぜなら、自己観察によって把握された「システム／環境」の区別は、どこまでもシステムの内部表象でしかありえず、それが本当に現実であるという保証はどこにもないからだ［↓図2．2］

では、以上のようなルーマンのシステム論は、「実在」の問題とどう関わるのだろうか？

2-2 反実在論と作動実在論？

ルーマンの議論は、一見すると反実在論のように見える。というのも、「システムは現実そのものを把握できない」という主張は、「システムは実在について知りえない」と言っているに等しいからだ。「システム」の代わりに「心」を代入すれば「心は実在について知りえない」になるし、「科学システム」に代入すれば「科学システムは実在について知りえない」になる。その意味で、この論理は唯名論や観念論の焼き直しにも見えるかもしれない。だが、ルーマンの議論は、見かけ以上に複雑である。例えば、ルーマンは次のように述べている。

> 人間は、もっとよい表現をすれば、生命システム、意識システム、コミュニケーション・システムは、現実の世界のなかに現実に存在しているが、その現実の世界はシステムにとってまさしく認知的に到達不可能である。（Luhmann［1990:307=2009a:282］，傍点は原文による）

ルーマンを反実在論者だと解釈しようとする人は、現実世界がシステムにとって「認知的に到達不可能」だという主張に注目するだろう。けれども、同じ一文の前半においてルーマンが述べていることにも、等しく注意を向ける必要がある。すなわち、ルーマンによれば、システムは「現実の世界のなかに現実に存在している」のである。これは、システムの作動は実在しているという立場なので、「作動実在論」と呼ぶことができる。

そう考えると、ルーマンは、反実在論と作動実在論を同時に主張しているように見える。これは、一体どういうことなのだろうか？　システムにとって「現実＝実在」が到達不可能であるならば、なぜ「現実の世界のなかに現実に存在している」などと言えるのだろうか？　ルーマンの主張は、この点で明らかに矛盾していると言える。

しかし、次の二つの引用を読み解くと、そうした印象が大きく変わってくる。かなり難解な部分だが、続く解説を参考にしながら読んでみてほしい。

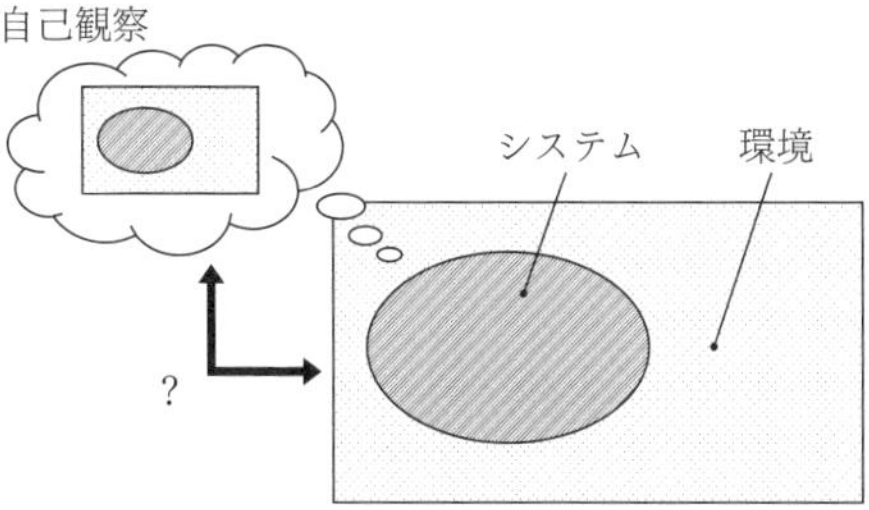

図2.2　システムの自己観察

> 認識の実在との関係も、新たに定式化されなければならない。実在は、そのような区別のなかでは、どちらか一方の側には位置づけられない。客体だけが実在的ならば、主体は非実在的であり、認識を行えないだろう。逆の場合には、認識可能な実在が存在しないのだから、認識は、実在的であるにもかかわらず、認識ではなくただの錯覚であろう。［…］システム論の用語でいえば、実在はシステムと環境の差異であり、システムと差異関係にある環境および環境と差異関係にあるシステムである。この区別の文脈で何が指示されよ

うと、それはこの区別の文脈でのみ、おのずからではなく反対概念のなかでのみ、実在という性質を持つ。いいかえれば実在概念は、システム論の文脈では、システムと環境の区別をもちいる観察の観察の相関物を指示している。（Luhmann［1990:317-318=2009a:292］, 傍点は引用者による）

> ［…］「実在的」という形容詞は、もはや単純に指示されるものについて認めたり、（誤って）認めなかったりできない。実在という値は、指示（言及）から、すべての指示において同時に現時化される区別へと移行する。実在的なのは、区別として行われるもの、区別によって切り分けられるもの、区別によって可視的かつ不可視にされるもの、すなわち世界である。（Luhmann［1990:707=2009b:740-741］, 傍点は原文による）

「システム／環境」（＝主体／客体）という二項対立を考えよう。このとき、どちらが「実在」しているのかと問うと、次のような袋小路に直面してしまう。「システム」（＝主体）は「環境」（＝客体）を認識しているが、もしも「環境」（＝客体）だけが実在し、「システム」（＝主体）は実在しないと考えると、そもそもなぜ認識できているのかがわからなくなる。逆に、「システム」だけが実在し、「環境」は実在しないと考えると、何も認識していないことになってしまう。そこでルーマンは、「実在」の身分を「システム／環境」のどちらか一方の側に割り当てることを拒否し、むしろこの区別を使うとき、それと同時に「実在」という概念が立ち現れると考えたのだ。

　このことをもう少し敷衍すると、こう言えるだろう。「システム」と「環境」とが区別されるとき、区別の成立に先駆けて、その区別が適用される対象領域が、あらかじめ想定されていなければならない。そのような次元を「世界」と呼ぶとすれば、「システム／環境」の区別は、それが適用される宛先としての「世界」を措定している。もちろん、「システム」や「環境」が本当に存在しているかどうかはわからない。しかし、そうだとしても、「世界」という次元は常に想定せざるをえないし、「世界」が「システム」あるいは「環境」として指示されるとき、それは「実在」という相貌を持って立ち現れるのである。

その意味で、システムが「現実の世界のなかに現実に存在している」という「作動実在論」の主張を、素直に受け取るべきではない。むしろ、それは次のようなアイロニカルな認識を表現したものだと見るべきだろう。[5]

――システム理論はそれ自身がシステムの作動であるため、「世界」そのものについては何もわからない。単に「システム／環境」という区別を使って「世界」を観察できるだけである。しかし、「システム／環境」という区別を使うとき、「システム」や「環境」と呼ばれるものが「実在」として立ち現れること自体は否定できない。したがって、システムの作動を自ら観察するシステム理論をとる限り、作動を「実在」と見なす「作動実在論」をとるしかなくなる。[6]

ルーマンのシステム理論は、「システムはあるEs gibt Systeme」という有名なテーゼから出発するが(Luhmann［1984→2015→2018:30=2020:27］)、そこにも、こうしたアイロニカルな認識が込められていると考えた方が良いだろう。言ってみれば、それは「システム」についての考え方を語る文であるというよりも、むしろ「実在」についての考え方を語る文だと見ることができるのだ。

そう考えると、ルーマンが次のように述べているのも頷ける。

われわれが、ここでもう一度古典的なやり方で観察の「実在との関係」について問い、大昔の認識論的実在論の後継理論を探すとしても、多くの「構成主義者」とともに「観念論」という反対の立場に賭けたり、実在との関係を認識論的な問題設定から単純に消したりするのは、ほとんど無益である。(Luhmann［1990:92=2009a:78］)

ルーマンの立場からすれば、素朴な実在論は破綻しているが、だからといって「実在」を消去した反実在論に立てば良いというわけでもない。むしろ、「実在」概念が使われるという事態を説明しうる理論を打ち立てなくてはならないのである。

2-3　社会構成主義との分岐点

ここまで来れば、ルーマンの科学システム論と科学論の社会構成主義の並行性は明らかだろう。[7] 両者はともに、「実在」への到達可能性を否定しつつも、「実在」という感覚があることは認める点で、実在論でも反実在論でもない立場を打ち出している。すなわち、「「実在しない」とは言えない」という「反-反実在論」に立っているのである。

ただし、ここから道が分かれる。科学論の社会構成主義は、あくまで事例研究がベースとなっている。そこでは、「実在」がどのように作り上げられるのかが、具体的な文脈に即して分析される。歴史研究であれば、実験や観察がどうやって行われ、どう報告され、同時代の人々からどのように評価されたのかを史料から明らかにすることになる。一方、フィールドワークであれば、同じことを現代の実験室について分析していくことになる。

ところが、ルーマンの見るところ、科学論の社会構成主義は「認識論を社会学化するところまでいきついていない」(Luhmann [1990:71=2009a:59])。つまり、それは、科学の具体的な挙動について多くを教える一方、科学という営みを十分に理論化するものではない。というのも、それは、科学哲学や分析哲学の提起する「真理とは何か?」とか「科学とは何か?」といった認識論上の問題に対して、社会学理論に基づく解答を与えるものではないからだ。

そこでルーマンは、こうした認識論上の問題に答えることのできる社会学理論を打ち立てようと試みた。そうすれば、自らの科学システム論が、科学哲学や分析哲学の有力な対抗馬になると考えたのである。

『社会の科学』という書物は、そうした意図をもって書かれている。ただし、それは大著であり、科学哲学・分析哲学・科学社会学・社会構成主義などへの批評も随所に散りばめられている。そのため、一見してどこに力点があるのかがわかりづらい。

では、その発想の中心はどこにあるのか?

ルーマン自身が明示的に述べているわけではないが、筆者の見るところ、ルーマンの議論は、科学と非科学の「線引き問題 demarcation problem」と呼ばれる科学哲学上の問題に対する新たなアプローチとして読み解くと、その射程をよく理解することができる。まずは、この問題がどのようなものかを整理してみよう。

3　科学と非科学の線引き[8]

3-1「線引き問題」の袋小路

科学と非科学の「線引き問題」（ないし「境界設定問題」）は、二〇世紀中葉の科学哲学における中心課題の一つである（Popper［1934=1959=1971: 第1章4節］）。それは「科学的方法の必要十分条件は何か？」という問いのもとで、科学と非科学の間に明確な境界線を引こうとする。これを「線引き問題」の本質主義的アプローチと呼ぼう。

近代社会の理想は、科学的知識が世の中へと広く浸透し、誤謬や偏見を取り除いていくというものだろう。けれども、現実には、一見すると科学に見えるが本当は科学と言えない「ニセ科学」が、世の中に溢れている。例えば、占星術・ホメオパシー・超心理学・血液型性格診断といったものは、その代表例とされる。科学者たちは、これらを「疑似科学」と呼んで批判してきた。では、科学と非科学の境界線は、一体どこにあるのだろうか？

多くの人は、両者の間には明確な境界線があるはずだと思うだろう。しかし、科学哲学の歴史は、むしろ、両者の間に境界線を引くことが一種の難問《アポリア》だということを明らかにしてきた。一つ一つ順に見ていこう。

まず挙げられるのが、論理実証主義（ウィーン学団）の提唱した「検証可能性 verifiability」である。論理実証主義は、科学と形而上学を区別することを目指した。そこで両者を分ける基準として持ち出されたのが「検証可能性」だった。主張（＝文）の正しさを経験によって「検証 verify」する方法があれば科学であり、それが無いなら形而上学だと考えたのである。[9]これに従うと、例えば、「Xは神である」とか「XはYの原理である」といった形而上学的言明は、どんな場合に真となるかが不明だから、科学ではないと言える（Carnap［1931=1959=1977:15-18］）。

一見すると、これはうまい基準のように思えるし、科学の通俗的イメージもこれに近い。だが、オーストリア出身の科学哲学者カール・ポパーはこの回答に満足しなかった。なぜなら、この基準では、ポパーが非科学だと考えるマルクス主義やフロイトの精神分析が、科学と区別できなくなってしまうからだ。ポパーによれば、これらの理論には、それを「検証」（＝立証）する事例が豊富にある。例えば、マルクス主義者であれば、新聞のどのページを開いても、社説や広告の中に階級闘争を立証する根拠を発見できるだろう。そこでポパーは、これらの理論が科学とは言えない理由を「反証falsify」できないことに求めた。つまり、それらはどんな事例もアドホック（後付け的）に説明でき、どうやっても偽にならない都合の良い議論だというのである（Popper［1983=2002: 第2章17節、18節］）。

こうした「反証可能性 falsifiability」の考え方はシンプルでわかりやすい。だから、自然科学者にせよ、社会科学者にせよ、科学の基準として「反証可能性」を持ち出す人は多い。とはいえ、科学哲学的に見ると、ポパーの議論が決定版というわけではない。それどころか、「反証可能性」自体に反証例がある。

科学哲学者イムレ・ラカトシュによれば、科学者はポパーが考えているよりも「厚顔」である。すなわち、科学者たちは事実が理論と合致しないからといって、いつでも理論を捨て去るとは限らない。ある「リサーチ・プログラム」（＝理論の系列）には、決して反証されない「堅い核hard core」と、それを守る「防御帯protective belt」とがある。だから、反証事例が出てきても、「堅い核」を構成する中心仮説は温存しつつ、「防御帯」を構成する補助仮説の方だけを棄却することができる。実験によって中心的な理論仮説を否定する結果が出てきたとしても、「実験装置が正常に作動している」という補助的な仮説を否定し、「実験装置に異常が起きた」と考えれば、中心的な理論仮説を維持できる。同じように、ニュートン主義者に「あなたはどういう条件で実験を行えば、ニュートン理論を棄却しますか?」と尋ねても、そのような条件は出てこないだろう。なぜなら、ニュートン理論を棄却するような事例が出てきたとしても、補助仮説を追加したり、削除したりすることで対処できてしまうからである(Lakatos [1978=1986:6-8])。

では、科学と非科学をどう分ければ良いのか?

ラカトシュの答えは「新事実の予測」である。すなわち、本質的に新しい事実を予測できる前進的プログラムと、それができない退行的プログラムを区別すれば良いというのだ。例えば、マルクス主義や精神分析は、手を替え品を替え、同じタイプの事実を予測するだけなので、前進的ではなく、退行的(=非科学的)である(Lakatos [1978=1986:51-52, 132-133])。

この議論はポパーの議論を洗練させている。ところが、ラカトシュの議論にも、ウィーン出身の科学哲学者ポール・ファイヤアーベントによる批判がある。それは次のようなものだ。

ラカトシュは、前進的プログラムを選ぶ科学者の方が「合理的」だと主張する。たしかに、新しい予測を生み出せない退行的プログラムよりも、それを生み出す前進的プログラムを選ぶ方が良いのはもっともだ。しかし、現時点では新しい予測を生み出さないプログラムでも、少し待っていると、立ち直って前進的なものに変わるかもしれない。つまり、退行的プログラムを支持することもまた「合理的」でありうる。だとすれば、前進的プログラムと退行的プログラムのどちらを採用しても「合理的」だということになる。そう考えると、前者だけが「科学的」で、後者は「非科学的」だと決めつけることはできなくなってしまう（Feyerabend［1975=1981:246-249］）。

3-2 「境界画定作業」の社会学

このように本質主義的アプローチからは次々に新しい基準が現れたが、いずれも簡単にはうまくいかないことがわかってきた。

ラリー・ラウダンは、このことを「疑似問題 pseudo-problem」と表現している。ラウダンの見るところ、科学を科学たらしめる不変の条件はない。検証されている理論もあれば、そうでない理論もある。成長する分野もあれば、そうでない分野もある。驚くべき予測を的中させる理論もあれば、そうでない理論もある。アドホックな仮説もあれば、そうでない仮説もある。このように科学には多様性があり、同じことは非科学にも当てはまる。だから、科学と非科学の境界を決めるなど、そもそもできない相談である（Laudan［1983:124］）。

もちろん、そうは言っても、科学と非科学の区別が全くもって不可能だと言い切るのは暴論だろう。例えば、科学哲学者の伊勢田哲治は、科学と非科学を分けるための複数の基準を設定した上で、多くの基準を満たすものを明確な科学とし、少ない基準しか満たさないものを非科学とする方針を提案している。このように、科学と非科学の間にグラデーションを設ければ、「線を引かずに線引き問題を解決する」ことができる（伊勢田［2003:257-261］）。

その意味で、「線引き問題」を「疑似問題」とまで言うのは、やはり行き過ぎに見える。ラウダンは、従来の解答が失敗していると指摘しただけで、伊勢田の言うような解決を排除しないからだ。だが、それでもやはり「疑似問題」という言葉には見るべきものがあると思われる。それは、次のように考えられるからだ。

そもそも「線引き問題」は、「これは科学である」とか「あれは非科学である」といった常識を前提している。その常識に厳密性や一貫性を持たせるために、科学哲学者は科学の必要十分条件を与えようとしてきた。けれども、ここには大きな問題がある。科学と非科学の境界線を定めるためには、ある時点で人々が「科学」と呼ぶものの共通成分を取り出す必要があるが、何を「科学」と見なし、何を「非科学」と見なすかをめぐる常識自体が歴史的に変化する。だから、最初の時点で得られた科学の必要十分条件が、次の時点では通用しなくなってしまうのだ。したがって、「線引き問題」は、同時代の人々が何を「科学」と見なすかに決定的に依存しており、その解決は常に一時的なものでしかありえない。

だとするならば、「線引き問題」という問題に答えるよりも、むしろ、人々が何を「科学」と呼び、何を「非科学」と呼んでいるのかの方が重要な問題に思えてくる。実際、アメリカの科学社会学者トマス・ギアリンは、「境界画定作業boundary-work」という概念を導入することで、そうした方向へと議論を進めている。

「境界画定作業」とは、科学と非科学の境界を構築するために、特定の性質を選択的に科学の側に帰属させることを指す（Gieryn［1983:791］）。要するに、科学と非科学の間に境界線を引く作業のことだ。ギアリンによれば、科学と非科学の線引きは、哲学者の問題であるだけでなく、科学者自身の実践的な問題でもある。哲学者は「科学とは何か」という問いに解答を与えようとするが、科学者は科学と非科学の境界を実践の中で構築している。例えば、科学という制度が「拡大」を目指す局面では、ライバルとなる知的活動との差異を強調する。また、科学が職業的権威や資源の「独占」を目指す場合には、ライバルとなる知的活動に「疑似科学」や「アマチュア」といったラベルを貼って排除する。さらに、職業的活動が批判に晒され、「自律性の保護」が必要となる場合には、科学の外部に身代わり《スケープゴート》を探し求める（Gieryn［1983:791-792］）。

重要なのは、科学の特徴とされるものが、それぞれの局面での要求に合わせて、ころころと変化することである。例えば、宗教と対比する際には「科学は事実に基づく」と主張し、技術と対比する際には「科学には理論がある」と主張するという具合に、科学に割り振られる側が持つ特徴群のうち、正当化に必要な特徴だけを選択的かつ場当たり的に提示するのだ。

そう考えると、科学の「本質」（＝必要十分条件）を取り出そうとする「線引き問題」は、それ自体が「境界画定作業」の遂行でしかないように思われる（藤垣［2003:42-43］）。そこで、「境界画定作業」の分析を「線引き問題」の反本質主義的アプローチと呼ぼう。

3-3 本質主義vs反本質主義

本質主義的アプローチは、科学に不変の「本質」を探し求める議論を立てる。一方、反本質主義的アプローチは、科学に不変の「本質」があるという前提をとらず、むしろ、科学と非科学の線引きという作業を通じて、「本質」が事後的に「発見」されるだけだと考える。

一見すると、本質主義よりも反本質主義の方が洗練された議論のように思われるかもしれない。本質主義が常識的であるのに対し、反本質主義はその常識を裏切ろうとするからである。しかし、筆者の見るところ、両者はともに問題を抱えており、長所と短所とが相半ばしている。

すでに見てきたように、本質主義的アプローチは、科学の現実を捉えているとは言いがたい。「科学」と呼ばれるものの代表例は物理学・化学・生物学だが、それらの間にも差異がある。もっぱら数式を利用した理論構築に励む科学者もいれば、実験を行う科学者もいるし、研究室を出てフィールド調査に出かける科学者もいる。また、実験室での雑談、会議室での非公式の会話、学会発表での質疑応答、論文をめぐる査読者とのやりとり、論文そのもの、といった場面ごとの違いも大きい。科学がそうした多様性を含んだ営みであることを、まずは確認しておく必要がある。

だが、それ以上に重要なのは、歴史的多様性の方だ。ある時代に「科学」と見なされてきたものが、次の時代には「非科学」と見なされることも珍しくない。しかも、知識が移り変わるだけでなく、理論や方法もまた変化していく。だとするならば、歴史超越的な一つの「科学」なるものがあるという考えを維持するのは難しい。この点では、反本質主義的アプローチに軍配が上がる。

しかし、だからといって、反本質主義が正しいわけでもない。なぜなら、科学が歴史的に多様であるとしても、「科学」や「非科学」の典型例はかなりの程度まで安定しているからである。例えば、「科学」と言われて人々がまず思い浮かべるのはニュートン力学ではないだろうか。もちろん、それ以外にも原子核物理学や分子生物学など様々な選択肢はあるが、いずれにせよ、人々のイメージする科学の種類は現実と比べると遥かに限られている。これはおそらく、理科教育の影響によるところが大きい。逆に、二〇世紀に限れば、動物磁気（メスメリズム）や骨相学は「非科学」という評価が安定している。

それでは、科学の研究活動が歴史的に多様であるにもかかわらず、「科学」や「非科学」の典型的なイメージが固定されているのはなぜなのか？　反本質主義的アプローチは、この問題にうまく答えることができない。

こう考えると、科学と非科学の境界線をめぐる理論は、「科学」と呼ばれるものの歴史的な多様性を捉えると同時に、その典型的なイメージが固定されている理由をも説明するものでなければならない。言い換えれば、科学を完全に確定されたものと見るのでも、完全に不確定なものと見るのでもない視角が必要になる。実を言うと、ルーマンの科学システム論は、まさにこの問題をうまくすり抜けている。

4　「線引き問題」のシステム論的解決[10]

4-1　科学システム論の構図

では、ルーマンの議論は、どのような理論構成になっているのだろうか？

その特徴は、具体的な研究活動の水準と、科学イメージの水準とを分離して捉えるところにある。二つの水準を区別することで、反本質主義のように具体的な研究活動の多様性を捉えつつ、同時に本質主義のように科学の中心イメージの固定性を説明することを可能にしているのだ。

（1）研究活動の水準——コードとプログラム

通常の科学論では、科学が「理論」や「制度」あるいは「実践」という観点から分析されてきた。大雑把に言えば、英米系の科学哲学では「理論」、古典的な科学社会学では「制度」、社会構成主義では「実践」として科学を捉えるものが多い。これに対し、ルーマンは科学をコミュニケーションからなる「システム」と捉え、「科学システム」という考え方を導入している。[11]

ルーマンの見るところ、科学システムの基本的な作動は、命題を「真理Wahr／非真理Unwahr」すなわち「真理／虚偽」という二つの値へと振り分けていく作業である。例えば、「重力波は存在する」という命題を「真理」だと判断したり、「エーテルは存在する」という命題を「虚偽」だと判断したりするのが、科学システムの作動である［↓図2．3］。

科学はしばしば「外部世界との一致」や「共同体の合意」としての「真理」を求める営みだと見なされてきた。ところが、ルーマンは「真理／虚偽」という二つの値を、あくまでもコミュニケーションの中で使用されるラベルだと考えた。その上で、科学システムにとっては、「真理／虚偽」をめぐるコミュニケーションを継続することこそが最も重要で、結果として「合意」と「不合意」のどちらに終わるかは、あくまでも二次的な問題にすぎないとした（Luhmann［1990:284-285=2009a:261-263］）。

このように、「真理／虚偽」は科学システムの作動を可能にする重要な区別であり、特別に「二項コードbinärer Code」ないし「二値コード」（以下では「コード」）と呼ばれている。ルーマンの考えでは、機能システムはそれぞれ固有の「コード」を持つ。例えば、法システムは「合法／違法」の区別を、政治システムは「与党／野党」の区別を持っている（Luhmann［1990:273-274=2009a:252］）。

ただし、「真理／虚偽」という「コード」だけでは、科学システムは成り立たない。「真理／虚偽」の判定が行われるためには、その対象となる「命題」すなわち「仮説」が形成されていなければならない。しかも、その「仮説」は「真理／虚偽」の判定が可能な形になっている必要がある。

例えば、「地球は温暖化している」という「仮説」を考えよう。この「仮説」が「真理」であるかどうかを確かめるために、ある地点における気温の変化を継続的に観察したとする。データを比較すると、数年単位で気温が上がっているか下がっているか、上下運動を繰り返しているか、変わっていないかがわかる。

では、気温が上がっていれば「地球は温暖化している」と言えるだろうか？

答えは「否」である。なぜなら、ある地点での気温の変化を地球全体に一般化することはできないからだ。この問題に答えるためには、特定の条件のもとで複数の地点を選択し、そこで得られたデータを総合的に判断して、地球の気温を推定しなければならないだろう。そういう形で、「温暖化」と言えるための条件を、あらかじめ決めておかなければならないのである。

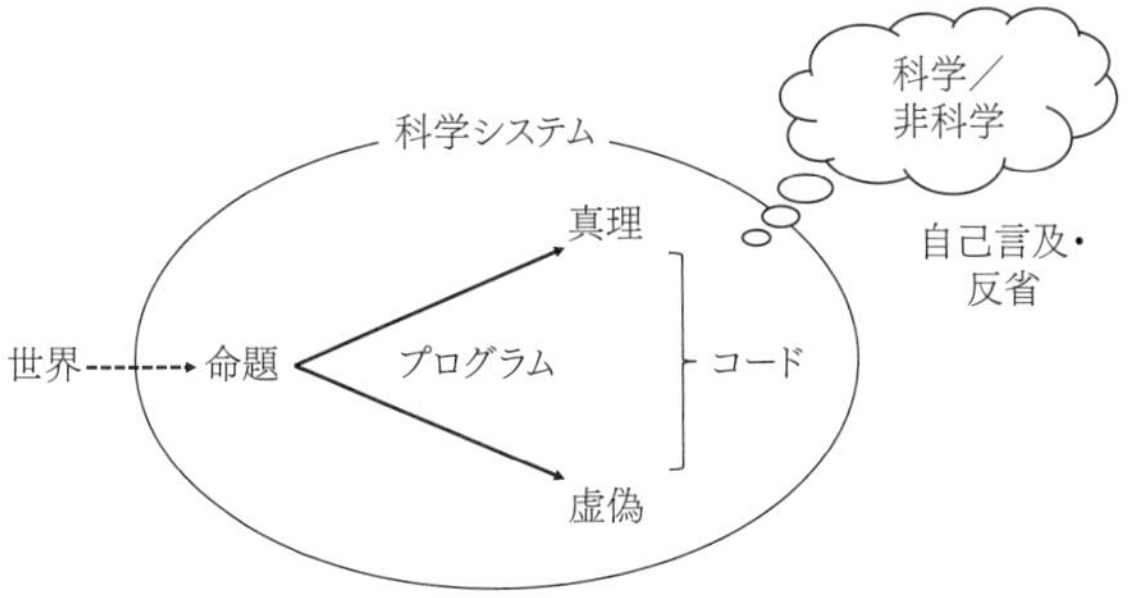

図2.3 「科学システム」のモデル

「地球は温暖化している」のような漠然とした「仮説」の前では、「真理／虚偽」への割り振りは停止してしまう。割り振り作業を停止させないためには、「仮説」を「真理／虚偽」へと割り当てるための手続きを前もって決めておく必要がある。ルーマンはこうした手続きを「プログラム Programme」と呼んだ。「プログラム」とは、具体的には「理論」と「方法」のことである。つまり、「温暖化」の内実を「理論」によって分節化したり、観測地点や観測条件を「方法」によって確定したりすることで、「真理／虚偽」の判定が可能になる（Luhmann［1990:401-402=2009b:461-462］）。

とはいえ、「プログラム」であれば何でも良いというわけではない。適切な「プログラム」でなければ、「真理／虚偽」への割り当てが滞ってしまう可能性があるからだ。そこで、「プログラム」は自分自身を修正する能力を備えていなければならない。例えば、「理論」によって「方法」を書き換えるとか、「方法」によって「理論」を書き換えるという作業が必要になる。それによって初めて、滞りなく「真理／虚偽」の判断を続けられる（Luhmann［1990:403-404=2009b:464-465］）。

ただし、「真理／虚偽」の判定が終わった時点で研究が停止するというわけではない。その判定を踏まえて、新たな「仮説」が作られ、さらなる判定が行われていく。このようにして、先立つ研究が後続の研究を生み出していく。

そう考えると、ルーマンの議論は、ポパーの「反証可能性」とも違っている。「反証可能性」は、科学の特徴を「反証」（＝仮説の否定）に見出したが、「反証」されなくてもコミュニケーションが続くことはあるし、「反証」とともにコミュニケーションが終わってしまうこともある。その意味で、社会学的に重要なのは、あくまでも「真理／虚偽」をめぐるコミュニケーションが、何らかの形で継続することなのだ。[12]

（2）科学イメージの水準——自己言及と反省

しかし、問題はここからである。本書の関心からすると、ルーマンの議論の本当の特徴は、これに加えて「自己言及Selbstreferenz」と「反省Reflexion」という考え方を導入したことにある。[13]

科学システムは、単に「真理／虚偽」を判断するだけではない。それはまた、どこまでが科学であり、どこからが科学でないのかを観察している。つまり、「科学である／ない」（＝科学システムの内部／外部）を区別しているのである。例えば、科学システムは、科学者の著した書物には反応するが、一般人の書物には反応しない。それは、科学者の書物が科学システムの「内部」であり、一般人の書物が「外部」だと捉えているからである。もしも「科学である／ない」を観察できなければ、こうした簡単なことさえ不可能になるはずだ。ここで言う「科学である／ない」の区別を、ルーマンは「自己言及／他者言及」の区別と呼んでいる。[14]

さらに、科学システムは、自分自身の作動を記述することができる。つまり、「科学とは何か」という問いを発することで、自分自身の特徴を定式化できるのだ。「科学は反証可能性を持つ」といった定式化はその一例である。こうした特殊な自己言及を「反省」と呼ぶが、科学論は科学システムを理論的に反省した「反省論 Reflexionstheorie」ないし「反省理論」に当たる（Luhmann［1990:479-480＝2009b:533］）。

ただし、言うまでもなく、「反省」の中身が、科学システムの実態と合致しているとは限らない。なぜなら、「反省」は常に「自己単純化 Selbstsimplifikation」だからである。科学システムは、「真理／虚偽」の判断を滞りなく進めているが、その作動は複雑であり、システムの全貌を捉えることはできない。そのため、「科学／非科学」の差異を「単純化」して把握するしかない。とはいえ、科学システムは「反省」の結果を利用して、もっと複雑な作動を達成することができる（Luhmann［1990:482-483＝2009b:536］）。例えば、「科学は反証可能性を持つ」という「反省」を流布することで、ますます多くの分野が「反証可能性」を持つよう後押しできる。そういう形で、科学的方法のルール化を進めることができるのだ。

4-2 ルーマンの解決法

では、以上のような道具立てを使って、ルーマンは「線引き問題」にどう答えたのか？

「科学」と「非科学」の区別について語るとき、私たちはしばしば「科学」が「真理」であり、「非科学」は「虚偽」だと考えやすい。しかし、実際には、「科学」と呼ばれるものの中にも「虚偽」はあるし、「非科学」と呼ばれるものの中にも「真理」はある。だから、「科学＝真理」と「非科学＝虚偽」の等式は成り立たない。そこでルーマンは、「科学＝真理／非科学＝虚偽」という二分法を解体した。つまり、科学システムの作動のうち、「真理／虚偽」を判別すること（＝コードとプログラムの問題）と「科学／非科学」を区別すること（＝自己言及と他者言及の問題）とを、全く別の作業だと考えたのである。[15]

ここから、「線引き問題」をめぐる本質主義的アプローチと反本質主義的アプローチの対立をうまく仲裁する道が開けてくる。

本質主義と反本質主義は、「科学」と「非科学」を区別しうる必要十分条件の有無を問題にした。すなわち、本質主義的アプローチは必要十分条件があると考えたが、反本質主義的アプローチは必要十分条件がないと考えた。これに対し、ルーマンの科学システム論は、「科学」の必要十分条件を、必要条件と十分条件とに分解してしまう。すなわち、ルーマンは、「科学」の必要条件を「真理／虚偽」という「コード」の使用に求める一方で、「科学」の十分条件をシステムの作動の履歴から事後的に立ち上がる「科学／非科学」の区別に求めたのである。

実は、こう考えることで、「科学」の内実を理論的には特定せず、あくまでシステムの歴史的展開に委ねることができるようになる。順を追って説明しよう。

「コード」の水準で見ると、科学は「真理」と「虚偽」をめぐるコミュニケーションを行うが、それはコミュニケーションの連鎖とともに、その範囲を変化させていく。例えば、実験では「仮説」の真偽が判定されるが、判定が終わった時点で研究が停止するのではなく、その判定を踏まえて、新たな「仮説」が生み出される。このようにして、研究が新たな研究を生み出していく。

一方、「反省」の水準では、こうした研究の連鎖を回顧的に捉えることで、「科学」のイメージが形成されていく。例えば、妥当な研究群と妥当でない研究群の対比から、「科学は反証可能性を持つ」といった自画像が生み出される。

以上のように、「コード」の使用（＝研究の連鎖）と「反省」（＝科学のイメージ）とを区別すると、（1）研究の連鎖が多様であっても「科学」のイメージは固定されているとか、逆に、（2）研究の連鎖が画一的であっても「科学」のイメージは多様であるといった、柔軟な説明が可能になる。このような形で、本質主義と反本質主義の直観をうまく統合できるのだ。

5 「機能分化」という神話[16]

「線引き問題」への新しいアプローチとして見てみると、ルーマンの解決法はかなり洗練されているように見える。しかし、だからといって、ルーマンの議論に問題がないわけではない。むしろ、筆者の見るところ、そこには一つ大きな「穴」がある。その「穴」は、科学システムの問題を超えて、ルーマンの議論の根幹である「機能分化」にまでつながっている。

5-1 もう一つの「線引き問題」

最大の疑問は、ルーマンの議論が単なる「線引き問題」のすり替えにすぎないのではないかというものだ。ルーマンは、科学の必要十分条件を答える代わりに、それを必要条件と十分条件とに分解した。そして、科学の必要条件を「真理／虚偽」の判別に求めた。次の引用からは、この点に関するルーマンの考えを窺い知ることができる。

> 科学はそのコードによって何ら特殊な見解に拘束されないという点こそが、科学のとげたとてつもない進化の本質である。この原理は世界に開かれていながらも、自己を他のコード化からは截然と区別しているという点こそが、科学の同一性を際だたせている。科学論にとって、このことは自明に思われるかもしれない。なぜなら、この原理は科学そのものに対して何も排除しておらず、まだ何の理論も提供していないからである。そこで科学論は、もっと指針を得ようと努めるかもしれない［…］。（Luhmann［1990:274=2009a:252］，傍点は引用者による）

この箇所の趣旨は、次のようなことだろう。——科学は「真理／虚偽」という「コード」を使用する。そのことは科学の必要条件を定めるだけで、その十分条件については何も規定しない。では、科学の十分条件はどのように得られるかと言えば、それはシステムの作動の履歴によって与えられる。ところが、従来の科学論は、科学の必要条件に飽き足らず、科学の十分条件まで定めようとしており、上記のような科学システムの仕組みを見逃してしまう。

重要なのは、ルーマンが、「科学」を「コード」の使用によって特徴づけることを、科学論にとっては「自明」だと推測していることである。「真理／虚偽」の割り振りを行うことは、「線引き問題」に答えるよりも手前にある暗黙の前提であり、科学の内実に関する積極的な主張を一つも含まない。

だから、そこを立脚点にしてしまえば良いと考えたのだ。

たしかに、こう考えることで、ルーマンは「科学／非科学」の「線引き問題」にコミットせずに済んでいる。言い換えれば、科学哲学者の頭を悩ませてきた「科学／非科学」という「線引き問題」を素通りできている。[17] その意味で、この解決法は「コロンブスの卵」だと言っても良いだろう。

だが、その一方で、ルーマンは従来の科学論にはなかった概念を一つ付け加えている。それは、他ならぬ「科学システム」だ。ルーマンは、「科学／非科学」の最終的な線引きを「科学システム」の履歴に委ねることで、「線引き問題」に積極的な解答を与えずに済んだ。その意味で、「科学システム」は「線引き問題」を切り抜けるための鍵である。けれども、それは「科学／非科学」の「線引き問題」を「科学システム／その他のシステム」という別種の「線引き問題」によって置き換えただけではないのか？　「科学システム」それ自体は十全に定義できているのだろうか？

このように考えると、「科学システム／その他のシステム」というもう一つの「線引き問題」こそが、ルーマン理論の妥当性を見積もるための試金石として浮かび上がってくる。

5-2　科学システムとその外部？

すでに見たように、ルーマンは近代社会を「機能分化」によって特徴づけている。全体の構図を改めてまとめると次のようになる。

社会システムにはいくつかの機能システムが存在しており、その一つが「科学システム」である。コミュニケーションは様々な可能性を持つが、機能システムは「コード」を通して世界を観察する点で、単なるコミュニケーションからは区別される。しかも、各機能システムは、それぞれ異なる

「コード」を使っている。例えば、法システムなら「合法／不法」、経済システムなら「所有／非所有」が「コード」になっている。「科学システム」もまた機能システムの一つであり、それは「真理／虚偽」という「コード」を使用する点で、他の機能システムや他のコミュニケーションから区別される。

だが、素朴に考えると、ルーマンの議論には不可解なところがある。というのも、主張が「真理」であるかどうかを判断するのは、なにも科学だけではないからだ。科学の外部においても「真理」は問題になる。例えば、日常会話においても、会議においても、法廷においても、議会においても、主張が「真理」であるかどうかを問われることはある。では、それらは科学システムとどのような関係にあるのか？　この点について、ルーマンは次のように述べている。

［…］Wahrheitが科学システムの外部でも問題になるのは疑いがない。日常的なコミュニケーションでは、ひとはこの語をもちいて、自分の言ったことが誠実で正直だと誓う――それは嘘と区別される真《まこと》（Wahrheit）である。政治家や芸術家も、注意を引き注目を集めるために、真実（Wahrheit）について語る。Wahrheitは強調の象徴としてもちいられるのである。だが科学においてのみ、コード化された真理（Wahrheit）が問題になり、二次の観察が問題になり、真の命題は非真である可能性があらかじめ検証され棄却されていることを含意する、という命題が問題になる。（Luhmann［1990:274=2009a:253］）

ルーマンは、科学システムを「真理／虚偽」のコードを使うコミュニケーションだと特徴づけたが、ここではその認識に留保をつけている。すなわち、ルーマンは、Wahrheit（＝真理・真実）という言葉が、科学システムの内部だけでなく、その外部においても使われることを認めているのである。例えば、日常会話で「本当だよ」と言うことはあるし、政治家や芸術家が「これこそ真実だ！」と強調することもある。しかし、ルーマンの見るところ、それらは科学システムにおける「真理」とは異なる。なぜなら、科学システムにおいてのみ、「真理」は次のような性質を帯びるからである。

（1）二値性：「真理」と「虚偽」（＝非真）とは相互に排他性を持つ。つまり、「真理」でなければ「虚偽」であり、「虚偽」でなければ「真理」である。そこでは、「真理」でも「虚偽」でもない第三値の可能性は排除されている（Luhmann［1990:194-195＝2009a:177-178］）。

（2）特定のコードの割り当て：科学のコミュニケーションは、もっぱら「真理／虚偽」のコードを用いて観察され、「合法／不法」や「与党／野党」のような他のコードによって観察されることはない（Luhmann［1990:272-273＝2009a:251］）。

（3）二次の観察：直接的な観察（＝一次の観察）によって何かを認識する場合には、「知っている／知らない」という区別が使われる。これに対し、観察の信頼性に疑いを持ち、一次の観察の妥当性を一歩引いて観察するときに、初めて「真理／虚偽」のコードが使われる[18]（Luhmann［1990:169-170＝2009a:153］）。

問題は、（1）～（3）の基準がうまくいっているかどうかである。もしうまくいっているなら、科学システムの内部と外部は区別できる。ルーマンは先の引用の中で、科学システムでは「真理／虚偽」のコードが使われるのに対し、日常的なコミュニケーションでは「真《まこと》／嘘」（＝本当／嘘）の区別が使われると述べていた。そこで、「本当／嘘」の区別について、（1）〜（3）が当てはまるかどうかを考えてみよう。

まずは、次のような場合を考えよう。ある人が「君は絵が上手だね」と言う。それを聞いたもう一人が「本当？」と聞き返す。このとき、最初の主張は「本当」かもしれないし、優しい「嘘」かもしれない。だが、それだけでなく、もしかすると「皮肉」や「冗談」かもしれないし、「勘違い」かもしれない。このとき、「本当でなければ嘘である」とは言い切れず、それ以外にも可能性がすぐに思い浮かぶ。つまり、日常的なコミュニケーションの中で「本当／嘘」の区別を使用するときでも、「本当」と「嘘」の二値だけを考えるわけではない。その意味で、「本当／嘘」は（1）の二値性を満たさない。

また、一人が「外では雨が降っている」と言うのを聞いて、もう一人が窓を閉めるという場合も考えられる。このとき、一人目の発言は「本当／嘘」によっては観察されておらず、むしろ「窓を閉めろ」という命令として観察されている。このように、日常的なコミュニケーションには「本当／嘘」以外の区別も容易く入り込んでくる。その意味で、これは（2）の特定のコードの割り当てを満たさない。

さらに、一人が「バナナを食べると痩せる」と言うのを聞いて、もう一人が「知らなかった」と言って受け入れることもある。この場合、一人目の発言は「本当／嘘」によっては観察されないまま、「知識」として受け入れられている。つまり、観察の信頼性への疑いがないため、「本当／嘘」が問われることもない。その意味で、ここでは（3）の二次の観察が成り立っていない。

こうしてみると、たしかに、日常的なコミュニケーションにおいて（1）〜（3）を満たさないケースはすぐに思い浮かぶ。その意味で、科学システムの「真理／虚偽」と日常的なコミュニケーションの「本当／嘘」とは、やはり性質を異にしているように見える。しかし、だからといって、ルーマンの議論をそのまま受け入れるわけにはいかない。その理由は二つある。

第一の理由は、日常的なコミュニケーションやその他の領域においても、（1）〜（3）を満たすケースが十分あることだ。日常会話の中でも、他人と議論することはあるし、議会や会議ではなおさらそうだろう。そこでは、（1）「真理／虚偽」に類する二値性を持った区別（例えば「正／誤」）が使われることも稀ではない。また、（2）議論の最中はもっぱらその区別を使って観察することになるし、（3）他人の観察を観察するということもよくある。

第二の理由は、逆に、科学システムの内部においても、（1）〜（3）を満たさないケースがあることだ。例えば、科学システムの内部でも、「その主張は真とも偽とも言えない」というように、（1'）「真理」でも「虚偽」でもない第三値を与えられることはありうる。また、（2'）生物学・医学などの実験をめぐって、「合法／不法」が主要な論点になる場合も考えられる。さらに、（3'）科学者同士の非公式なコミュニティでは、観察の信頼性が疑われないこともある。その場合、二次の観察が行われていないことになる。

だとするならば、（1）〜（3）を満たす「真理／虚偽」のコードが科学システムにのみ見られるというルーマンの主張には、やはり無理があると言わざるをえない。つまり、ルーマンは「科学システム／その他のシステム」という第二の「線引き問題」に失敗しているのである。

ルーマンが、このようないささか強引な主張を展開したのは、「機能分化」仮説を際立たせようとしたためだろう。もちろん、他の領域から切り離された科学という領域が存在していること自体は間違いないが、「機能分化」はルーマンが主張するほど明確なものではないのである。そう考えると、ルーマンの科学システム論をそのまま取り入れることはできない。[19]

本書では〈真理〉と〈虚偽〉を判別する手続きの分析を「真理の社会学」と呼んだ。ルーマンの科学システム論はまさにその一つの可能性を示すものだと言えるだろう。それは、「コード」「プログラム」「自己言及」「反省」といった道具立てを用意することで、コミュニケーションからなるシステムとしての科学をかなり精密に描く道筋を示している。

だから、ルーマンの議論がうまくいっているのであれば、「真理の社会学」は「機能分化」仮説を取り入れたものにすれば良い。しかし、以上の考察を踏まえれば、「機能分化」仮説は、やはり問題を抱えていると考えるべきだろう。つまり、「機能分化」を「真理の社会学」のためのモデルとして取り入れることには慎重にならざるをえない。もちろん、これだけでルーマンの議論の全てが失効するわけではない。むしろ、そこには有益な洞察が多数含まれているが、そうした洞察を汲み取るためにも、ルーマンの議論の問題点をより厳密に特定し、それを乗り越える枠組を練り上げる必要がある。

では、どうすれば良いのか？

ここまではルーマンの議論が理論的問題を抱えていることを指摘してきたが、実のところ、この問題は、ルーマンの歴史理解にまで影響を及ぼしている。つまり、「機能分化」仮説によって、歴史的展開についての見通しにも歪みが生じてしまっている。より正確に言えば、ルーマンがあまりにもきれいな近代化像を描きすぎたために、現実の歪みを捉えることができていないのである。

そこで次章では、ルーマンの「機能分化」仮説が抱える問題を、歴史的観点から見ていくことにする。ただし、そのためにもう一人の論者を参照したい。それは、序章でも挙げたミシェル・フーコーである。フーコーもまた「真理の社会学」に相当する議論を展開しており、ちょうどルーマンの議論の欠陥を補う形になっている。したがって、フーコーの真理論とその周辺の研究を参照することで、〈真理〉と〈虚偽〉を判別するコミュニケーションの全貌を、ルーマンとは異なる形で考えることができる。

第3章　真理のゲーム

引き続き、科学のコミュニケーションについて考えていこう。

第2章では、ニクラス・ルーマンの科学システム論を取り上げた。それは、科学と社会をめぐる洗練されたモデルの一つだが、その中心にあるのが「機能分化」仮説だった。

「機能分化」とは、科学のコミュニケーションとそれ以外のコミュニケーションとが、きれいに分離されているという仮説だった。それが正しいと言えるためには、二つのコミュニケーションの原理が違うものでなくてはならない。ところが、検討を重ねてみると、二つのコミュニケーションはそれほど明確には分けられないことが明らかになった。だとするならば、「機能分化」はルーマンが考えるよりも、もっと緩やかに捉えていく必要があるだろう。

この点で興味深いのは、「科学的証拠」を求める風潮である。マスメディアを通じて、私たちは様々な情報に触れているが、何かにつけて「科学的証拠はあるのか？」といった発言を耳にするようになった。それだけ、科学のコミュニケーションは私たちの生活に浸透しているのだ。

とはいえ、家族や友人の他愛もないおしゃべりにまで「科学的証拠」を求めると、煙たがられてしまうだろう。では、科学のコミュニケーションとそれ以外のコミュニケーションの関係はどのように変化してきたのか？　また、これからどうなっていくのか？

こうした問いに答えるためのヒントを与えてくれるのが、フランスの哲学者ミシェル・フーコーの議論である。実は、フーコーもまた「反‐反実在論」の立場から、「真理のゲーム」をキーワードにして、ルーマンとも異なる「真理の社会学」のビジョンを打ち出している。そこで本章では、フーコーの真理論へと寄り道することで、「機能分化」仮説を修正するための手がかりを掴みたい。

ちなみに、この章は、「理論篇」（第Ⅰ部）の最後のパートであるとともに、「歴史篇」（第Ⅱ部）への橋渡しの意味も持っている。そのため、前半では理論を、後半では歴史を扱っていくことになる。フーコーの議論は社会学理論にとって最も重要なものの一つだが、理論に関心が薄ければ、この章の前半はざっと目を通す程度でも構わない。その分、歴史に踏み込む後半をじっくり読んで欲しい。

1　言説分析の発見

フーコーは、哲学的な問題に歴史研究をもって答えるという独自のスタイルで、二〇世紀後半の人文・社会科学に巨大なインパクトを与えてきた。『狂気の歴史』『臨床医学の誕生』『知の考古学』『言葉と物』『監獄の誕生』『性の歴史』といった一連の著作を通じて、フーコーは「人間」（＝主体）を対象とする知としての医学・心理学・哲学の常識に大きな疑問符を突きつけるとともに、「言説」「アルシーヴ」「エピステーメー」「権力」「規律訓練」「生権力」「統治性」「自己への配慮」……といった斬新な概念を次々と生み出した。それらは多くの研究者を触発し、いまなお無数の後続研究を生み出し続けている。

中でも、本書が注目するのは、フーコーがそのキャリアの後半（一九七〇年代半ば以降）に導入した「真理のゲーム」という概念である。少なくとも社会学において、フーコーの真理論は、これまでさほど注目されてこなかった。この章では、それをフーコーの代名詞とも言える「言説分析」という手法の延長線上に位置づけることで、真理論の論理と射程とを明確にしていきたい。

1-1 方法としての言説分析？

フーコーの言説分析は、文化史や美術史あるいは科学史といった歴史研究に大きな影響を及ぼしてきたが、社会学においても議論が蓄積されてきた。社会学では「言説」や「権力」といったフーコーの用語が鍵概念となり、その射程が盛んに論じられてきたのである。そこで、まずは言説分析というアプローチについて、とくに日本の社会学における議論を踏まえながら論じておこう。

フーコーが主たる対象としたのは、広い意味での科学や司法の歴史（とくに一七～一九世紀）だが、その描き方は一風変わっている。フーコーの作品には、無数の引用句が見られるのだ。それは何よりもまず、「言われたこと」や「書かれたこと」に異様なまでの関心を注いでおり、過去の人物の発言の抜き書きの様相を呈する箇所も珍しくない。

あえて単純化すれば、「言説」とは、ここで言う「言われたこと」や「書かれたこと」のことだ。私たちは、文法や語彙の組み合わせを使って、新しい文を無限に生み出すことができる。けれども、実際に言われたり、書かれたりすることは、その中のごく一部にすぎない。また、何が言われたり、書かれたりするかも時代とともに移り変わる。例えば、「狂気」をめぐってある時代に言われていたことが、別の時代には言われなくなったり、逆に、それまで言われていなかったことが、急に言われ始めたりする。それでは、ある文が使われるようになったり、使われなくなったりするのはなぜなのか？　フーコーはこうした問いを糸口に、「言説」の出現条件を分析していった。

ところで、「言説分析」と聞くと、多くの人はそれが一種の「方法」だと考えるだろう。言説分析の最低限の条件は「言語的資料を対象にした歴史研究」だが、フーコーの分析にはどこか他にはない手触りがある。だから、フーコー独自の確固たる手続きがあると考えるのはもっともだ。

しかし、フーコーが自身の手法をまとめた『知の考古学 *L'archéologie du savoir*』（一九六九）を紐解くと、「言説」「言表」「アルシーヴ」といった概念は説明されるものの、「こういう手順で研究を進めるべきだ」といった具体的な手続きが書かれているようには見えない。それどころか、そこに何が書かれているのか自体が解読を要する問題であるようにさえ感じられる。こうした事情から、社会学では、言説分析がそもそもマニュアル化されうる「方法」なのかが論争の的になってきた。[1]

最大の争点は「資料群 corpus」をめぐる次のような問題である。[2]

言説分析は資料の読解を基本作業とするので、何らかの形で、分析すべき資料を決めなければならない。では、どのような手順で資料の範囲を決めれば良いのか？　もしも資料の決め方に明確な手順があるのなら、言説分析は「方法」と呼んで良い。しかし、もしも明確な手順がないか、あるいは明確な手順を持つべきでないと考えるのなら、言説分析は「反方法」と呼ばれるべきだろう。前者が赤川学の立場であり、後者が遠藤知巳と佐藤俊樹の立場である。

「方法」派の考えによれば、分析すべき資料の決め方は、おおよそ次のような手順になる。まず、研究テーマを決め、研究対象となる言説の全てに当たる「資料群の全体」を想定する（例えば、「性欲」について書かれたことの全て)。次に、実際に入手できる資料を数え上げ、「資料群」をリストアップする(例えば、性科学・性指南書・文学・雑誌記事など)。そして、リストにある資料を内容ごとに分類し、その分布や変容を見ていく。最後に、分類された言説が検証可能になるよう、データベースのような形で整理する(赤川[1999:421-422], 赤川[2001a→2006:28-34])。

もちろん、「資料群」のリストに含まれるバイアスが、後から発覚することもある。だから、「資料群の全て」を設定するのは無意味に見えるかもしれない。しかし、バイアスは分析の進展によってのみ明らかになるものなので、「資料群」の設定はいつでも「資料群の全体」を目指して行われるべきだと言える(赤川[2001a→2006:30-31])。

これに対し、「反方法」派は、「資料群」のリストアップというやり方に否定的である。たしかに、分析に当たっては、「資料群の全体」の想定から出発しなければならない。しかし、だからといって、それを自明視すべきでもない。なぜなら、「資料群の全体」という捉え方自体が、「〇〇言説」というジャンル分けをめぐる分析者の常識に依存しており、資料の外部から持ち込まれたものだからだ(遠藤[2000a→2006:51], 佐藤[2006:14-15])。

少しわかりにくいので、例を挙げよう。フーコーの言説分析をさらにラディカルに推し進めたドイツのメディア史家フリードリヒ・キットラーは、哲学者フリードリヒ・ニーチェ(一八四四―一九〇〇)の著作を分析している。キットラーは、ニーチェが強度の近視ゆえに、タイプライターで執筆した最初の哲学者だったことに注目している。ニーチェの文体は、論証から箴言へ、思索から言葉遊びへ、修辞から電報文体へと変化したが、キットラーは、こうした文体上の変化が、タイプライターひいては技術メディア(≒記録技術)の使用というメディア史的条件の変化によってもたらされたものだと考え、そこに「言説」の生産体制（＝書き取りシステムAufschreibesystem）をめぐる地殻変動を見出した（Kittler［1985=2021:374-385］, Kittler［1986=1999→2006b:158-164］）。重要なのは、キットラーが、一九～二〇世紀転換期の「哲学史」や「文学史」を「メディア史」として読み解き直していることだ。

資料は往々にして幾つもの側面を持っている。だから、個別の資料が本当にその「資料群の全体」（例えば、哲学史や文学史）の一部として読み解かれるべきかはわからないし、それを「一つの資料」（例えば、ニーチェの著作）という単位で捉えるべきかどうかもわからない。むしろ、「資料群の全体」や「一つの資料」という想定を外して資料に向き合うと、思いもかけない布置連関（≒社会構造）が浮かび上がってくる可能性もある[3]（例えば、メディア史的変容）。その意味で、「資料群の全体」や「一つの資料」という当初の想定が資料の読解によって裏切られる経験にこそ、「言説分析」固有の意義があると言える（遠藤［2000a→2006:50-52］, 佐藤［2006:7-8, 14-15, 17-19］）。

社会調査の用語を使えば、この対立は次のようにも言い換えられるだろう。

社会調査では、研究対象の全体を「母集団」と呼ぶ。しかし、「母集団」は非常に大きくなることが多いので、その一部だけを「標本」として抽出する。「方法」派は、「母集団」（＝資料群の全体）と「標本」（＝入手できる資料）とを設定し、「標本」の網羅性を高めたり、その偏りを反省したりすることで、「母集団」の性質を明らかにしていこうとする[4]。一方、「反方法」派は、一つ一つの資料から出発する場合、それらがどの「母集団」の一部なのかが簡単にはわからないと考え、資料が社会について何を語るものなのかを思考しようとする。例えば、「大学生」という「母集団」の性質を「標本」から明らかにしようとするのが前者だとすると、調査対象となる人物（＝一人の大学生）がそもそも何を代表しているのかをギリギリまで思考しようとするのが後者になる。

これまでのところ、この論争が決着したとは言い難い。ただし、フーコー自身の目的に即しているかどうかだけを考えると、「反方法」派の方に軍配が上がるのではないかと筆者は考えている。[5] その最大の理由は、『知の考古学』の至るところに、「資料群の全体」（＝ジャンル）や「一つの資料」といった同一性の想定を解除しようとする意志が表れているからだ。[6] 先ほどの論争を念頭に置きながら、次の引用を一読してみて欲しい。

〔…〕一つの科学、一つの作品、一つの理論、一つの概念、一つのテクストとは、それぞれいったい何か。（Foucault［1969:13=2012:16］、傍点は原文による）

〔…〕我々が慣れ親しんでいる切り分け方ないしグループ化を前にするときも、やはり不信の念を抱く必要がある。言説の諸々の大きなタイプのあいだの区別、あるいは言説の諸々の形態やジャンルのあいだの区別、すなわち、科学、文学、哲学、宗教、歴史、フィクションなどを互いに対立させ、それらを大いなる歴史的個別性のようなものとする区別を、そのままのかたちで認めることができるだろうか。（Foucault［1969:35=2012:45］）

一つの科学、諸々の小説、諸々の政治的言説、一人の作者の作品、さらには一つの書物を、確信をもって扱う前に、その最初の中立性において扱うべき材料、それは、言説一般の空間における一群の出来事なのだ。（Foucault［1969:41=2012:54］）

フーコーがここで述べているのは、「科学」や「文学」あるいは「作品」や「書物」のようなわかりやすい単位を度外視して、目の前の資料に向き合うべきだということだろう。それはまさに、「反方法」派の理解と一致している。

とはいえ、「方法」と呼ぶにせよ、「反方法」と呼ぶにせよ、言説分析が広い意味での〈方法〉の一種だという前提自体は共有されている。そこでの争点は、言説分析をマニュアル化できるかどうかにあるからだ。そう考えると、「方法／反方法」という二分法によって、言説分析をめぐる議論が方法論化されてきたことは否定しがたい。

実を言うと、社会学の中には、言説分析を〈理論〉の流れの中に位置づける向きもある。例えば、橋爪大三郎、内田隆三、大澤真幸といった論者は、「主体」を出発点とする近代の社会理論に対する代替案として、言説分析を位置づけている。[7] こうした見方からすれば、言説分析の問題を「資料群」の問題へと限定すること自体、その射程を狭めているように映るかもしれない。

それでは、言説分析は〈方法〉なのか、それとも〈理論〉なのか？

筆者の考えはこうだ。言説分析は、単なる〈方法〉ではない。むしろ、それは〈理論〉としての性格を多分に持っている。しかし、だからといって、それを単なる〈理論〉と呼ぶこともできない。なぜなら、言説分析が〈方法〉という見た目を持つことは間違いないからだ。それゆえ、言説分析は〈方法〉でも〈理論〉でもある。より正確に言えば、それは〈方法〉と〈理論〉の二分法によっては捉えられない何かである。言説分析が、しばしば〈方法〉でも〈理論〉でもなく、〈文体〉と名指されるのも、そのためだろう。

だとすると、言説分析を適切に位置づけるには、〈方法〉の問題を〈理論〉の問題として読み解くことが決定的に重要になってくる。

1-2 新しい社会学的想像力[8]

一般的に、経験科学において〈理論〉と呼ばれるものは、概念の操作によって得られるモデルに当たる。一方、〈方法〉と呼ばれるものは、現実世界について調べるためのテクニックに当たる。ごく簡単に言えば、頭の中で考えるのが前者、頭の外を調べるのが後者の働きである。

社会学の場合、〈理論〉の側は、社会を複数の単位（例えば、家族・学校・市場・議会……など）へと分解し、それぞれの単位間の因果関係をモデル化する。しかし、〈理論〉はあくまでもモデルなので、それを現実の事象に当てはめ、モデルと現実が合致しているかどうかを〈方法〉によって確かめなければならない。

例えば、マルクス主義は、社会を「上部構造」（≒文化・社会制度）と「下部構造」（≒経済）に分け、「下部構造」が「上部構造」——とくにそこに現れる意識形態としての「イデオロギー」——を決定するというモデルを立てている。これを確かめるには、「文学作品」を「上部構造」（＝イデオロギー）と見なしてドキュメント分析（＝文字資料の分析）を行っても良いし、「世論調査への回答」を「上部構造」と見なしてアンケート調査を行っても良い。どちらにしても、〈理論〉がモデルを提供し、〈方法〉がそれを操作化（＝手続き化）することが必要になってくる。

ところが、言説分析の場合には、このような役割分担が成立しない。

言説分析は、資料の読解から何らかの事実を発見するという意味で、〈方法〉に属する。しかし、その分析を導く単位設定が、言説分析とは別の〈理論〉によって与えられるわけではない。むしろ、それ自体が「言説discours」「言表énoncé」「アルシーヴarchive」といった新しい諸単位を導入し、独自の社会像を提示している。その意味で、言説分析は〈理論〉にもなっているのだ。そのことは、古典的知識社会学と言説分析とを比べてみるとよくわかる。

フーコーは「真理と裁判形態」（一九七三）という有名な講演において、古典的知識社会学の一種であるマルクス主義のイデオロギー論の理論構成を次のようにまとめている。

> 伝統的なマルクス主義の分析では、イデオロギーというのは、主体と真理との関係が、あるいは単に認識の関係が、認識の主体に外部から課される生存の諸条件や、社会的諸関係、政治的諸形態などによって乱され、不分明にされ、隠蔽される、そうした混乱のもとになるある種否定的な要因です。（Foucault [1974→1994:552=2000:110→2006:33]，訳文は思考集成版に基づく）

簡単に言えば、こういうことだ。イデオロギー論が問題にするのは、「認識」（≒知識）である。「認識」はそれぞれの「主体」（≒個人）が持つものなので、普通なら、それは「主体」の内部条件（＝認識能力）に規定されると考えるだろう。ところが、イデオロギー論は、「主体」の持つ「認識」が、「主体」の置かれた外部条件（＝生存条件・社会関係・政治形態）によって歪められると考えた。例えば、ある階級に属する人々が、その階級の利害に適合的な価値観を抱く、という場合がこれに当たる。このとき、イデオロギー論は「外部条件→主体→認識」（＝外部条件が主体を規定し、それによって認識が条件づけられる）というモデルになっている。カール・マンハイム流の古典的知識社会学では、これを「存在被拘束性Seinsverbundenheit」と呼んだ（Mannheim [1931=1973:152-153]，訳語は現在の通称に合わせて変更した)。

これに対し、フーコーは「主体」を分析の出発点にすること自体に疑問符を突きつけた。[9] マルクス主義も含めた近代の社会理論は、「主体」を社会の最小単位、言わば「原子」のようなものだと捉えている。しかし、その前提は自明ではない。例えば、私たちは自分が行ったことを振り返って、「なぜこんなことをしたのだろうか」と自分で不思議に思うこともある。このとき、私たちは自分で自分をコントロールできておらず、「主体」の一貫性が揺らいでいる。こうしたことを考えると、「主体」という近代的な考え方自体が現実に合わない枠組なのかもしれない。にもかかわらず、無理やり「主体」の理論を打ち立てようとすると、それは一種の「神話」になってしまう。そこでフーコーは、「主体」と「認識」のセットの代わりに、「言説」とその最小要素である「言表」という単位を仮説的に導入したのである。

では、その枠組はどういうものなのか？

フーコーが言説分析の方針をまとめた『知の考古学』(Foucault [1969=2012]) は「I 序論」「II 言説の規則性」「III 言表とアルシーヴ」「IV 考古学的記述」「V 結論」という五つの章からなる。このうち、実質的な内容部分はII〜IVになるが、IVはフーコーが自身の研究方針である「考古学」を「思想史」との対比によって明確化するパートなので、言説分析の基本枠組を開示しているのは、IIとIIIになる。その中でフーコーは、新たに導入した「言表」「言説」「アルシーヴ」などの諸単位の存在を示そうと試みている。具体的には、言説形成の仕組みを、説明項と被説明項(正確には相関項)[10] という二項間関係が重層化したものとして描こうとする。その骨子を見ていこう。

まず、複数の「言表」(≒言語表現)からなる「言説」(＝言表のグループ)が導入される。それは、対象・スタイル・概念・戦略の固有の分散によって特徴づけられるものだ（↓Ⅱ－Ⅱ～Ⅱ－Ⅶ）。続いて、「言表」の性質が検討され、それが「命題」「文」「言語行為」とは異なることが示される（↓Ⅲ－Ⅰ～Ⅲ－Ⅲ－Ａ）。その上で、「言説」を形成させる「言表のシステム」の存在が指摘される。それは、（1）言表される対象の領域、（2）言表する主体のポジション、（3）関連する他の言表、（4）言表を可能にする物質的条件、の四つの側面から「言表」を条件づけている（↓Ⅲ－Ⅲ－Ｂ）。最後に、「言表のシステム」の総体に当たる「アルシーヴ」（＝アーカイブ）という単位が導入される（↓Ⅲ－Ⅴ）。このようにして、「アルシーヴ↓言表のシステム↓言説↓言表」というモデルが導入されることになる［↓図3．1］。

例えば、先ほどのキットラーの分析で言えば、ニーチェの書き残したものは「言表」に当たるが、それはタイプライターひいては技術メディアの使用という物質的条件（＝言表システム）によって支えられた「言説」（＝言表のグループ）を構成している。さらにそれは、キットラーが「書き取りシステム」と呼ぶ「言説」の諸生産体制（≒アルシーヴ）に内属している。[11]

フーコーの立場からすれば、古典的知識社会学の想定するモデルは単純すぎるか、もしくは常識的すぎる。[12]そこでフーコーは、「言説」の身分をミクロにもマクロにも多重化させることにより（遠藤［2000a→2006:41-42］）、通常の社会像すなわち「社会学的想像力」（Mills［1959＝2017］）が想定してしまいやすい「外部条件↓主体↓認識」というモデルとは異なるタイプの「社会構造（めいたもの）」を見出そうとしたのだと考えられる。

だとすれば、言説分析の社会学にとっての魅力は、通常想定される「社会」のイメージを裏切ることにこそあると言えるだろう。だから、「言説分析」を自認する研究にしばしば見られるように、「言説」の論理関係だけを分析したり、逆に「言説」を簡単に思いつく社会学的変数によって説明したりすることは、どちらも的を外している（内田［2005:144-146］、内田［2013:482-483］）。

しかし、このことは同時に、言説分析を決定的に難しくしてもいる。もしも「言表」や「言説」あるいは「アルシーヴ」といった単位を明確に定義してしまえば、それ自体が「社会学的想像力」のレパートリーの一つになるからだ。そうなると、既存の「社会学的想像力」を問い直す力は失われてしまう。フーコーが「言表」なる耳慣れない単位をあえて導入し、そこにほとんど明確な定義を与えなかったのは、通常の議論に対する違和感の喪失を防ぐためだろう。[13]

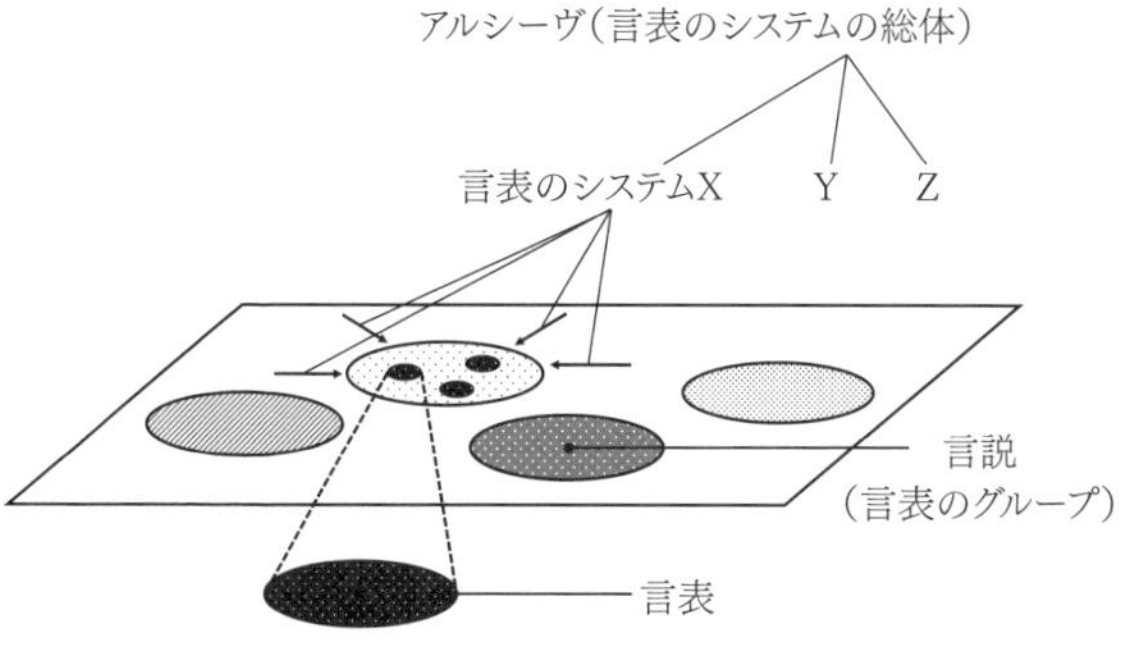

図3.1　言説分析のモデル

言説分析が一般的な〈理論〉と大きく違うのは、この点においてである。通常の〈理論〉なら、社会を分節化する諸単位を実体的に定義することになるだろう。そして、その定義を〈方法〉によって操作化することで、現実との対応関係をとることになる。ところが、言説分析における「言表」はそうした天下り的な概念ではない。むしろ、資料のどこにどう着目するかによって、「言表／言説」（＝「資料／資料群」）の見え方自体が変わってくるし、そこから見える「社会構造（めいたもの）」も変わってくる。つまり、言説分析は、社会を「行為」や「知識」よりも小さな単位である「言表」へと分解した上で、通常の「社会構造」とは異なる大きな単位へと総合してみせるのだ。

だから、言説分析において、〈理論〉と〈方法〉は同時にしか成立しない。資料のどこをどのように「言表」として切り出すかとか、そこからどんな「社会構造（めいたもの）」を浮かび上がらせるのかといった〈理論〉の問題を、資料読解という〈方法〉の水準において考えようとする点にこそ、単なる〈理論〉でも〈方法〉でもない〈文体〉としての言説分析の特徴がある。フーコーの作品が、ひどく具体的な資料を扱っているにもかかわらず、同時に極めて抽象的にもなるのは、このためだろう（佐藤［1998:87-89, 92-94］）。

このことをさらに敷衍すると、実は「言表」を「言語」に限定する必要もなくなる。そもそも、フーコー自身が「言説実践」（Foucault［1969:66-71=2012:91-98］）という概念を導入しているし、絵画や監獄といった言語以外の対象も論じている。ここからわかるように、「言表」は「実践」とも重なるし、もっと言えば「図像」や「身体」や「物」も対象になりうる。[14] ただし、扱う対象を「言語」に限定するかどうかは、差し当たり大きな問題ではない。より重要なのは、「言語」「実践」「図像」「身体」「物」といった単位それ自体が暗黙に抱える「社会学的想像力」を異化できるかどうかだ。[15]

このように、フーコーの導入した言説分析という手法には、「社会学的想像力」を問い直すという狙いを読み取ることができる。フーコー自身は、「思想史」との格闘の中から分析単位の設定という問題に辿り着いたが、その問題意識は社会学の領域にまで拡張されうるものだった。

そのことは、フーコーの研究遍歴そのものとも深い関わりがあるように見える。フーコーの魅力の一つは、常に新しい研究テーマへと問題関心を広げていったことにあるが、フーコーはさらに、「言説」「権力」「真理のゲーム」といった新しい概念を次々に導入しながら、その分析視角までも絶えず変化させていった。それ自体が、「社会学的想像力」への抵抗を狙ったものだと考えられる。[16] そこで、次節ではいよいよフーコーの真理論がどのような意味で言説分析の延長線上にあるのかを見ていこう。

2　反－反実在論としての真理論

2-1　「知」から「真理」へ

一九七〇年代以降、フーコーはたびたび「真理」という言葉を口にしている。そのインタビュー・対談・講義録を紐解くと、「真理への意志」「真理体制」「真理のゲーム」「真理陳述」「真理表明術」といった概念が通奏低音になっている。[17] フーコーと言えば、「知」の分析で有名だから、「真理」を問題にするのは当たり前ではないかと思われるかもしれない。しかし、もしも「知」と「真理」が同じものなら、わざわざ「真理」の話をする必要はない。それでは、「真理」という言葉によって、フーコーは一体、何を問題にしようとしたのだろうか？

「知」とは、常に「何かについての知」である。狂人についての「知」、病人についての「知」、犯罪者についての「知」というように、それは対象を持っている。したがって、「知」の働きを分析する際には、「知」が対象をどのように捕捉し、分析し、そしてそれに介入するのかといったことが問題になってくる。

これに対し、「真理」という言葉は、「知」が正しいかどうかを判断するときに初めて登場する。一般的には、実在と合致する「知」が「真理」とされ、そうでない「知」は「虚偽」とされるが、フーコーの場合、そこに反実在論的なモチーフが入ってくる。すなわち、「真理」と「虚偽」を判断する手続きの多元性を見ようとするのである。例えば、フーコーは次のように述べている。

どの社会も固有の真理体制を、すなわち真理についての固有の「一般政策」をもっています。具体的に言えば、その社会が真なるものとして受け入れ機能させる特定の言説タイプ、言語表現に真偽の区別を与えるメカニズムとベクトル、真と偽のそれぞれにたいする取り扱いの処方、真理の獲得に有効とされる技術と手続、何が真であるか決定する権限を持つ人間の地位、などがその内容です。（Foucault［1977→1994:158=2000:216→2006:368］, 訳文は思考集成版に基づき、傍点を付した）

フーコーによれば、それぞれの社会には「真理」と「虚偽」を判別する固有の手続き（＝真理のゲーム）がある。そうした手続きの総体を、フーコーは「真理体制」と呼んでいる。しかし、もしも一つ一つの社会における「真理体制」が異なるのであれば、当然、ある社会で「真理」だと見なされることは、別の社会では「虚偽」になりうる。そのため、この議論は、相対主義ひいては反実在論を帰結するように見える。事実、フーコーの議論は、しばしば反実在論の典型だと見なされてきた。ところが、次のインタビューを見ると、フーコーが単なる反実在論者ではないことがわかる。

――すると、真理とは構築ではないのでしょうか。

――それは時と場合によります。真理が構築であるような真理のゲームもあるし、そうでないものもある。［…］構築だからといって、目の前に何もなくて、すべてが誰かの頭から出てくるわけでもありません。こうした真理のゲームの変換についての私の発言から、次のような結論を引き出してきたひともいました。フーコーは何物も存在しないと言った——たとえば狂気は存在しない、と言ったというのです。しかし問題はまったく逆なのです。問題は、さまざまに異なった定義を受けてきた狂気が、ある時に制度的な領野に組み込まれて、精神病として構成され、他の病気と区別されるような地位を得たのはどのようにしてなのか、ということなのです。(Foucault [1984→1994:726=2002:241-242→2006:328]、訳文は思考集成版に基づき、傍点を付した)

フーコーは「狂気」を歴史化したので、「狂気は存在しない」と主張しているように思われやすい。だが、そうではないとフーコーは言う。なぜなら、フーコーが問題にしているのは「狂気」の虚構性ではなくて、むしろ「狂気」という対象がどのようにして現実性を持つかということの方だからだ。ある対象は、制度領域に組み込まれることで現実性を獲得する。それゆえ、「構築」されているからといって、「存在」しないわけではない。

このことは、フーコーが「反‐反実在論」に立っていることを示している。「真理体制」や「真理のゲーム」の多元性を考えるならば、何が「実在」であるのかを語ることはできなくなるはずだが、それでも我々が「実在」という感覚を持つことは疑いえない。だとするならば、ある対象がどのような場合に「実在」としての地位を獲得し、どのような場合にそれを獲得しないのかこそが問われるべきだ——フーコーは、そのように主張しているのである[18]。

ただし、フーコーの研究は、科学も非科学も等しく「知」として扱うという方針をとっている。だから、それが反実在論的に映るのは無理もないことだ。その意味で、「知」という言葉が、どこか反実在論的なニュアンスを帯びていることは否定できない。しかし、「真理」という言葉を導入することで、「知」がどのようにして現実性を獲得したり、獲得しなかったりするのかを、より積極的に問題にできるようになる。だとするならば、「知」から「真理」への力点の移動は、「反‐反実在論」の明確化に対応していると考えることができる。

2‐2 「真理を語ること」と「真理のゲーム」

すでに述べたように、一九七〇年代以降のフーコーは、「真理への意志」や「真理体制」といった幾つかの概念を導入したが、そこでは繰り返し一つの問題が論じられている。それは、「真理」と「虚偽」を決定する手続きの歴史的変容である。中でも、この問題が最も詳しく展開されているのは、「真理のゲーム」をめぐる一連の議論においてだ[19]。例えば、晩年の講義の中で、フーコーは自らの研究方針について次のように述べている。

> 存在があることへの驚きからではなく、真理があることへの驚愕からはじまる哲学を批判哲学と呼ぶなら、批判哲学には二つの形式があることがわかるでしょう。一つは、いかなる条件――形式的または超越論的な――のもとで真なる言表がありえるか、と問う。もう一つは、真理陳述の形式、「真実を言う」形式を問う批判哲学です。真理陳述を問う批判哲学では、言表が真である条件を明らかにすることは問題ではありません。真偽をめぐるさまざまなゲームはどのように異なり、どのような形式ではじめられるか、と問う。[…]問題は、真理陳述――真言《ヴァールザーゲン》――のある様態が歴史のなかにどのように、いかなる条件のもとで現われるかを見定めることです。
> (Foucault [2012:9=2015:33])

フーコーは自らの作業を批判哲学（＝理性の能力を批判する哲学）と見なすが、そこにも二つのタイプがあるという。第一の批判哲学は、いわゆる認識論に当たるものだろう。それは、ある主張がどういう条件を満たせば「真理」になるのかを見定めようとする。これに対し、フーコーが従事する第二の批判哲学は、「真理」と「虚偽」を決定する手続き（＝真理のゲーム）それ自体の性質を問題にする。「真理のゲーム」においては、誰が何をどう語れば「真理」になるのかが条件づけられている。科学という「真理のゲーム」では、観察や実験を行って初めて「真理」を語っていると認められるし、それがなければ「真理」にはならない。このように、「真理のゲーム」の手続きに則って行われるのが、「真理陳述 véridiction」あるいは「真理を語ること dire vrai」である。

ただし、「真理のゲーム」は一つではない。単数形の「真理のゲーム」ではなく、複数形の「真理のゲーム」群がある。例えば、宗教・占いにおける神託、法廷における証拠調べ、錬金術における実験、病院における診断といった「真理のゲーム」の様々なタイプがあり、それぞれが独自の手続きを持っている（Foucault［2003=2006: 一九七四年一月二三日講義］）。

しかも、「真理のゲーム」はそれぞれ固有の「社会的諸条件」に晒されており、そうした条件との関係によって、その相貌を変化させていく。例えば、巨額の実験装置や大規模な組織を必要とする巨大科学は、国家からの研究費がなければ成り立たない。だから、もしも国家による下支えがなくなれば、より小規模な実験がスタンダードにならざるをえなくなる。その意味で、「真理を語ること」を規定する「真理のゲーム」にはどのようなタイプがあり、それぞれの「真理のゲーム」がいかなる「社会的諸条件」のもとで出現したのかこそが、問われるべき課題になる。

そう考えると、「真理を語ること／真理のゲーム」というセットは、先ほど述べた「言表／言説」の変奏になっている。[20] 言説分析は、「言説」の身分を多重化させることで、「アルシーヴ↓言表のシステム↓言説↓言表」という「社会構造（めいたもの）」を析出させた。これに対し、真理論では、「言表／言説」が「真理を語ること／真理のゲーム」へと置き換えられることで、「真理のゲーム」それ自体を生み出す「社会的諸条件」への問いが開かれる。つまり、「社会的諸条件↓真理のゲーム↓真理を語ること」という回路が浮かび上がるのだ。

3　科学と社交

3-1　真理の二つの歴史

「真理」と「虚偽」を決定する手続きを分析対象とする点で、フーコーの真理論もまたルーマンの科学論と同じく、「真理の社会学」の試みの一つだと言える。しかし、科学の位置づけについて言えば、両者には大きな違いがある。フーコーの真理論が最も具体的な形で展開されているのは、一九七三年の講演「真理と裁判形態」だが、そこでは「真理に内発する歴史」と「真理の外発的な歴史」という二つの歴史の書き方が区別されている。

私がここで提出したい仮説は、真理には二つの歴史があるということです。まずひとつは、真理に内発する歴史、真理が固有にもつ調整原理にしたがって自己訂正してゆく、そういう真理の歴史があります。これは科学史やそれに基づいて作られるような真理の歴史です。その一方で、社会には、あるいは少なくとも現代の社会には、真理が形成される他の場所がいくつもあるように思われます。そこでは、一定数のゲームの規則——それにしたがっていくつかの主観性の形態や、対象領域、いくつかのタイプの知が生まれる、そういうゲームの規則——が定められており、したがってそれに基づいて、真理の外発的ないし外在的な歴史というものを書くことができるのです。(Foucault [1974→1994:540-541=2000:97-98→2006:14-15]、訳文は思考集成版に基づき、傍点を付した)

ふつう、科学の論証手続きは、科学という「真理のゲーム」の中で、内発的に発展してきたものだと考えられている。例えば、「実験」という手続きが生み出されたのは、自然についてより深く知ろうとする科学者たちの試行錯誤の結果だ、という具合である。「真理に内発する歴史」とは、こうした見方のことを指す。

ところが、フーコー自身は、これと全く異なる見方を提案している。それによると、科学の論証手続きは、法廷という別の「真理のゲーム」において開発され、科学という「真理のゲーム」に外から移植されたものだという。例えば、「調査」や「検査」といった手続きは、裁判における証人尋問や証拠調べの手続きに由来するものであり、それが後になって科学へと移植されたのだという。こうした見方が、「真理の外発的な歴史」に当たる(Foucault [1974→1994:541-542=2000:98-99→2006:15-16])。

もちろん、フーコーの議論が妥当かどうかは検討の余地がある。とはいえ、ここで重要なのは、「真理に内発する歴史」と「真理の外発的な歴史」の区別が、まさにルーマンとフーコーの違いに対応している点だ。

ルーマンの言う「科学システム」は、システムの自律性を重く見ている。すなわち、ルーマンは、「科学システム」の持つ「プログラム」（＝理論・方法）が、作動を通じて、その姿を変化させてきたのだと考えている。ところが、フーコーはむしろ、科学という「真理のゲーム」を構成する手続きが、「外部」からやってくるという見方を示している。つまり、科学という「真理のゲーム」は、何らかの「社会的諸条件」によって変形させられることもありうるし、他の「真理のゲーム」の持つ手続きを移植されることもありうる。ルーマン風の表現を使えば、フーコーは「科学システム」の歴史をその「環境」（＝外部）の側から説明しようとしている［↓図3．2］[21]。

3-2　科学システムの分出

フーコーが「真理の外発的な歴史」という変わった見方をとるのは、科学を社会制度とは無縁の神聖な営みと捉えるのではなく、むしろ、それが予想以上に深いところから社会制度と結びついている様子を描き出すためだ。その意味で、科学を「機能分化」の枠組で捉えようとするルーマンとは、力点がかなり異なっている。中でも、科学と社交の関係を考えるとき、二つの歴史の違いが最も明確になる。まずは、ルーマンの議論から見ていこう。

ルーマンの見立ては次のようなものだった。――中世社会は「階層分化」という形態をとっていたが、近代社会（一七世紀以降）になると「機能分化」という形態に変化する。そこでは、社会システムが、政治システム・経済システム・法システムといった機能システムへと分かれ、その一つに科学システムがある。では、「階層分化」から「機能分化」への移行はどのように行われ、科学システムはいかにして出現したのか？

ルーマンは、科学のコミュニケーションを社交のコミュニケーションと対比している。社交とは「楽しいおしゃべり」のことだが、そこでは、メンバー同士が話題を提供しあうことにより、お互いの接触を維持している（Luhmann［1981→2008:138-140=2017:131-132］）。こうした社交のコミュニケーションは、「階層分化」した社会において、とくに重要な意味を持っている。というのも、「サロン」と呼ばれる上流階級の社交的な集まりでは、会話における上手な立ち振舞いが求められていたからだ（Luhmann［1980=2011:第2章］）。

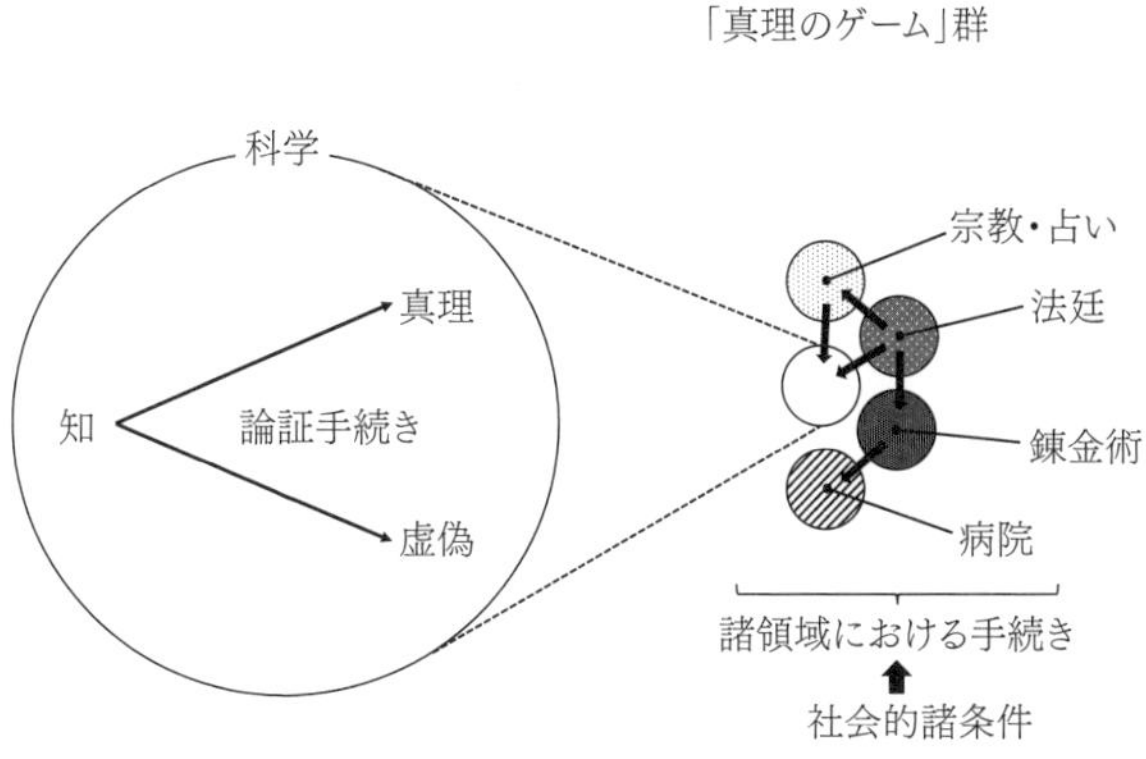

図3.2 「真理のゲーム」のモデル

ただし、社交の要求は、科学の要求とは決定的に異なっている。社交のコミュニケーションは、あくまでもメンバーの楽しみを持続しなければ成り立たない。だから、メンバー間の意見の対立を生まないための工夫が必要になる。例えば、他人の意見に対する反論は避けなければならないし、「Aか、それとも非Aか？」のような二者択一の問いかけも、意見対立を生みかねないため、回避される（Luhmann［1981→2008:140-141=2017:132-133］）。これに対し、科学のコミュニケーションは、他人の意見を否定することを厭わない。それどころか、意見対立を積極的に求めているとも言える。メンバーの間で討論が行われなければ、認識を前進させることができないからだ。

科学が単に個人的な趣味として行われている分には、この違いは問題にならない。一人で研究している限り、他人と討論する必要はなく、科学のコミュニケーションと社交のコミュニケーションを分離させたまま過ごせる。ところが、一七世紀後半には、各地で「アカデミー」と呼ばれる学会が発達し、科学は集団的な共同作業の様相を呈するようになる。すると、科学と社交の関係が問題になってくる（Luhmann［1981→2008:141-142=2017:133］）。

ルーマンによると、こうした事情から、社交のコミュニケーションは科学のコミュニケーションを排除することになった。その一方で、科学のコミュニケーションは社交のコミュニケーションとは異なる様式を意識的に開発していく。具体的に言えば、科学は「否定」（＝「虚偽」の検出）という作業にも積極的な意味を与えるコミュニケーションを開発したという。

科学のコミュニケーションは「真理／虚偽」という「コード」を使用するが、この「コード」は「真理」と「虚偽」の二値性を持っている。そこには、「虚偽」よりも「真理」の方が好まれるといった非対称性はない。そのため、ある信念が「真理」であることは、それが「虚偽」でないことによって確認できる（Luhmann［1981→2008:151-152=2017:142］）。

このように位置づけると、「真理」と「虚偽」の双方に重要性を認めることができるようになり、他者との意見対立を回避しなくても良くなる。とはいえ、こうした科学の要求は、社交の規範とは衝突する。その結果、社交のコミュニケーションは科学のコミュニケーションを排除するようになり、科学者は社交が苦手な人物だと見なされるようになる[22]（Luhmann［1981→2008:141=2017:133］, Luhmann［1990:242=2009a:221］）。

かくして、科学のコミュニケーションは、その他のコミュニケーションから切り離され、機能システムとしての「分出」（＝自律）への道が開かれる。それが、「階層分化」から「機能分化」への移行の内実だとルーマンは考えたのである。

言うまでもなく、以上のようなルーマンの歴史認識は、科学システムだけが「真理／虚偽」なる二値コードを使用している——社交のコミュニケーションはそうではない——という理論枠組の対応物である。しかし、本書はすでに、「真理／虚偽」というコードの使用が、科学システムとその他のコミュニケーションとを分ける基準にはならないと結論づけたのだった。「真理／虚偽」というコードは、科学システムにおいてのみ使用されるものではないし、反対に、科学システムにおいてこれ以外のコードが使われることもある。だから、科学システムとその他のコミュニケーションとの差異は、もっと微妙なものだと考えるしかない（→第2章）。

だとするならば、科学システムの成立に関するルーマンの歴史認識もまた、その理論枠組と同じ難点を抱えているのではないか？

3-3 「紳士」としての科学者

ルーマンは、「科学システム」（≒真理のゲーム）が自律することで、外部（例えば社交）からの影響を受けなくなると考えた。だから、この考え方は「真理に内発する歴史」の例になっている。ところが、ルーマンの議論に対しては、「真理の外発的な歴史」の立場からの批判が提出されている。

フーコーの真理論を継承するスティーヴン・シェイピンは、一七世紀イングランドのロンドン王立協会における「真理を語ることtruth-telling」を分析しつつ、こう述べている。「科学と礼儀正しい会話についてのルーマンの想定は、一七世紀イギリスの科学（とくに経験的・実験的な形式をとるもの）

についての我々の評価と、最も顕著に食い違っている」（Shapin［1994:121］、傍点は原文ではイタリック体）。ロンドン王立協会は、実験科学の言わば「震源地」として知られている。シェイピンが繰り返し強調するのは、そのメンバーが「紳士gentlemen」でもあったという事実である。「紳士」というのは非公式的な称号であり、その定義も曖昧である。それはもともと地主階級のことを指す言葉だったが、一七世紀後半からは、成功した非地主階級（実業家や専門職業家）も加わるようになった。[23]とはいえ、「紳士」が上流階級を指すことは確かである。当時の科学は一種の道楽であり、有閑階級の余暇として行われる性格が強かった。だから、イングランドでは「紳士」と呼ばれる人々が科学の主な推進者となったのだ。

しかし、ここには大きな問題があった。「紳士」は「嘘をつかないこと」（＝真理を語ること）を名誉としていたが、紳士にとって自分の意見が否定されることは、「嘘をついている」と言われるに等しい効果を持ちかねなかったのである。そのため、意見の否定は、紳士の名誉を著しく毀損してしまい、最悪の場合、名誉を賭けた決闘に発展する可能性さえ想像できた（Shapin［1994:107-114］）。つまり、科学に付きものの意見対立と「紳士」の求める名誉とをどのように調停すべきかが、極めて切実な問題になっていたのだ。

ここまではまさにルーマンの指摘通りだが、シェイピンによると、一七世紀のロンドン王立協会は、（ルーマンの言うように）社交とは異なるコミュニケーションの様式を発達させたのではない、むしろ、社交のコミュニケーションが持つ作法を科学のコミュニケーションへと移植した。すなわち、王立協会は、意見対立を回避する作法を科学の内部に取り入れたのである。その結果、王立協会のコミュニケーションは、次の三つの特徴を備えることになったという（以下、Shapin［1994:122-125］）。

第一に、王立協会では、「礼儀正しい会話civil conversation」が求められた。王立協会のメンバーシップは「紳士」に限定されており、メンバー同士の間には（そしてその範囲に限り）対等な関係があった。だから、その関係を維持するために、お互いを尊重する必要があったのである。[24]

第二に、王立協会では、メンバーの意見を真っ向から「否定」することが忌避された。代わりに、「否定」に見えないような形で、メンバーの主張を評価したり修正したりすることが求められた。[25]

第三に、王立協会では、論理的方法、衒学《げんがく》、難解な言葉のような伝統的な学問のスタイルが拒絶された。伝統的な学問では、論争によってどちらが正しいかを決めることが求められたが、王立協会では、メンバー間の合意が目指されたのである。

例えば、王立協会のメンバーだったイギリスの実験家ロバート・ボイル（一六二七―一六九一）は『懐疑的化学者 *The Sceptical Chymist*』（一六六一）という化学の対話篇を書いている。その序言に見られる次の言葉は、王立協会の規範をそのまま反映しているとは言えないにせよ、そこで何が懸念されていたのかをよく示している。

［…］紳士によって書かれ、話し手も紳士だけである書物では、スコラ的手法よりも、言葉はよりなめらかに、表現はよりていねいにするのがふさわしかったと考えることをお許し願いたいと思う。［…］礼儀正しい人たちを納得させたり怒らせたくないなら、自分も礼儀正しくして、これらの人々を改心させるべきであり、これは彼らの間違いに厳格なためである。そして彼らの間違いを指摘するときには、できるだけ彼らを立腹させないようにいわなければならない。（Boyle [1661:preface=1987:8]、傍点は引用者による）

もちろん、シェイピンの分析は、ルーマンの議論の妥当性を完全に否定するものではない。それどころか、科学と社交の衝突というルーマンの論点自体は、意外なほど核心を突いている。それでもやはり、「科学システムの分出」というルーマンの見立てはいささか強引にすぎるだろう。もしもルーマンの仮説に従うならば、ロンドン王立協会のようなアカデミーは、社交の規範を解除して、相手の意見を否定することが問題視されないような新たなコミュニケーションの空間を作り上げていなければおかしい。ところが、シェイピンによれば、実際に起きたのはそれとは全く逆のことだった。つまり、一七世紀の「科学システム」は、社交の作法を取り入れていたのである。

このことは、まずもって「階層分化」から「機能分化」への移行が、ルーマンの仮説よりも緩やかだったということを意味している。科学と社交はきれいに分化したのではなく、かなり複雑な過程で分化を進めてきたと言える。

だが、それだけではない。科学者のコミュニケーションが社交の作法を取り入れるのは、必ずしも一七世紀のアカデミーだけの特徴とは言い切れないのである。一口に科学者のコミュニケーションと言っても、それが激しい論争になる場合もあれば、比較的穏やかに展開することもありうる。例えば、そこに上下関係があれば、下位のメンバーによる「否定」は難しくなる。だとするならば、科学と社交は完全に対立するものではなく、むしろ、グラデーションになっている。そう考えると、そもそも「機能分化」という形態が、ルーマンが考えるほど厳密なものではない可能性も見えてくる。

ここまでの議論をまとめておこう。ルーマンは、「真理／虚偽」を判別する作業を「科学システム」に固有の特徴と捉え、そうしたコミュニケーションが社会的条件との結びつきを失う「機能分化」に近代の成立を見た。しかし、フーコーとシェイピンの視座に立つならば、「真理／虚偽」を判別する「真理のゲーム」にも、無数のタイプがあると考えた方が良い。つまり、「科学システム」の外部には多様な「真理のゲーム」があるし、「科学システム」と呼ばれる「真理のゲーム」にも様々なタイプがある。そして、「科学システム」を含む「真理のゲーム」はいずれも、外部に広がる社会的諸条件との結びつきに応じて、その形態を常に変化させ続けている——こう考えられるのだ。

4　近代という問題

では、以上のようなフーコーの真理論から、近代という時代はどう見えるのだろうか？ルーマンの「機能分化」とは異なり、「真理のゲーム」の多元性を認めるならば、単に多種多様な「真理のゲーム」の集積があるとしか言えないように思われるかもしれない。そうだとすれば、我々が「科学」と呼ぶゲーム群も、数ある「真理のゲーム」の一種にすぎないということになり、「科学」は特権的な地位から「降格」させられてしまうだろう。つまり、フーコーの議論を延長していくと、「科学」を否定することにつながるのではないかという疑念が浮かんでくる。

けれども、こうした解釈は、ことの半面しか見ていない。というのも、フーコーはむしろ、近代社会において「科学」というゲーム群が大きな影響力を持っているという事実に強い関心を向けていたからだ。「真理のゲーム」が多元的であるにもかかわらず、「科学」と呼ばれるゲーム群が社会を覆っているのはなぜなのか——コレージュ・ド・フランスでの一九七三〜七四年の講義『精神医学の権力 *Le pouvoir psychiatrique*』において、フーコーはまさにそうした関心を表明している。続く解説を参考にしながら一読してみて欲しい。

> 私がやろうと考えていること、私が過去数年にわたってやろうとしてきたこと、それは、真理の歴史を、もう一つの系列から出発して研究することです。すなわち、私は、今や確かに押しのけられ、覆い尽くされ、遠ざけられてしまっているテクノロジー、つまり、出来事としての真理、儀礼としての真理、権力関係としての真理にかかわるテクノロジーに特権を与えて、それを発見としての真理、方法としての真理、認識関係としての真理、したがって主体と対象との関係を前提しその内部に位置づけられるような真理に対置したいと考えているのです。
>
> 空としての真理に対し、雷としての真理の方を価値づけようとすること。まず、これは、そのテクノロジーがほとんど科学的実践と同一視されている論証としての真理が［…］実は、儀礼としての真理、出来事としての真理、戦略としての真理から派生したものであるということを示そうとすることです。［…］
>
> そして次に、もう一つのことを示さなければなりません。つまり、我々の歴史および我々の文明のなかで、認識としての真理が、ルネサンス以来ますます急速なやり方で、今日において知られ確認されているような拡がりを獲得することになったのは、いったいどのようにしてなのかを示さなければならないということです。（Foucault［2003:238=2006:295-296］、傍点は引用者による）

フーコーの考えでは、「真理のゲーム」はその真理観に応じて、大きく二つのタイプに分けられる。それは、「認識としての真理」の系列と「出来事としての真理」の系列である。ここでは、この対比が様々な形で言い換えられている。一方には「認識としての真理」「発見としての真理」「方法としての真理」「認識関係としての真理」「空としての真理」「論証としての真理」といったものがあり、他方には「出来事としての真理」「儀礼としての真理」「権力関係としての真理」「雷としての真理」「戦略としての真理」といったものがある。

「認識としての真理」は、近代人にとっても馴染み深いものだ。それは、科学的実践に見られるような論証手続きを通じて明らかにされる普遍的な「真理」のことである。世界のいたるところには「真理」(≒事実)があり、適切な道具・方法・論証手続き・概念を使えば、それを「認識」することができるというのがこの考え方だ。実験や観察によって自然に関する「真理」を発見することができると考える「科学」は、まさにこの真理観に立っている(Foucault [2003:235-236=2006:291-293])。

それに対し、「出来事としての真理」は、中世以前に広く存在していた古い真理観である。それは、祈祷師の「お告げ」に見られるように、儀式の中で一瞬の「出来事」として生み出される(言わば反復不可能な)「真理」のことだ(Foucault [2003:236-237=2006:293-294])。フーコーがその代表例と考えているのが、神明裁判である。

神明裁判とは、神の意志によって訴訟に決着をつけるタイプの裁判だが、そこでは原告と被告に様々な「試練」が与えられる。例えば、熱湯や鉄火(赤く焼けた鉄)に触れるとか、縄で縛られて水に沈められるといった「試練」がその典型である。このとき、火傷をしなかったり、水に浮かんで来なかったりすると、神に支持されていると見なされ、訴訟に勝利し、「真理」の側に立つ。同じように、神託・預言・占い・錬金術といったその他の「真理のゲーム」もそれぞれ固有の儀式を備えており、力のせめぎ合いの結果として「真理」を生み出す(Foucault [1974→1994:574-577=2000:136-139→2006:

70-75]）。

重要なのは、これらの儀式がいずれも「真理」とは無縁に見えることだ。神明裁判では、あくまでも勝者と敗者が決定される「出来事」こそが問題であり、勝者にはその結果として「真理」が割り当てられるにすぎない。近代人からすれば、それはほとんど「真理」には見えないだろう。ところが、フーコーはあえて「認識としての真理」が「出来事としての真理」の派生形態であると考えることで、我々が合理的だと考える「科学」と神明裁判のようなタイプの「真理のゲーム」との間に本質的な違いはないのだと主張してみせたのである。

しかし、そのように言うだけなら、単なる相対主義と何も変わらない。フーコーの特徴は、そこからさらに、「認識としての真理」が広がったのはいかにしてかと問いかけた点にある。すなわち、「認識としての真理」が社会を覆い尽くし、自らを普遍的な真理観だと認めさせるに至った過程を問題にしたのである。

フーコー自身は、中世以来の西洋社会が「出来事としての真理」の衰退と「認識としての真理」の拡大・増殖という知の大変容を経験したのだと考え、かなり仮説的にではあるが、そうした変化の契機となった歴史的出来事を素描している（Foucault[1975b→1994:695-697=2000:287-289→2006:180-183]）。このような観点からすれば、「科学」という「真理のゲーム」群の広がりは、「認識としての真理」が社会を覆い尽くしたことの最大の帰結だと考えることができる。

以上で見てきたフーコーの洞察は、「科学」が説得力を持つこと自体を歴史的事象として説明してしまおうとする点で、近代人にとって示唆に富んでいる。だが、フーコーの議論には、まだ不十分なところがある。

たしかに、フーコーの立論は「認識としての真理」による占領支配の過程を描くことで、「科学」の広がりを説明できる。しかし、「出来事としての真理」と「認識としての真理」の対比は、ほとんど中世と近代の違いに対応しており、実は「科学」それ自体についてはほとんど説明されていない。つまり、フーコーの議論は、前近代の知と近代の知の違いを分析するばかりで、近代的な知の内部で「科学」が殊更に重要視される理由は説明しないのである。この点を考えて初めて、科学とその外部との関係を明らかにすることができる。

近代社会において「科学」はやはり特別な地位を得ている。「科学的知識」は、最も合理的・客観的なものだと考えられており、その他のタイプの知識は一段低いものだと見なされやすい。だとするならば、近代的な知である「認識としての真理」の中で「科学」が特権的な地位を獲得しているのはどのようにしてなのかこそが問われるべきだろう。そのためには、フーコーが行ったのと同じような作業を、「近代」という時代に限って、遂行していく必要がある。

本書の後半では、こうした問題意識から、いよいよ「科学的証拠」の歴史を描いていくことになる。ただし、その作業に移る前に、いま一度、ここまでの作業を振り返っておこう。

中間考察　真理の科学化

本書の大きな目標は、私たちの生きる時代において「証拠」とは何かを考えることだった。そのための入り口として、「科学的証拠」について考えることにした。とはいえ、「科学的証拠」について、何をどのように考えていけば良いのか？

第I部では、科学そのものについての理論的考察を行いながら、研究の方針を練り上げてきた。そこで浮かび上がってきたのは、次のようなことである。

科学者は「科学的証拠」を使って「電子」や「遺伝子」といった対象の存在を証明することができる。もちろん、「科学的証拠」に基づいた判断が、後から間違いだとわかることはある。しかし、それでも「科学的証拠」による判断は疑いがたい。では、私たちが「科学的証拠」を疑いがたいと感じるようになったのは、どのようにしてなのか？

結論から言えば、筆者は科学のコミュニケーションが「真理」のイメージそれ自体を変化させ、それにより、自らの特権的な地位を確立してきたのではないかと考えている。しかし、その議論に移る前に、まずは第I部で行った理論的考察を改めて振り返っていこう。その上で、第II部のための道筋を示してみたい。

1 「機能分化」の問題点

第Ⅰ部で最初に検討したのは、科学論の社会構成主義である。科学的実在論と反実在論の対立において、社会構成主義はしばしば「反実在論」だと見なされている。ところが、その論理を追いかけてみると、実在論とも反実在論とも異なる「反－反実在論」の立場が浮かび上がってきた。科学という営みからは、たしかに「実在」についての知識を得ることはできないかもしれない。しかし、もしそうだとしても、「実在」を疑えない（あるいは疑わない）瞬間はある。だから、「疑いがたさ」の構築過程こそが問われるべきだ。社会構成主義は、そのように主張するものだった。

だが、こうした社会構成主義の議論は、実験室や歴史上の出来事のような具体的な場面の分析を積み重ねる反面、「科学は全体としてどう動いているのか」とか「科学と社会の関係はいかなるものか」といった問題を積み残してしまうきらいがあった。

このことに自覚的な論者が、ルーマンである。ルーマンは、近代社会を「機能分化」によって特徴づけることで、科学と社会の関係をめぐる大きな見取り図を示した。それはまた、科学と非科学の「線引き問題」と呼ばれる科学哲学の難問をうまくすり抜けている。

しかし、さらに検討を重ねると、ルーマンの議論は「科学／非科学」の線引きを解決する代わりに、「科学システム／その他のシステム」というもう一つの「線引き問題」を抱え込んでいることが明らかになった。しかも、ルーマンはその解決に失敗しており、そのことが議論の大前提に当たる「機能分化」仮説の妥当性にも疑問符を突きつけていた。

「機能分化」仮説の最大の弱点は、「科学システム」をあまりに厳密に区画づけてしまうことである。その点、フーコーの「真理のゲーム」は遥かに柔軟である。「科学システム」は「真理／虚偽」を判別する手続きとして定義されるが、そうした営みは「科学システム」の外部にもあるし、「科学システム」の内部でも、その形態は多様である。フーコーはそうした「真理のゲーム」の多元性を強調することで、「機能分化」ではなく、「真理のゲーム」の集積を見出すことになった。

けれども、単に多種多様な「真理のゲーム」があると言うだけでは、素朴な相対主義と変わらない。フーコーがそれと違うのは、「真理のゲーム」が多元的であるにもかかわらず、「科学」という「真理のゲーム」群が広がったという事実を問題にするからである。言い換えれば、フーコーは近代的な知の中で「科学」が特権的な地位にあるのはいかにしてかと問うている。

さて、ここまでが第I部の内容だが、フーコーの議論を踏まえると、「機能分化」仮説について、さらに別の見方ができる。すなわち、ルーマンの言う「科学システム」の分出（＝機能分化）は、「科学システム」の特権化という観点から捉え直すことができるのだ。

どういうことか、少し詳しく説明しておこう。

2　真理の科学化

ルーマンは、「科学システム」だけが二値化された「真理」を扱っており、その他のコミュニケーションはそれと似て非なる「本当／嘘」の判定を行っていると考えた。これが「機能分化」の中身である。

　すでに述べたように、この議論は問題を抱えている。しかし、その点は脇に置いて、この議論を逆向きに見てみると、ルーマンは「科学システム」の扱う二値コードとしての「真理」だけを、本当の意味での「真理」だと見なしていたとも言える。つまり、ルーマンは「科学システム」を「真理」によって特徴づけたのではなく、逆に、「真理」の中心的なイメージを「科学システム」によって特徴づけたのだと考えられるのだ。[1] どういうことか？

　「真理」のイメージが「科学」によって独占されることを「真理の科学化」と呼ぼう。すると、ルーマンの提示した「機能分化」という見方は、「真理の科学化」を論理的に前提していると言える。

　歴史的に見れば、「真理」と呼ばれるものには様々なタイプがある。神が司る「宗教的真理」もあれば、裁判において明らかにされる「真実」もある。また、神明裁判のように、両者が結びついた場所で生み出される「真理」もある。こうした「真理」には、それぞれ固有の象徴的なイメージがついてくる。例えば、「宗教的真理」はしばしば「光」として経験される。

　科学の扱う「真理」も、こうした「非科学的真理」と無縁ではない。初期近代（一五〜一八世紀）の科学が錬金術と深く結びついていたことはよく知られているが、本書の後半で見ていくように、それはまた裁判の手続きとも深い関係を持っていた。

　これに対し、今日の科学における「真理」は、宗教や法廷での「真理」とは異なる特徴を持っている。それは、「真理」の更新性だ。科学は理論や方法を使うことで、「真理」を明らかにすることを目指すものだが、理論や方法が更新されると「真理」の中身も書き換えられてしまう。「エーテル」に代表されるように、かつては「真理」とされていた仮説が、後から「虚偽」とされることも珍しくない。カール・ポパーの提起した「反証可能性」の概念も、こうした感覚の科学哲学上の表現と見ることができる（Popper［1934=1959=1971: 第1章6節］）。

だが、さらに重要なのは、「科学的真理こそが真理である」という見方が支配的になっていることだ。もちろん、現在でも「非科学的真理」が重視されることはあるが、社会全体は世俗化しており、「科学的真理」の方が「非科学的真理」よりも優先される。だから、理論や方法を持たず、認識が更新される可能性を持たない「非科学的真理」は、ますます「真理」に見えなくなっている。本書が「真理の科学化」と呼ぶのは、そういう事態である。

さて、ルーマンの言う「科学システム」は、「真理／虚偽」の判定を繰り返すので、まさに「真理」の更新性の言い換えになっている。その意味で、ルーマンの言う「真理」は、「非科学的真理」を除いた形で定義されている。

この点で、フーコーの議論はルーマンのそれとは対照的である。フーコーの真理論は、近代社会を「真理の科学化」の過程として読み解くものだった。それは「認識としての真理」（＝科学的真理）が「試練としての真理」（＝非科学的真理）を駆逐する過程を分析しようとした。この視点からすると、ルーマンの議論こそ、まさにそうした近代化の帰結に他ならないと言える。近代社会が「機能分化」しているように見える（そのようにしか見えない）のは、「真理の科学化」の内部にいることの証左だからだ。

同じことは、二〇世紀を通じて大きな問題となってきた実証主義と相対主義の対立や、そのバリエーションである科学的実在論と反実在論の対立にも当てはまる。「科学的知識こそが真理である」という常識を前提するからこそ、「科学的知識」が「実在＝真理」をめぐる対立の最前線になる。その意味で、ルーマンの「機能分化」仮説と同じく、これらの対立もまた「真理の科学化」の帰結なのである。

ただし、「真理の科学化」は全面的かつ不可逆的な変化ではない。むしろ、それは同時に「真理の非科学化」という正反対の動きを伴っている。一九世紀には反科学主義（例えば、オカルティズム）が出現し、二〇世紀後半にはそうした思想が大きな影響力を持つに至った。そこでは、「科学的真理」とは異なる「非科学的真理」が求められてきたのだ。

とはいえ、「真理の非科学化」の動きは、あくまでも「真理の科学化」を前提している。「真理の科学化」によって「科学／非科学」という区別が持ち込まれるからこそ、「真理の非科学化」もまた可能になる。

そう考えると、近代（ひいては現代）とはいかなる時代かという問いに答えるには、「真理の科学化」の展開を歴史的に跡づける必要があるはずだ。

3　科学と法廷の系譜学

第II部では、この問題を「科学的証拠」と「法的証拠」の関係史として論じてみたい。つまり、「科学的証拠」がどのようにして特権的な地位を獲得したのかを、「法的証拠」との関係という観点から考えていきたいと考えている。そこで改めて参照するのが、フーコーの議論である。

すでに述べたように、フーコーは「真理と裁判形態」という講義において、私たちが「科学」と呼んでいる「真理のゲーム」群が、「法廷」という「真理のゲーム」群から、その手続きを取り入れてきた歴史があることを明らかにした（Foucault［1974→1994=2000→2006］）。実は、「科学」と「法廷」の系譜学的つながりは、後で見るように、スティーブン・シェイピンに代表される近年の科学史でも取り上げられてきた。

「科学」も「法廷」もともに「真理のゲーム」からなるが、その中身は異なっている。「科学」と呼ばれるのは、「科学的証拠」を使った「真理のゲーム」群である。これに対し、「法廷」とは「法的証拠」を使った「真理のゲーム」群になっている。重要なのは、この二つが全く独立に展開してきたわけではないことである。では、両者はどのような関係にあるのか？

本書の見立てはこうである。（1）一七世紀の段階では、「科学的証拠」は必ずしも特権的な地位を獲得しておらず、むしろ、「法的証拠」を模倣していた。その意味で、「科学的証拠」と「法的証拠」の間には連続性があった。ところが、（2）一九世紀には、「科学的証拠」が洗練されていき、「法的証拠」との差異が強調されるようになる。その結果、（3）「科学的証拠」と「法的証拠」の関係が逆転し、「法的証拠」が「科学的証拠」に従属する立場に変わってくる。つまり、「科学」は「法廷」との結びつきと切り離しを通じて、自らを特別な「真理のゲーム」として構成してきたのだと仮説的に考えることができる。

この点を明らかにするために、以下では、「真理のゲーム」を新たに「証言のゲーム」と「命題のゲーム」の二つに分けてみたい。その上で、「証言のゲーム」と「命題のゲーム」の配分という観点から、「科学的証拠」の系譜を辿り直していく。その作業は、一七世紀前後に登場した「近代科学」の歴史を、言わば「裏側」から照らし出すものになるだろう。

それでは、ここから実際に、「科学的証拠」と「法的証拠」の歴史を紐解いていこう。

第Ⅱ部　歴史篇

第4章　証言と命題のあいだ

第I部（第1章〜第3章）では、科学論の社会構成主義から出発し、ニクラス・ルーマンやミシェル・フーコーの議論を経由しながら、「科学的証拠」の性質を理論的に考察してきた。第II部（第4章〜第6章）では、一九八〇年代以降の新たな科学史の流れを出発点としつつ、「科学」という「真理のゲーム」群の規則や、社会における位置づけを分析していく。そこで問いたいのは、「科学」がいかにして特権的な地位を獲得したのかである。

その糸口となるのが、科学と法廷の関わりである。科学と法廷はどちらも「証拠」という考え方を使っている。しかし、「法的証拠」と「科学的証拠」が同じものかと言えば、決してそんなことはない。仮に「法的証拠」と「科学的証拠」が全く同じなら、弁護士や検察官は自力で「科学鑑定」を行わなければならないだろうし、逆に、科学者は「真実を述べる」という「宣誓」を実験報告に記載する必要があるだろう。けれども、現実にはそんなことは起こらない。少なくとも現時点では、「法的証拠」と「科学的証拠」は全くの別物と言った方が良い。

ところが、歴史を紐解くと、科学と法廷とがいまよりも遥かに近いものだったことに気づかされる。

一七世紀ヨーロッパのアカデミーは、しばしば近代科学の起源とされてきたが、当時の実験科学の作法は、必ずしも現在と同じではなかった。そこでは、科学と法廷の間に強い結びつきが見られたのである。それでは、かつての「法的証拠」と「科学的証拠」の関係はいかなるものだったのか？　それは、今日に至るまでの間に、どう変化してきたのだろうか？

本章では、科学と法廷の関係に着目することで、「真理のゲーム」の隠れた系譜を掘り起こしていく。具体的には、近代科学の端緒に当たる一七世紀のアカデミーをめぐる科学史の研究群を整理しながら、当時の実験報告が「裁判のレトリック」とも呼びうる法的言語を用いていたこと、すなわち、科学と法廷の間に連続性があったことを確認する。それは、一七世紀と現在の間に横たわる変化を明らかにする重要な手がかりになる。

なお、この章では、「証言のゲーム」と「命題のゲーム」という対概念を導入することで、「科学」という「真理のゲーム」群をめぐる変化を描くための方針を提示することになる。それは、第5章・第6章の前提にもなるので、よく理解してから先に進んでもらえるとありがたい。

1　近代科学の二つの顔

一六〜一七世紀のヨーロッパにおいては、「古代科学」や「中世科学」と異なる「近代科学」という新たな知が形成されたことが知られている。「科学革命」と呼ばれるこの変化を通じて、自然にまつわる中世の理論の多くが新しい理論へと置き換わったのである。もちろん、「近代科学」の源流は「中世科学」にあるので、自然科学の持つ歴史的な連続性を見逃すことはできないし、この変化を

「革命」と呼ぶべきではないとの議論もある。しかし、それでも両者の間に大きな非連続性が存在していることは否定できない（伊東［1978→2007:350-354］）。

　こうした見方は、科学史家だけのものではない。実は、当時の学者自身が自らを変革者だと捉えていた（Shapin［1996=1998:14-15］）。例えば、一七世紀イギリスを代表する哲学者フランシス・ベーコン（一五六一―一六二六）の『ノヴム・オルガヌム *Novum Organum*』（一六二〇）によると、学問の進歩を阻んできたのは、古代への尊崇、偉大とされている人々の権威、そして意見の一致である。とくに「古代」はしばしば年長者と見なされ、成熟した判断を期待されてきた。けれども、世界の成立から数えれば、実は現在（＝一七世紀）の方が年長者であり、実験や観察を積み重ねている。その意味で、現在の方が進んでいると言える（Bacon［1620→1878→1889=1978：84節］）。

　実際、一六～一七世紀のヨーロッパは制度的にも大きな変化を経験していた。「科学の制度化」と言われるように、各国で大学の外部に「アカデミー」と呼ばれる学術団体が組織され、そこが科学の中心となった。[1]これに伴い、科学は集団的な営みとなり、実験の計画・実施・報告が盛んに行われるようになる。かくして、実験科学というジャンルが初めて全面的に開花したのである。

　こうした事情から、一九八〇年代以降の科学史・科学社会学の歴史研究では、一七世紀における実験科学の成立を、認識論的概念と科学的実践の再編という観点から検討する研究群が現れてきた。例えば、スティーヴン・シェイピンやサイモン・シャッファーの属する「科学知識の社会学」、ロレイン・ダストンを中心とする「歴史的認識論」、イアン・ハッキングの「歴史的存在論」はいずれも、一七世紀前後の科学に特別な関心を向けてきた。それらは、「経験」「知識」「蓋然性」「事実」といった概念とそれに関わる実践が、この時期に大きく変貌したことを明らかにしている。

中でも、最もよく知られるのは、シェイピンとシャッファーの『リヴァイアサンと空気ポンプ *Leviathan and the Air-Pump*』（一九八五）だろう。二人は、一七世紀イギリスのロンドン王立協会において ロバート・ボイルが行った空気ポンプの実験を分析し、実験という論証戦略がどのように生み出されたのかを明らかにした。

ボイルの時代には、古代ギリシャ・ローマの著者による古典的な文献の記述が信頼されており、同時代人の手による実験結果は、古典の記述ほどには説得力を持たなかった。そのため、実験者の個人的経験を記したにすぎない実験報告を、学術共同体が共有する公共的知識へと変換するにはどうしたら良いのかが切実な問題になった（Shapin［1996＝1998:137-140］）。そこで王立協会は、「事実」という概念を導入し、「実験」をめぐる新たな論証戦略を生み出した。すなわち、公開実験を行ったり、実験手続きを公開したりしたのである（Shapin and Schaffer［1985→2011＝2016: 第2章］）。

こうしたシェイピンとシャッファーの議論は、いまでは科学論の古典となっている。だが、その広範な影響力にもかかわらず、二人の歴史叙述の含意は必ずしも明らかになっていないように見える。というのも、二人の議論には、次のような正反対の解釈が成り立つからだ。

一方では、一七世紀の王立協会における実験を「普遍主義 universalism」の源流だと見ることができる。科学社会学者ロバート・K・マートンは科学者のエートス（＝行為態度）の一つとして「普遍主義」を挙げた。「普遍主義」とは、主張の妥当性を、それを主張した人物の人種・国籍・宗教・階級・個人的素質といった個人的・社会的属性によらずに評価する態度のことだ（Merton［1949→1957: 553-556＝1961:506］）。王立協会の実験報告は再現実験を促すように書かれており、誰にでも再現できる点に事実性の根拠を置いていた。このことに注目すれば、それは、現在まで続く実験の「再現性」を初めて系統的に実現したものだと言えるため、「普遍主義」の起源と見なすことができる。[2]

しかし他方で、王立協会における実験を、科学が隠し持つ「権威主義authoritarianism」の源流だと見なすこともできる。「権威主義」とは、主張の妥当性を、それを主張した人物の個人的・社会的属性によって判断する態度のことだ。その見かけとは裏腹に、科学が「権威主義」に覆われていることもしばしば指摘されてきた。[3] 科学ジャーナリストのウィリアム・ブロードとニコラス・ウェイドは、研究不正を分析する中で、科学にはエリート学者が厳しいチェックを受けずに済む「エリート主義」の傾向があることを指摘している（Broad and Wade［1982=1988→2006→2014: 第5章］）。王立協会の公開実験の場合には、社会的地位の高い人物（＝権威ある紳士）を実験に立ち会わせることによって、その信頼性を担保していた。この点に注目すれば、実験科学はその黎明期から「権威主義」を抱えていたとも言える。[4]

王立協会の実験をどう見るかは、一七世紀以来の科学の展開をどう捉えるかという問題へとつながっている。では、その実験は「普遍主義」の事例なのか、それとも「権威主義」の事例なのか？本書はむしろ、こう考えている。王立協会の両義性は、「普遍主義」と「権威主義」の二項対立それ自体の限界を指し示していると。以下では、このような視点からシェイピンとシャッファー周辺の議論を再整理し、「普遍主義」と「権威主義」に代わる新たな見方を提案してみたい。

2　一七世紀の地平線

2-1　「確実性」と「蓋然性」の揺らぎ

まずは一七世紀の科学が置かれた状況から確認しておこう。

科学史家イアン・ハッキングや歴史家バーバラ・シャピロによると、中世ヨーロッパには、「確実性 certainty」（≒真理）と「蓋然性 probability」（＝本当らしさ）とは相容れない概念だとする考え方があった。そこでは、絶対確実な信念である「真知（知識）scientia」と、あくまでも蓋然的なものにすぎない「臆見（意見）opinio」とが、厳格に峻別されたのである（Hacking［1975a→2006=2013: 第3章］, Shapiro［1983:ch.1］）。

probabilityと言えば、現在では定量的な「確率」のことを指すが、「本当らしさ」を評価する道具は数値だけではない。「おそらく」「たぶん」「ひょっとすると」といった言葉で、私たちは「本当らしさ」を非定量的に評価している。哲学者・数学者のジェームズ・フランクリンによると、古代から中世にかけて、証拠法・弁論術・科学・哲学・宗教・保険などの様々な領域で、非定量的な「蓋然性」の理論が予想以上に発達していたという（Franklin［2001→2015=2018: 序］）。

そうした広い意味での「蓋然性」の評価基準の一つが「権威」である。絶対確実な信念としての「真知」が三段論法のような演繹的な論証によって導出されるのに対し、「臆見」は「権威」によって評価される。だから、「権威」ある人物の著した書物やそうした人物の証言に基づく「臆見」であれば、「真知」のような「確実性」はないにせよ、高い「蓋然性」が認められる。ただし、ハッキングによれば、その根拠は現在とは異なるものだった。現在では、何らかの事物がまずあって、それを人間が観察・報告したものが「証言」や「書物」を介して伝わると考えられている。そこでは、事物が一次的であり、それについて述べる「証言」や「書物」は二次的である。だから、事物こそが証拠の源泉となる。ところが、中世から初期近代のヨーロッパでは、「証言」や「書物」を生み出した人物こそが証拠の源泉だったというのである（Hacking［1975a→2006=2013: 第4章］）。

例えば、中世の神学者トマス・アクィナス（一二二五頃—一二七四）が著した『神学大全 *Summa Theologiae*』（一二六六—一二七三）の第一部第一問題第八項では、論証の手続きが、「理性」によるものと「権威」によるものとに分けられている。アクィナスによると、キリスト教では「理性」と「権威」の両方が用いられ、とくにその基本命題の立証には「権威」が使われている。もちろん、「権威」による論証は理性と比べると根拠薄弱だが、聖書は神の啓示に由来する「権威」に基づいているため、堅固な力を持つという（Aquinas［1266-1273→1888-1906=1960:22-26］）。

一方、自然哲学・自然誌（博物学）では、アリストテレス（前三八四—前三二二）やプリニウス（二三—七九）といった古代の偉人による著作やその要約が「権威」を持っていた。また、解剖学の場合、ガレノス（一二九頃—二一六頃）の著作の要約が教科書として使われていた。[5] ガレノスは人体解剖を行わず、もっぱら動物の解剖に基づいていたが、その記述が千年以上にわたって修正されないまま継承されたのである。そのため、ガレノスの記述と自分の観察が一致しなければ、自分の観察の方が疑われるほどであり、これを修正しようとすれば、特別な弁明が必要になった（Debus［1978=1986: 94-107］, 廣野［2002:39-40］, Kusukawa［2012:221-227］）。

例えば、近代解剖学を築いたアンドレアス・ヴェサリウス（一五一四—一五六四）は、ガレノスの解剖学的記述を人体解剖に基づいて批判したが、その著書『ファブリカ *De humani corporis fabrica libri septem*』（一五四三）の「献辞」では、ガレノスの解剖学書の間違いを指摘する医者が一人もいないことを揶揄しつつ、ガレノスの擁護者からの自身に対する攻撃を憂慮している（Vesalius［1543=2007:vi-vii］）。一方、イギリスの解剖学者ウィリアム・ハーヴィー（一五七八―一六五七）もまた、静脈血と動脈血をほぼ独立したものだと捉えるガレノス説を否定し、今日でも知られる血液循環説を唱えたが、その著書『心臓の動きと血液の流れ *Exercitatio anatomica de motu cordis et sanguinis in animalibus*』（一六二八）の「献辞」では、自らの観察が波紋を呼ぶ可能性を強く意識している（Harvey［1628→1928=2005:19-23］）。

このように、一七世紀までの科学は、「権威」に基づく論証に大きな価値を置いており、近代科学が成立するには、こうした思考形態からの脱却が不可欠だった（Franklin［2001→2015=2018:251］）。そうした状況の中で生じたのが、「確実性」と「蓋然性」の再定義である。

一七世紀の大陸ヨーロッパでは、「確実性」と「蓋然性」の二元論が維持されつつ、観察や実験に基づく経験科学にまで「確実性」を要求するデカルト主義が生じた。これに対し、同時期のイギリスでは、この二元論が揺らぎ始める。そこでは、「確実性」と「蓋然性」との間に様々なレベルが設けられ、両者の区別が曖昧になったのである（Shapiro［1983:ch.2］）。

例えば、イギリスの哲学者ジョン・ロック（一六三二―一七〇四）の『人間知性論 *An Essay Concerning Human Understanding*』（一六九〇）の第四巻では、「真知 knowledge」と「臆見 opinion」が峻別されているが、その距離は限りなく近づいている。ロックによれば、人間による観察はあくまで「臆見」にすぎず、「蓋然性」の範疇に属する。だが、全ての人の観察が一致する場合、「臆見」（＝蓋然性）と「真知」（＝絶対確実性）とは紙一重になる。このとき、人々は「蓋然性」と「絶対確実な真知」とをほとんど区別しないため、「信念」は「確信」にまで高まるという（Locke［1690→1961→1964=1977: 第2章

14節・第16章6節］）。

ニクラス・ルーマンは「一七世紀以降に確証（certitudo）、信頼性、確実性といった真理にかかわる用語が発達してくる」（Luhmann［1990:204=2009a:186］）と述べているが、「確実性」と「蓋然性」の見直しが重要な問題として浮上したのが一七世紀だったのである。

シェイピンとシャッファーが分析した一七世紀イギリスのロンドン王立協会の事例は、まさにこうした転換点に位置していた。中世（とくに一一世紀以降）の知の中心は大学だったが、一七世紀には大学外の学術団体である「アカデミー」が次々に成立した。イタリアでは山猫アカデミア（一六〇三）・実験アカデミア（一六五七）が、イギリスではロンドン王立協会（一六六二）、フランスではパリ王立科学アカデミー（一六六六）が設立され、それらが実験科学の中心となった（Ben-David［1971=1974: 第4章・第5章］, 古川［1989→2000→2018:76-87］）。

もちろん、古代や中世にも実験はあったが、一七世紀のアカデミーで行われた実験は、それらと大きく異なる。科学史家トーマス・クーンによると、古代や中世の実験は、すでにわかっていることを確認するか、もしくは理論を拡張するためのものだった。しかも、文献中の多くの実験が「思考実験」であり、実際に行われたかどうかが判別できないものもある。これに対し、一七世紀のアカデミーの実験は、これまで観察されてこなかったか、もしくは存在すらしなかった条件下で、自然がどう振舞うかを観察しようとする点で新しかった（Kuhn［1976→1977=1987→1998:59-61］）。

しかし、そうであるとすれば、アカデミーの実験は「真知」と「臆見」という区別の内部において、必ずしも説得性を持たない。なぜなら、それは論理学や幾何学のような「論証」でもないし、既存の文献に書かれていない以上、古典の「権威」も欠いているからだ。したがって、一七世紀の実験家たちは、自らの実験結果を受け入れさせるための特別な論証戦略を必要とした。

こうした時代状況を象徴するのが、ロンドン王立協会である。そこでは、しばしば「事実（問題）matters of fact」なる表現が使われていた。ボイルに代表される王立協会のメンバーは、蓋然性の高い「臆見」と蓋然性の低い「臆見」とを峻別し、前者を「事実」と呼ぶことで、個人的経験にすぎない実験結果を公共的知識に変換しようとした（Shapin and Schaffer［1985→2011:22-24=2016:51-53］）。「実験は事実である」という認識は、いまでこそ当たり前になっているが、当時はまだ「事実」という発想それ自体を導入しなければならなかったのである。

それでは、実験結果の「事実性」は、どのようにして保証されていたのだろうか？その最も洗練された戦略を、ボイルの実験に見ることができる。ボイルは王立協会が設立される一六六二年よりも前から実験を重ねていたが、その手続きは王立協会の実験の一つのモデルとして機能していた。以下では、シェイピンとシャッファーの『リヴァイアサンと空気ポンプ』の説明に即して、この点を確認しておこう。

2-2　「事実」を作り上げる

ボイルの『空気のバネとその効果に関する自然学・機械学的な新実験 *New Experiments Physico-Mechanical, touching the Spring of the Air, and Its Effects*』（一六六〇）には、四三種の実験が記録されている。その中でボイルは、イタリアの物理学者・天文学者ガリレオ・ガリレイ（一五六四―一六四二）の弟子エヴァンジェリスタ・トリチェリ（一六〇八―一六四七）の真空実験を発展させている。

トリチェリは、一メートルほどあるガラス管を水銀で満たし、それを水銀の入った容器の上に倒立させた。すると、ガラス管の中の水銀は下降していくが、七六センチの高さまで来ると下降が止まり、その上に何もない空間（＝真空）が生じた。この実験によって、トリチェリは真空の存在を示したが、同時に、水銀がなぜ全て降りていかないのかという謎が残った（Shapin and Schaffer［1985→2011:40-41＝2016:66-67］, 中島［1996→2018:63-64］）。

ボイルはこれを受けて、同じ実験をガラス製の大きな球体の容器の中で行った。つまり、実験装置全体をガラス球の中に置き、空気ポンプを使ってその容器から空気を抜いた上で、水銀の下降と空気の関係を分析したのである。その結果、ボイルは、ガラス球の空気の減少に合わせて、ガラス管の中の水銀が下がることを発見し、水銀が大気圧によって押し上げられたことを示すことができた（Boyle［1660:106-129］, Shapin and Schaffer［1985→2011:40-41＝2016:66-67］, 中島［1996→2018:63-64］）。

シェイピンとシャッファーが注目するのは、ボイルおよび王立協会の実験が「目撃者 witness」や「証言 testimony」を重視していたことである。例えば、ボイルの助手として空気ポンプを製作したロバート・フック（一六三五―一七〇三）は、王立協会での実験手順を次のように整理している。

第一に、実験の責任者が、目下の実験の目的と計画を提出する。

第二に、ゆっくりと慎重かつ正確に、実験または実験群を執り行う。

第三に、入念かつ正確かつ綿密に、自分の理論に必要となる実験中の出来事や効果に注意を払い、それらを見物人の集まり（assembly of spectators）に示す。

第四に、実験終了後、先の実験での疑わしいか、または難しい出来事や効果について話し、議論し、答弁し、さらに説明する。加えて、その問題を解消したり、それに答えたりするために追加実験を必要とする新たな困難や疑問を提出する。そしてさらに、今回の実験ではっきりと論証され、証明された原理や命題を示す。

第五に、実験の提案・計画・実験・成功・失敗の全過程、反対意見と反対者、説明と説明者、新たな実験または追加の実験の提案とその提案者、理論と原理およびその著者、言い換えれば、王立協会の催しにおいて重要あるいは付随的な全ての事物や人物についての経緯を記録する。それは冊子に記入され、王立協会の会合の冒頭に読み上げることができるよう用意され、準備されていなければならない。会合の翌日には記録を読み返し、議論を重ね、必要に応じて内容を追加したり、削除したりする。そして、これまで出席してきた人々と、記録に書かれた全ての出来事の目撃者（witnesses）とが記録に署名する。それらの人々は後世に対し、全ての経緯の疑う余地のない証人（testimony）となる。（Hooke［1726:27-28］, 傍点は引用者による）

このように、王立協会では、複数の人間に実験を「目撃」させ、「証人」になってもらうことで、実験結果を、蓋然性の低い「臆見」ではなく、より蓋然性の高い「事実」として提示したのである。同じことはボイル個人の著作『空気のバネとその効果に関する物理学・機械学の新実験』にも当てはまる。例えば、そこには次のような記述がある。

この実験は数日後、きわめて卓越した著名なる数学教授であるウォリス博士、ウォード博士、そしてレン氏の立ち会いのもとで再び行われた。これらの方々は喜んで実験に立ち会ってくださった。私がこの方々の名前をあげるのは、彼らに実験を知ってもらったことを正当にも名誉と考えているためであるし、またそのような判断力をそなえた名高い目撃者を私たちの実験にむかえることができたのを喜ぶためでもある。(Boyle［1660:111］, 訳出に当たってはShapin and Schaffer［1985→2011:58=2016:81］の訳文を踏襲し、不足箇所を補った)

ここでのボイルの論証戦略は、大きく二つに分けられる。

一つは、「目撃者」の数を増やすことである。実験の「目撃者」が一人だけなら、その報告は虚偽かもしれない。だから、「目撃者」は複数いた方が良い。ここでは、ウォリス博士・ウォード博士・レン氏という三人の名前が挙げられているが、「目撃者」が多ければ多いほど、実験の信頼性を高めることができる。ただし、「目撃者」たりうるのは、その場に居合わせる人物だけではない。遠方に住む人でも、同じ実験を再現できれば、新たな「目撃者」になる。そこでボイルは、実験の手順を事細かに記すことにより、容易に再現実験ができるようにした。もちろん、そうした工夫をしたとしても、実際に実験を行う人は限られている。しかし、詳細な記録があれば、実験ができない読者も、実験を追体験することはできる。こうした「仮想目撃virtual witnessing」まで含めれば、「目撃者」の数を限りなく増やすことができる(Shapin and Schaffer［1985→2011:55-65=2016:79-86］)。

もう一つは、「目撃者」の質を高めることである。ボイルは「著名な数学教授」や「名高い目撃者」といった形で「目撃者」の社会的地位に言及している。単に「目撃者」の数が多いだけでは不十分で、「目撃者」は信頼に足る人物でなければならない。だからこそ、「目撃者」の社会的地位が重要な意味を持ってくる。「目撃者」の質が高ければ高いほど、実験の信頼性も高まるのである(Shapin and Schaffer［1985→2011:57-59=2016:80-82］)。

このように、ボイルや王立協会は「事実」という新たな発想を導入し、それを保証するために、「目撃者」による論証戦略を編み出した。[6] しかし、そのことが、実験の位置づけを難しくしている。「目撃者」の数・質を高めるボイルの論証戦略は、まずもって「権威主義」に見える。なぜなら、それは誰が目撃したかによって真偽の判断を変えることを意味するからだ。しかし、その論証戦略によって保証しようとしていたものが「事実」であるのなら、それは「普遍主義」にも見える。というのも、それは古典的文献の「権威」を鵜呑みにせず、その記述を検証する意志を持つからだ。もしもこれが、表向きは「普遍主義」でも、裏では「権威主義」を採用する、という二重基準なら話はわかりやすい。けれども、ボイルの論証戦略においては、本来は対立するはずの「権威主義」と「普遍主義」とが同時に成立しているように見える。一体、どういうことなのだろうか?

このことは、ボイルの実験が「普遍主義/権威主義」という二分法ではうまく捉えられないことを示唆している。したがって、ボイルの実験を適切に理解するには、「普遍主義/権威主義」とは異なる枠組を用意する必要があるだろう。実のところ、「普遍主義/権威主義」の二分法は、「知識/社会」というもう一つの区別とも密接に関わっている。そこで、以下では「知識/社会」の区別をめぐる問題へと寄り道しながら、「普遍主義/権威主義」の二分法を考え直してみよう。

3 新しい「社会構成主義」

3-1 過激な社会構成主義?

シェイピンとシャッファーの分析には、様々な批判が投げかけられてきた。[7] 中でも、本書にとって重要なのは、以下で説明する科学哲学者ローズ＝マリー・サージェントの批判である。サージェントは、シェイピンとシャッファーの歴史記述が、現実離れした社会構成主義だと考えている。つまり、二人の議論は、ボイルの実験報告という「知識」を、「合理性」を欠いた「社会的構築物」だと見なす極端な見方だというのである。[8]

では、こうしたサージェントの批判は妥当なものなのだろうか？

サージェントが問題にするのは、実験・観察における「目撃者」の資格である。サージェントの見るところ、シェイピンとシャッファーの議論は、ボイルが「目撃者」の資格を「社会的地位」によって判断したと主張するものだ。これは、実験報告の妥当性が「社会的地位」によって決まるとする点で、社会構成主義による説明の典型になっている。

ここで念頭に置かれているのは、二人の次のような分析である。

ボイルの実験では圧力が問題だったが、イギリスの哲学者ヘンリー・モア（一六一四—一六八七）は、水中の潜水士が「押しつぶされるような圧力を感じない」と報告したことを根拠に、圧力に関するボイルの機械論的説明を批判した。これに対し、ボイルは「無知な潜水士ignorant divers」による説明は疑わしいと反論した（Shapin and Schaffer［1985→2011:217-218=2016: 219］）。

この背後には、「社会的地位」の問題があったと考えられる。当時は、「紳士」の「目撃証言」が高い信頼性を持った。その最たる理由は、利害関係から独立していることにある。「紳士」は経済的に独立しているため、利害関係に巻き込まれておらず、嘘をつく動機もない。これに対し、「女性」「召使い」「商人」といった「社会的地位」の低い人々は、利害関係に巻き込まれているとされ、信頼性が低かったのである（Shapin［1988:375-376→1997:275-276］, Shapin［1994:74-95］）。

以上の説明がもしも正しければ、ボイルの実験では、「知識」の妥当性が「社会的地位」によって決定されていたことになる。だが、サージェントの考えでは、こうした説明は間違っている。サージェントによると、ボイルは「無学」な人々の「証言」をいつでも棄却したわけではない。むしろ、ボイルは、多種多様な「無学」の人々からの情報を積極的に集めており、そうした人々の「証言」を肯定的に評価することさえあった。例えば、修理工・職人・理髪師・助産婦・薮医者は「無学」だが、そうであるが故に、特定の哲学的理論の前提に毒されていないとされた。また、パン屋・冶金家《やきんか》・大工といった熟練の職人は、ものづくりの場面でいつも自然の制約と戦っているため、自然の性質についての貴重な情報源になりうるとされた（Sargent［1997:81］, Sargent［1995:148-150］）。

もちろん、「無学」な人々の「証言」が棄却されることもある。しかし、その場合も、単に「社会的地位」を理由にしたわけではない。サージェントによれば、ボイルは「証言」の信頼性を、それぞれの人物の「経験」や「能力」に基づいて評価していた（Sargent［1995:152-153］）。例えば、モアとの論争で問題になった潜水士の「証言」についても、実は「社会的地位」だけに基づいて評価したのではなく、むしろ、潜水士が水圧の変化に気づかなかった要因を様々に分析していた。例えば、水中で集中していたとか、周囲の海水の水圧が釣り合っていたとか、皮膚が頑丈だったとか、先入観が働いたといった要因が持ち出された（Sargent［1995:156-158］, Sargent［1997:86-89］）。

こうしたことから、サージェントは、「証言」の信頼性についてのボイルの評価が、「社会的地位」ではなく「認識上の理由 epistemic reason」によって下されていたと結論づけた（Sargent［1997:90］）。つまり、「知識」の正しさが報告者の「社会的地位」によって判断されていたとする社会構成主義の説明は間違いであり、あくまでも報告者の「認識能力」が評価基準だったというのである。

3-2 「社会的地位」と「認識上の理由」

だが、こうしたサージェントの批判には疑問もある。というのも、サージェントの批判とは裏腹に、著者の一人であるシェイピンもまた、潜水士の「証言」が、知識や技術の有無といった「認識上の理由」によって評価されていたことを認めているように見えるからだ。

シェイピンによれば、「証言」の評価という問題は一七世紀の著者に広く共有されていた。例えば、ロックは『人間知性論』第四巻の中で「証言」の評価基準を論じている[9]。ロックは、知識を「絶対確実なもの」と「蓋然的なもの」とに分けた。中でも、「蓋然性」の多寡を決めるのは、「ある事物と私たちの知識・観察・経験との合致」と「他人がその観察と経験を保証する証言」である。その上で、ロックは「証言」の評価基準を六つ挙げている。「一、数。二、誠実(ないし無欠点)。三、証人の熟練。四、書物から引用された証言の場合は著者の意図。五、関係の諸部分・諸事情の整合性。六、反対証言」(Locke [1690→1961→1964:250-251=1977:242], 表記を一部変更した)。

シェイピンによると、細かい評価基準は論者ごとに異なるが、一七世紀の著作から最大公約数的な評価基準を取り出すと、信頼に足る「証言」は次の七種類に集約される(Shapin [1994:212])。

A. 説得的な証言
B. 複数の証言
C. 一貫性のある証言
D. 直接的な証言
E. 聡明(knowledgeable)であるか、または熟練(skilled)した情報源による証言

F．十分根拠のある確信を引き起こす方法によって得られた証言

G．誠実さ（integrity）や無私性（disinterestedness）に定評のある情報源による証言

「証言」を評価する際には、「証言」の内容を問題にすることもできるし、「目撃者」の信頼性を問題にすることもできる。このうち、前者に当たるのがA・B・C・D・Fで、後者に当たるのがE・Gである。興味深いことに、シェイピンはこのリストに「無知」や「紳士」といった「社会的地位」を加えていない。逆に、「目撃者」の信頼性については、「聡明」「熟練」「誠実さ」「無私性」といった「認識上の理由」に関わる基準だけを挙げている。

とはいえ、シェイピンが「社会的地位」を無視していたわけではない。「聡明」「誠実さ」「無私性」といった性質は「紳士」の特徴と見なされており、その限りにおいて「紳士」という「社会的地位」が「目撃者」の評価に使われていたこともシェイピンは認めている。[10]

だとするならば、シェイピンは、「証言」の評価基準の中に、「社会的地位」と「認識上の理由」の両方を認めていたことになる。ところが、サージェントは、シェイピンとシャッファーの説明を過激な「社会構成主義」だと見なすばかりに、シェイピンの説明のこうした柔軟さを見逃してしまっているのである。[11]

してみれば、サージェントとシェイピン&シャッファーとの対立点は、「目撃者」の資格が「認識上の理由」と「社会的地位」のどちらに帰着するかにはない。本当の対立点は、むしろ「認識上の理由」と「社会的地位」を二者択一と見なすかどうかにかかっている。より一般的に言えば、「知識」と「社会」の区別をどう捉えるかが問題になっているのだ。

このことを考えるには、科学論の社会構成主義の代表格とされる科学知識の社会学（ＳＳＫ）の位置づけを改めて考え直す必要がある。

３‐３　知識と社会の二分法

すでに見てきた通り、クーンの影響を受けながら一九七〇年代に登場した科学知識の社会学は、科学者集団のみならず、科学的知識までをも社会学の対象に入れた点に特徴がある。ただし、その立場は徐々に変化してきた。

科学知識の社会学はしばしば、（一）「社会的原因」が科学の理論選択を決定すると考える古い立場から、（二）実験室の活動を取り巻く「社会的過程」が科学的知識の生産を条件づけるとする新しい立場に移り変わってきたと言われる。伊勢田哲治は、（一）を「社会的原因アプローチ」、（二）を「社会的過程アプローチ」と呼んでいる（伊勢田［2004:29］）。

例えば、実験室研究の先駆者であるドイツの科学社会学者カリン・クノール＝セティナは、（一）バリー・バーンズをはじめとする古典的な科学知識の社会学が、「知識」を「社会的利害 social interests」から説明していたのに対し、（二）新たに登場した論争研究や実験室研究は、科学的知識が生成される「過程」を明らかにするものだと整理している（Knorr-Cetina［1983:115-118］）。

実は、シェイピンのキャリアもこれと重なっている。七〇年代のシェイピンの研究は一九世紀の骨相学をめぐる論争を「社会的利害」の観点から分析するものだったが、八〇年代にはボイルの実験に見られるように、科学者の実践に焦点を当てるようになった（Shapin［1975］, Shapin［1979＝1986］, Shapin and Schaffer［1985→2011＝2016］）。

重要なのは、（一）「社会的原因アプローチ」と（二）「社会的過程アプローチ」とで、主張の強さが大きく異なることだ。（一）の基本形は、科学的知識が社会集団の利害関心に規定されるという「イデオロギー論」である。例えば、遺伝学の知識が人種差別を正当化されるために生み出されたものだと見なす場合、遺伝学を一種の「イデオロギー」だと捉えていることになる。この議論は、社会集団に都合の良い科学的知識が採用されるという論理をとるので、科学的知識の「合理性」を否定する強い社会構成主義になる。

これに対し、（二）は、科学的知識が科学者の実践という「社会的過程」の中で作られると主張する。例えば、分子生物学の知識は実験室でのやりとりを通じて発見されたもので、それがなければ発見されなかった、と考える場合がこれに当たる。この議論は、科学的知識が「社会的過程」なしでは存在しえないと主張しつつも、当の「社会的過程」が「合理的」である可能性を排除しないので、「合理性」を明示的には否定しない弱い社会構成主義になっている。

このため、科学論の社会構成主義への批判の多くは、強い主張に当たる（一）に向けられやすい。逆に、社会構成主義の擁護者は、弱い主張である（二）の立場から反論する傾向にある。

たしかに、（一）から（二）へと主張を緩めることで、社会構成主義の説明はかなり柔軟なものになる。科学的知識が「社会的利害」に決定されているとするよりも、「社会的過程」に規定されていると主張する方が、遥かに前提が少ないからだ。しかし、社会構成主義の説明を（二）まで弱めてしまうと、結局は当たり前の主張になってしまい、殊更に「社会的」という形容詞を冠する必要がなくなるようにも感じられる。[12]

ラリー・ラウダンはこの問題点を早い段階で指摘していた。それによると、科学的知識が専門家コミュニティでの社会化や同僚との研究成果のやりとりといった社会的状況（＝社会的過程）なしで生まれないことは事実だが、科学が社会的状況を前提するからといって、それが理論の内容まで決定するわけではない。だから、理論選択が社会的に引き起こされたと言うのなら、自明ではない説明（＝社会的要因）を持ち出さなければならない（Laudan［1981:195-196］）。

　サージェントのシェイピン批判もこれと近い。サージェントによると、シェイピンは社会構成主義を擁護するために、科学理論の選択が「社会」によって決定されると言う代わりに、理論選択は「証拠」によってなされるが、「証拠」それ自体は社会的に構成されると主張した。つまり、理論選択の「社会的原因アプローチ」を放棄し、証拠の「社会的過程アプローチ」へと鞍替えしている。しかし、サージェントの見るところ、シェイピンの使う「社会的構成」という表現は「社会的要因」のニュアンスを保持し続けており、極端な相対主義を含んでいる[13]（Sargent［1997:76-79］）。

　では、こうしたサージェントの批判は妥当なのだろうか？

　社会構成主義内在的に見ると、サージェントのこの批判は、いささかミスリーディングに見える。というのも、（二）の説明様式をとる社会構成主義者には、サージェントの用いる「知識／社会」の二項対立が必ずしも共有されていないと思われるからだ。つまり、（二）においては、「知識／社会」という二分法自体が棄却されていると考えられる。

　そもそも「知識」と呼ばれるものは、論文・口頭発表・会話・メモ……といった「記号」の形で存在している。それらの「記号」は現場での「実践practices」に埋め込まれており、その内容も「実践」に応じて変わってくる。そうした「実践」はさらに、人間関係・制度・資金・文化といった多様な「社会的諸条件」に晒されている。そう考えると、「知識」が単独で存在するというよりも、むしろ、それ自体「社会性」を備えた「実践」があると考えた方が良い。

その意味で、「科学的知識」は「科学的実践」の中にあると言える。だから、「科学的実践」こそが社会構成主義の問題になる。科学社会学者アンドリュー・ピカリングの言葉を借りれば、「知識としての科学science-as-knowledge」から「実践としての科学science-as-practice」へと焦点が移動したのである（Pickering［1992］）。

科学論の社会構成主義のこうした展開は、フーコーの言説分析ともパラレル（並行的）である。[14] すでに論じたように、言説分析の場合、「知識」ではなく「言表」と「言説」という単位を導入することで、「外部条件→主体→認識」という古典的知識社会学のモデルの代わりに、「アルシーヴ→言表のシステム→言説→言表」というモデルを導入していた。同じように、社会構成主義の場合にも、「知識」ではなく「実践」という単位を導入することで、「科学的実践」を支える「社会的諸条件」が浮かび上がってくる。つまり、それは「社会的要因→科学的知識」というモデルに代えて、「社会的諸条件→科学的実践→記号」というモデルを導入したのである。[15]

このように考えると、『リヴァイアサンと空気ポンプ』の本当の狙いも見えてくる。シェイピンとシャッファーはおそらく、ボイルの実験において、「知識」の妥当性が「社会的地位」によって決定されていると主張しようとしたわけではない。むしろ、実験・観察の報告を「証言」と捉える一風変わった「実践」とそれを支える「社会的諸条件」との組み合わせ（＝図柄）をこそ問おうとしているように見える。

「証言」を評価する「科学的実践」においては、「社会的地位」が持ち出される場合もあるし、「認識上の理由」が持ち出される場合もあるだろう。しかし、より重要なのは、「社会的地位」や「認識上の理由」に先立って、「証言」を評価するような「実践」が行われていることの方だ。つまり、そうした「実践」がいかなる「社会的諸条件」に支えられているのかを問うべきである。それと比べれば、「証言」の評価基準が「社会的地位」と「認識上の理由」のどちらに帰着するのかは、二次的な問題にすぎない。

冒頭で述べた「普遍主義」と「権威主義」の問題もここに関わってくる。実は、「普遍主義」と「権威主義」は「知識」と「社会」の二分法のもとでの立場の違いになっている。「知識」が「社会的地位」と無関係であるべきだと考えれば「普遍主義」になるし、「知識」が「社会的地位」に基づいて判断されるべきだと考えれば「権威主義」になる。その意味で、「普遍主義／権威主義」の対立は「知識／社会」の区別を前提している。

しかし、科学論の社会構成主義の展開を踏まえると、そもそもこの区別自体が問題含みだと言わざるをえない。新しい社会構成主義に従えば、「知識」は単独で存在するのではなく、それ自体が「社会性」を備えた「実践」の中に存在する。したがって、「知識」と「社会」ではなく、むしろ、そうした「実践」を出発点にしなければならない。

その意味で、「普遍主義／権威主義」という二分法から出発すると、事態を大きく見誤ることになる。「証言」を評価する「実践」は、その時々で持ち出される評価基準のあり方（社会的地位を重視するか否か）に応じて、「普遍主義」にも「権威主義」にも見えてしまうからだ。だとするならば、問われるべきは、ボイルが「普遍主義」なのか「権威主義」なのかではなく、ボイルの「実践」はいかなるものであり、それは現在の科学とどう違うのかという問題だろう。そのことを考えるには、ボイルの「実践」とその「社会的諸条件」を改めて確認しておく必要がある。

4　裁判のレトリック

4-1　科学言語の法的起源

ボイルやロンドン王立協会の実験報告には「証言」や「目撃者」といった法廷用語が使われていた。ただし、それは単なる「言葉遊び」ではなかった。当時の証拠法では、異なる二人の証言の一致が重視されたが、王立協会のメンバーは明らかにそうした規則を模倣して、実験報告の手続きを構想していた。つまり、実験科学の領域に法廷の手続きがそのまま持ち込まれたのである（Shapin and Schaffer [1985→2011:56-57=2016:79-80]）。

その一例を、ロンドン王立協会のメンバーだったトマス・スプラット（一六三五—一七一三）の『王立協会史 *The History of the Royal Society*』（一六六七）に見ることができる。その中で、スプラットは、王立協会の実験を裁判の手続きと対比している。

> 法によって統治されたあらゆる国で、生命や土地にかんすることがらにおいて、二人、ないしは三人の目撃者の同意以上は求めていないのはご存知のとおりである。とするならば、知識にかんすることがらについて、［王立協会におけるように］六〇人ないしは一〇〇人の証言の一致を見ていながら、十全なあつかいを受けていないとははたして考えられるだろうか。（Sprat [1667:100], 訳出に当たってはShapin and Schaffer［1985→2011:56=2016:80］の訳文をほぼ踏襲し、［ ］内と傍点を補った）。

同じように、ボイルもまた証拠法を「証明」の一種と認識していた。『理性と宗教の調和可能性についての考察 *Some Considerations about Reconcileableness of Reason and Religion*』（一六七五）の中で、ボイルは「証明」を三種類に分類する。一つ目は普遍的・形而上学的な原理に従う「形而上学的証明 metaphysical demonstration」、二つ目は物理法則に従う「物理的証明 physical demonstration」、そして三つ目は「蓋然性」の高さに基づく「道徳的証明 moral demonstration」[16]である。「道徳的証明」は熟慮の末に得られる「確実性」には及ばないが、裁判のような社会制度の中で使う分には十分な「確実性」を持っている（Boyle［1675:93-94］）。次の引用には、そうした考えがよく表れている。

> 一人の目撃者による証言では、容疑者が実際に殺人を犯したと証明するのに十分でない。だが二人の目撃者による証言は、たとえそれぞれの信頼度が同じであったとしても、［…］ある人物を有罪と証明するに十分だと通常はみなされねばならない。なぜなら、次のように考えるのが理にかなったことだからである。たしかにひとつひとつの証言は蓋然的なものにすぎない。だがそのような蓋然性が重なりあうということは、それらが証明しようとしていることがらが真であるとしめしていると考えてよい。よってそのような重なりあいが道徳的な確実性［moral certainty］に達するのは当然のことであろう。道徳的な確実性とは、被告人にたいして死刑をくだすことを判事に保証するような確実性のことである。（Boyle［1675:95］、訳出に当たってはShapin and Schaffer［1985→2011:56=2016:80］の訳語を一部改変し、［］内と傍点を補った）。

二人の目撃者による証言は「絶対確実」とは言えない。しかし、少なくとも法廷において、それは有罪判決を下す根拠になる。だから、この手続きを持ち込むことは、実験科学に「道徳的確実性」を認めることでもあったのである。

ところで、以上は「証人」の数の問題だが、証拠法からの影響はそれだけではない。このことは、「証人」の質の問題にも関係している。バーバラ・シャピロによると、「社会的地位」が高い人物による「目撃」の強調や公開手続きの重視といったロンドン王立協会の方針は、十分な社会的・経済的地位を持つ一般人が（証人ないし陪審員として）「事実」を決定するコモン・ロー（イギリスの法体系）の陪審員制度をモデルにしたものだと理解できる[17]（Shapiro［1994:15-16］）。

とはいえ、もっと重要なのは、ロンドン王立協会で導入された「事実（問題）matters of fact」なる表現それ自体が、証拠法の伝統に根ざしていたことだ。ローズ＝マリー・サージェントによると、大陸のローマ・カノン法とは異なり、コモン・ローでは陪審員が証言の信頼性を評価するが、その際、陪審員が行う事実認定の問題を「事実問題matters of fact」と呼び、裁判官に委ねられる判決の問題を「法律問題matters of law」と呼んだ。ロンドン王立協会は、この表現を取り入れたのである（Sargent［1989:27］）。

ここからわかる通り、「目撃者」や「証言」といった言葉が使われたのは偶然ではない。一七世紀の段階では、科学は「証拠」を評価する体系的な手続きを欠いており、裁判の手続きを借用しなければならなかったのだ。

4-2　アリストテレスの「経験」

科学史家クリスチャン・リコップは、一七世紀のロンドン王立協会における実験報告が、「Xが

（実験室で何らかの処理を）行い、Xが（何かを）見た」（＝X did and X saw）という裁判風の物語形式を採用していたことを踏まえ、同じ語り口が同時代のフランスにも見られたという。リコップは、そうした語り口のことを「裁判のレトリック the rhetoric of trial」（Licoppe［1994:206-207］）と呼んでいる。イギリスでは証拠法が系統的に利用されたが、広い意味での「裁判のレトリック」は、大陸ヨーロッパにも共有されていたのだ。

それでは、「裁判のレトリック」の使用という「実践」は、いかなる「社会的諸条件」に支えられていたのだろうか？

その一つの答えが、「経験」概念の再編である。

科学史家ピーター・ディアによると、一七世紀ヨーロッパでは「経験」の概念が大きく変化したという。一七世紀までの「経験」は個人の体験を指す言葉ではなく、アリストテレスの著作のような古典的文献に記載された「経験」のことであった。つまり、それは「自然はいつもこう振舞う」という万人に共通の認識を指していた（Dear［1985:148-149→1997:259-260］, Dear［1990:665-666］）。だが、こうした状況下では、古典の記述に反する個人の体験は単なる逸脱と捉えられ、「真の経験」とは認められない。実験室における個人的経験を公共的知識へと変換することが、ヨーロッパ各国のアカデミーの共通課題となったのも、そのためである。「裁判のレトリック」は、まさにこの問題に対する解決策だったのである。ただし、その中身は地域ごとに異なっていた。

イギリスでは、「経験」の個別性（＝出来事性）が重視されていた。例えば、ロンドン王立協会の『哲学紀要 *Philosophical Transactions*』では、自然が「いつもそう振舞う」（behaves）という現在形の視点ではなく、「そう振舞った」（had behaved）という過去完了形（過去形）の視点が採られていた。そこではまた、観察者に重要な役割が与えられ、観察者自身の「経験」が重視された。もちろん、他人からの報告も扱われたが、その場合も、その人物の「経験」であることが求められ、伝聞情報は排除された（Dear［1985:152-153→1997:263-264］）。つまり、特定の時間・場所・人物の個別的な「経験」であることが強く自覚されていたのである。[18]

一方、フランスでは、「経験」の普遍化が目指された。例えば、哲学者・数学者・物理学者ブレーズ・パスカル（一六二三―一六六二）は、義兄のフロラン・ペリエ（一六〇五―一六七二）に頼んで、大気圧の変化を調べるために、ピュイ・ドーム山で水銀柱の実験を行ってもらった。その際の手紙のやりとりは『流体の平衡に関する大実験談 *Récit de la grande expérience de l'équilibre des liqueurs*』（一六四八）にまとめられたが、そこに含まれるペリエの手紙は一人称で書かれ、実験が行われた日時・場所・目撃者を明記していた。これだけ見るとイギリスの事例に似ているように思えるが、こちらは、ピュイ・ド・ドーム山の様々な地点で実験を繰り返し、そこから共通する普遍的な経験を導き出すものだった。実際、パスカルが後に発表した「流体の平衡について Traité de l'équilibre des liqueurs」（一六六三）では、実験の日時・場所・目撃者が消去され、「Aするとき、Bが生じる」という普遍化された文体が採用されていた。パスカルは、実験の個別性（＝出来事性）を強調するのではなく、むしろ、多数の実験から浮かび上がる普遍性を示そうとしたのである（Pascal［1648＝1953］, Pascal［1663＝1953］, Dear［1990:675-678］）。ここには、個人の経験を公共的知識へと変換するもう一つの方向性が表れている。

さらにリコップは、一七世紀後半における両国の違いを実験報告の人称性に見出している。それによると、イギリスのボイルの実験では、実験報告が一人称複数（We）で書かれることが多かった。これは紳士からなる見物人の存在を暗示する語り口になっている。同様に、フランスのパリ王立科学アカデミーでも、[19]「Xが行い、Xが見た」という「裁判のレトリック」が実験報告に取り入れられたが、そこでは、一人称単数・複数（je, nous）だけでなく、不定代名詞（on）も使われた。フランス語のonは英語のoneと同じく、特定のものを指示しない。そのため、実験者の顔を見えなくし、実験主体を集合的なものとして提示する効果があったという（Licoppe［1994:206-219］）。

科学史家マリオ・ビアジョーリによると、アカデミーにおける実験報告の性質の違いは、パトロンである王侯の介入の程度とも深く関わっている。イギリスのロンドン王立協会の場合、国王は認可を与えただけで、積極的な介入を行わなかった。ところが、イタリアの実験アカデミーでは、パトロンの介入が強かったため、その報告書『実験アカデミーにおける自然についての実験論文集 *Saggi di naturali esperienze fatte nell'Accademia del cimento*』には、パトロンであるレオポルド・デ・メディチ（一六一七—一六七五）の名前だけが使われ、個々の実験者の名前が登場しなかった。同じく、フランスのパリ王立科学アカデミーでも、パトロンであるルイ一四世（一六三八—一七一五）の介入が強く、初期（一六九九年以前）の報告には個別の著者名が記されなかった（Biagioli［1996:208-225］）。

このように、細かい事情は地域ごとに異なるが、少なくとも「どのような人称を採用すべきか？」という問題関心は共有されていたと言って良いだろう。「経験」概念の再編というヨーロッパに共通する「社会的条件」が、「裁判のレトリック」の使用という「実践」を要請したのである。

ところで、以上のような「裁判のレトリック」の使用は、現在の科学と比べると、やはり奇妙なものに思える。というのも、現在の科学では「権威主義」が忌避（あるいは隠蔽）され、「普遍主義」が尊重される傾向にあるからだ。「誰が見たのか」にこだわる「裁判のレトリック」は、現在の感覚とはかなり違っている。ましてや、「目撃者」や「証言」といった法廷用語が実験報告に使われることは、まずないだろう。

そう考えると、一七世紀の科学と現在の科学との間には大きな断絶が走っているように思われる。ボイルの実験が現在から見て興味深い対象に見えるのも、そのためだ。では、この断絶は何を意味しているのか？

5　二〇世紀の科学へ

5-1　命題的科学観

そのことを考える上で注目に値するのが、一九〜二〇世紀転換期の位置づけである。

実は、一九世紀から二〇世紀初頭の科学哲学の中にも、「証言」という発想を部分的に見出すことができる。例えば、一九世紀に科学方法論として広く読まれたイギリスの哲学者ジョン・スチュアート・ミル（一八〇六―一八七三）による『論理学体系 *A System of Logic*』（一八四三）第三巻第三章「帰納の根拠について」と第四章「自然の法則について」を見ると、「証言」という話題が「帰納」の問題の一角を占めていたことがわかる。

「帰納」とは、複数の観察から一般的な法則を導き出す推論のことだ。例えば、「これまでに見てきた白鳥は全て白かった」という事実から、「全ての白鳥は白い」と結論づけるのが、その代表例である。ミルは、この「帰納」をめぐり、次のような疑問を提起している。

何世紀もの間、ヨーロッパの人々は一致して「白鳥は白い」と証言してきた。ところが、後から黒い白鳥（コクチョウ）の存在が報告され、この認識は覆ってしまった。このことは、多くの証言が一致していたとしても、そこから一般的な結論を導き出すと間違ってしまうことを教えてくれる（Mill［1843→1882:227-228=1958a:56］）。

ところが、同じ原理を別の事例に適用すると、不都合が生じてしまう。古代ローマのプリニウスは「頭が肩より下にある人間」（＝怪物ブレミュアエ）の存在をめぐる証言を取り上げたが、多くの人はこの証言を無視し、そのような怪物が存在するとは考えようとしない（Mill［1843→1882:228=1958a:56-57］）。黒い白鳥の事例と同じように考えるなら、たとえ多くの証言とは食い違うとしても、プリニウスの取り上げた証言を尊重すべきだが、そうすると怪物の存在を認めなければならなくなる。この矛盾を、どう考えれば良いのか？　少し難しいが、ミルの言葉を聞こう。

> 我々の以前の例証に一つ戻って、我々が黒い白鳥がいるという主張を拒絶しないが、頭を肩の下に持っている人間がいると主張する証言に対しては信頼を与えないのは何故であるか、しかも両者共正確に同程度の証拠——立証するものも反証するものも同程度である——を持っているにも拘らず、我々がこのように反対の信頼を与えるのは何故であるかを考察しよう。［…］それは明らかに、動物の解剖学上の一般的構造よりも、動物の色の方が、恒常性が少ないからである。しかしどうしてこれを知るか。勿論経験からである。経験がどの程度に、どんな場合に、又どんな種類の場合に、信頼できるかを知るには、やはり経験を必要とする。経験に基づく議論はどういう事情の下において妥当であるかを知ろうとするためには、経験に聞かなければならない。我々は経験一般を試験する究極の検証《テスト》を持っていない。我々は経験そのものをして経験を検証させる。

（Mill［1843→1882:231-232=1958a:66-67］, 訳文を一部改変して傍点を付した）

ミルによれば、黒い白鳥を認めることはできても、怪物を認めることができないのは、私たちの「経験」がそう教えるからである。私たちは、動物の色に多彩なバリエーションがあることを知っている。ところが、他の動物と似ても似つかない身体の構造を持つ動物を見ることはない。だから、黒い白鳥はありそうだが、怪物はありそうにないと判断できる。もちろん、「経験」が間違っている可能性もあるが、ミルによれば、そのこと自体も「経験」によって評価される。

重要なのは、ここで「証言」の評価に焦点が当てられていることだ。ミルにおいて科学的方法を特徴づけるのは「帰納」だが、その出発点となるのは個別の観察である。だからこそ、個別の観察たる「証言」の評価が重要な論点として浮上したのである。

ところが、ミルの著作からおよそ一世紀後、カール・ポパーはもはや、「証言」の評価を科学的方法の一部とは考えていない。「知識と無知の根源について」（一九六〇）という講演の中で、ポパーは、フランシス・ベーコンに代表される（と同時にミルを彷彿とさせる）「経験主義者」を次のように批判している。

［…］「どのように知ったのか」という問いに対しては、「タイムズ紙上にそう書いてあった」とか、「ブリタニカ百科事典で読んだ」とかいうほうが、「実際に観察したのだ」とか「昨年観察した結果わかったのだ」とかいうよりも、いっそう自然で確定的な答えになる。

「しかし」と経験主義者は言うであろう、「どのようにしてタイムズ紙やブリタニカ百科事典がその情報を入手したと思うのか。その入手経路をずっとたどっていきさえすれば、明らかに、目撃者の観察報告（〈プロトコル文〉とか、あるいは勝手に〈基本的陳述〉とか呼ばれることがある）に到達するだろう。もちろん、と経験主義者は話を続けるだろう。「書物は大部分ほかの書物から作られる。もちろん、たとえば歴史家は記録資料に基づいて仕事をする。しかし、究極的には、最終的な分析において、これら準拠した書物や資料は、観察に基礎をおいているに違いないのだ。そうでなければ、それらは詩とか作り事とか嘘とか言うべきものであって、立証された言明ではないだろう。われわれ経験主義者が、観察こそわれわれの知識の究極的根源でなくてはならない、と断定するのは、この意味においてである」と。（Popper［1960:21→1963→1965→1969→1972=1980→2009:37］、傍点は引用者による）

> 根源を問い求めるという観察主義者のもくろみの最も著しい特徴は——その退屈さを別にすれば——常識をあからさまに破っているということである。なぜなら、われわれがある主張に疑いを抱いているとき、普通のやりかたではその主張をテストすればいいのであって、その主張の出所を尋ねたりはしないからである。（Popper［1960:23→1963→1965→1969→1972=1980→2009:40］、傍点は引用者による）

ポパーが問題にするのは「経験主義者」の懐疑論である。「経験主義者」によると、あらゆる知識の根拠は「目撃者の観察報告」に帰着する。しかし、大抵の「観察報告」は我々の知らないところでなされている。だとするならば、ほとんどの知識は根拠を欠いているのではないか？

ポパーはこうした考えを真っ向から否定する。それによれば、知識の「妥当性」を評価するとき、その「起源」へと遡る必要はなく、単に主張された「事実」を検討しさえすれば良い。したがって、ポパーは次のように議論を進める。

> ［…］われわれは原則として実験の目撃者を尋問したりしないけれども、実験の結果に疑いがある場合には、われわれがその実験をくり返したり、他の人に頼んでくり返してもらってもよいのである。（Popper［1960:24→1963→1965→1969→1972=1980→2009:42］, 傍点は引用者による）

ミルにおいて他人の経験はあくまでも「証言」だった。ところが、ポパーは「われわれ」が行う再現実験と「他の人」が行う再現実験の間に何らの違いも見出していない。ポパーからすると、実験結果が疑わしい場合には、「証言」を疑っても仕方なく、再現実験という「テスト」の成否だけが問題になる。

もちろん、ミルとポパーの間にあるこうした違いは、経験主義（および実証主義）から反証主義へという哲学史上の展開と捉えることもできるだろう。しかし、本書はむしろ、この問題を「裁判のレトリック」の消失という観点から捉えてみたい。

二人を分かつのは、「証言」という発想に対する拒絶感の有無である。ミルは他人の観察を「証言」と呼ぶが、ポパーはそう呼ばない。なぜなら、ポパーにとって科学とは「命題 proposition」ないし「言明 statement」の体系だからである（Popper［1960:18-21→1963→1965→1969→1972=1980→2009:30-35］）。

このことは、なにもポパーに限ったことではない。ハッキングが「文の全盛期」と呼ぶように、二〇世紀中葉の分析哲学（および英米系の科学哲学）では、「文sentence」あるいは「命題」が基本単位になった（Hacking [1975b=1989:275-290]）。そこでは、科学が「観察文」と「理論文」との組み合わせだと見なされる傾向が強まったのである。[20]

例えば、アメリカの科学哲学者ノーウッド・ラッセル・ハンソンは、その著書『科学的発見のパターン』（一九五八）の中で、こう述べている。

> 物理学の言語の「基礎になるもの」、単なる感覚知覚にもっとも近いものは、一連の言明群である。言明は真であるか偽であるかである。絵のほうは、まったく言明とは違う。絵は真でもなく偽でもない。網膜上の画像も、大脳皮質上の画像も、あるいは感覚与件像も、真偽とは関わりがない。しかし、われわれの見るものによって、「太陽は地平線の上にある」とか「その立方体は透明だ」などという言明の真偽が決定される。［…］世界についての知識とは、単に、棒切れや石ころや色の広がりや騒音のモンタージュではなく、命題群の一体系である。（Hanson［1958: 26→1965=1986:57-58］、表記を一部変更し、傍点を付した）

ここで、「科学は命題の体系である」という二〇世紀中葉の英米系の科学哲学に見られる発想を「命題的科学観」と呼ぼう。もちろん、ミルの『論理学体系』にも「命題」の概念は何度も登場するが、そこには「証言」の概念も含まれていた。つまり、一九世紀中葉には「裁判のレトリック」と科学的方法の間に齟齬がなかったと考えられる。ところが、二〇世紀中葉にはすでに、「裁判のレトリック」がその効力を失っているように見える。だとするならば、一九世紀と二〇世紀との間には、

「裁判のレトリック」の衰退と「命題的科学観」の浮上とが進行していたのではないか？

もちろん、ミルとポパーの対比それ自体は、科学哲学の問題にすぎない。「命題的科学観」はあくまで科学哲学というメタ理論の水準で流通するイメージであり、それが一九世紀と二〇世紀の科学の違いをそのまま反映するわけではない。とはいえ、ミルとポパーが同時代の科学者に広く受け入れられたことを考えれば、二人の違いは一九世紀の科学と二〇世紀の科学の違いを示唆しているようにも思われる。つまり、それは一九世紀と二〇世紀の間に横たわる地殻変動を暗示しているのだ。

5-2 「真／偽」と「本当／嘘」[21]

このことの意味をより深く理解するには、「証言」および「命題」とは何なのかを問う必要がある。ただし、注意したいのは、「証言」や「命題」が実体として存在するわけではないことだ。ある発話は「証言」にもなりうるし、「命題」にもなりうる。つまり、あくまで一つの発話を「証言」ないし「命題」とする見なしがあるだけだ。では、両者の違いは何なのか？

結論から言えば、「証言」と「命題」の違いは、発話主体を考慮に入れるか否かにある。

橋爪大三郎は、「証言」を「ある事実に立ちあったひとが、その事実を別のひとにのべ伝える言表」（橋爪［1984→1993:172］）と定義している。「証言」とは、何らかの事実を表現した発話だが、それは必ず「誰かの証言」として立ち現れる。つまり、発話内容のみならず、発話主体にまで注意を払うとき、ある発話は「証言」と呼ばれる。一方、「命題」もまた、何らかの事実を表現した発話だが、それはあくまでも発話内容だけを指しており、発話主体は度外視している。例えば、「Aさんがお金を盗むのを見た」という発話は、「誰が言ったのか」に注目すれば「証言」になるし、伝えられた情報だけに注目すれば「命題」になる。

このため、「証言」と「命題」とでは、真理性の問い方も違ってくる。「外では雨が降っている」という発話を「命題」と見なす場合、発話内容の真理性だけが問題になるので、現に雨が降っているかどうかを問えば良い。だが、同じ発話を「証言」と見なす場合、発話内容の真理性のみならず、発話主体の信頼性も問題になる。だから、発話主体が見間違いを犯したり、嘘をついたりしている可能性をも検討することになる。

この点に注目すると、実は、ルーマンの科学システム論を考え直すことができる。すでに述べた通り、ルーマンは、科学システムを「真理／虚偽」というコードを用いたシステムだと捉えていた。つまり、科学システムとは、ある発話を「真理／虚偽」に割り振る仕組みだと考えたのだ。その際、ルーマンが念頭に置いていたのは、記号論理学の「真理値 truth value」という考え方である。

一般に「論理」と呼ばれるのは、「前提」（となる命題）と「推論規則」から「結論」（となる命題）を導き出すプロセスのことだが、論理学はその仕組みを分析してきた。とくに一九世紀に生まれた記号論理学は、そのプロセスを独自の記号体系によって形式化したが、そこには、統語論と意味論と呼ばれる二つのアプローチがある。一言で言えば、統語論とは記号同士の導出関係を扱うもので、意味論とは記号と世界の対応関係を扱うものだ。この意味論においては、「前提」や「結論」となる「命題」が正しければ「真」が、間違っていれば「偽」が割り当てられる。こうした「真」ないし「偽」の値が「真理値」と呼ばれている（戸田山［2000:37-38］）。

この発想は、分析哲学や科学哲学にも取り入れられ、科学は「真理値」を持つ「命題」（＝文）の集まりだと考えられるようになった。科学のこうした捉え方を、科学哲学者の戸田山和久は「文パラダイム」(戸田山［2005:216-219］)と呼んでいる。ルーマンはこの発想を応用し、科学システムを「命題」への「真/偽」の割り当て作業として定式化したのである。

しかし、ここまでの議論を踏まえると、「文パラダイム」には一つ問題がある。それは、この議論が「証言」をうまく扱えないことである。「文パラダイム」が想定しているのは、発話内容の真理性だけであり、発話主体の信頼性は度外視されてしまうのだ。

そもそも「真理truth」には「真truth/偽falsehood」という意味での「真」以外にもう一つの意味がある。それは、「本当truth/嘘lie」という意味での「本当」(=真実)である。[22]「命題」の場合には、その内容に対して「真/偽」が割り当てられる。これに対し、「証言」の場合には、発話内容の真理性だけでなく、発話主体の信頼性も同時に問題になるので、「真/偽」の区別では不十分になる。そこで使われるのが、「本当/嘘」の区別だ。

例えば、「Aさんがお金を盗むのを見た」という発話を「証言」と捉える場合、その「証言」には「本当?」とか「嘘?」といった問いが投げかけられる。その上で、発話内容が正しいかどうか、発話主体が信頼できるかどうかが検討され、問題なければ「本当」と見なされる。

ただし、注意が必要なのは、「本当/嘘」の区別が「真/偽」のような厳密な二値性を持たないことである。[23]「Aさんがお金を盗むのを見た」という「証言」が事実に反するとき、その「証言」は「本当」ではないが、だからといって「嘘」だとも言い切れない。単なる「間違い」の可能性もあるからだ。つまり、「本当」でないものが「嘘」であるとは限らない。にもかかわらず、「証言」をめぐっては、「本当?」とか「嘘?」という問いが発せられ続ける。その意味で、「証言」は「本当/嘘」という二値コードめいたものを通じて観察されている。

5-3 証言のゲーム／命題のゲーム

このように見てくると、「真理／虚偽」を判別する手続き――真理のゲーム――には、少なくとも二つのタイプがあることがわかる。一つは「証言」の「本当／嘘」を問題にするもの、そしてもう一つは「命題」の「真／偽」を問題にするものである。ここでは、前者を「証言のゲーム」と呼び、後者を「命題のゲーム」と呼ぼう。[24]

すでに述べたように、ある発話が「証言」なのか「命題」なのかは、捉え方の問題である。発話を「証言」だと捉えれば「証言のゲーム」が立ち上がるが、「命題」と捉えると「命題のゲーム」が立ち上がる。その意味で、「証言のゲーム」や「命題のゲーム」が、実体として存在するわけではない。そうではなくて、「真理のゲーム」が、その経過に合わせて、「証言のゲーム」に近づいたり、「命題のゲーム」に近づいたりすると考えた方が良い。つまり、「証言のゲーム」と「命題のゲーム」は連続体を成しており、「真理のゲーム」はその間で揺れ動いていると考えられる。

研究不正をめぐる疑惑は、こうした揺れ動きをよく示している。例えば、「X細胞は存在する」という発話に研究不正の嫌疑がかけられているケースを考えよう。この発話を「命題」と捉える場合、発話内容の真理性だけが問題なので、再現実験がうまく行くかどうかを確かめるだけで良い。これに対し、この発話を「証言」と捉える場合、発話主体の信頼性も問題になるため、調査委員会による関係者へのヒアリング（≒証人尋問）が求められる。どちらも「真理＝真実」を求める形式ではあるが、発話の捉え方に応じて、「真理のゲーム」の形態が変わってくるのである。

このことを踏まえた上で、改めてミルとポパーの間に横たわる断絶の意味を考えてみよう。ミルの『論理学体系』では「証言」の問題が扱われていた。これは、ミルがその科学方法論に「裁判のレトリック」（＝裁判風の物語形式）を含めていたことを意味している。[25] 一方、ポパーの科学哲学においては、「証言」の概念は居場所を失っている。そこではもはや、他人の観察は再現実験という「テスト」に耐えられるかだけが問題であり、科学は「命題」の体系へと還元される。

実験科学の「実践」は、常に「命題」と「証言」の間で揺れ動いている。ある主張が「命題」として立ち現れたり、「証言」として立ち現れたりする。だが、「命題」や「証言」を処理する方法を持たなければ、場当たり的な対応に陥ってしまう。そこで要請されるのが、科学哲学のようなメタ理論である。ミルやポパーの著作は、そうした方法を提供するものだ。

ただし、そこで持ち込まれるのが「裁判のレトリック」なのか「命題的科学観」なのかによって、処理の仕方は変わってくる。「裁判のレトリック」のもとでは、実験科学を「証言のゲーム」（＝発話主体と発話内容を同時に問う営み）と見なすことになるし、逆に、「命題的科学観」のもとでは、それを「命題のゲーム」（＝発話内容だけを問う営み）と見なすことになる。

したがって、「裁判のレトリック」の衰退と「命題的科学観」の浮上とは、実験科学を「証言のゲーム」に拡張しようとする「証言化」のベクトルから、「命題のゲーム」に還元しようとする「命題化」のベクトルへの変化だと考えることができる［↓図4．1］。

もちろん、科学哲学それ自体は科学のメタ理論にすぎず、科学の実態を反映したものではない。だが、ミルやポパーの著作がしばしば同時代の科学者に使われてきたことを考えれば、「証言化」や「命題化」は科学哲学だけの問題とも言えない。その意味で、一九世紀と二〇世紀の転換期に起きたのは、「証言化」から「命題化」への変化だろう。つまり、二〇世紀の科学は、実験科学を「命題のゲーム」に還元しようとする運動を志向していたと考えられるのだ。

ここまで考えてくると、「普遍主義」と「権威主義」の二分法が持つ問題点もよくわかる。「証言のゲーム」においては、発話内容と発話主体の双方が問われる。このとき、発話主体を評価すること自体が「権威主義」として問題視されることはない。法廷の証拠調べに見られるように、そこでは、言わば、適切に「権威主義」的であることが求められる。これに対し、「命題のゲーム」においては、発話主体を評価する必要がない。そのため、発話主体の評価を持ち込むだけで、不当な「権威主義」に見えてしまう。裏を返せば、科学を「普遍主義／権威主義」の二分法によって観察し、「権威主義」を斥けようとすること自体が、「命題的科学観」に固有の発想だとも言える。

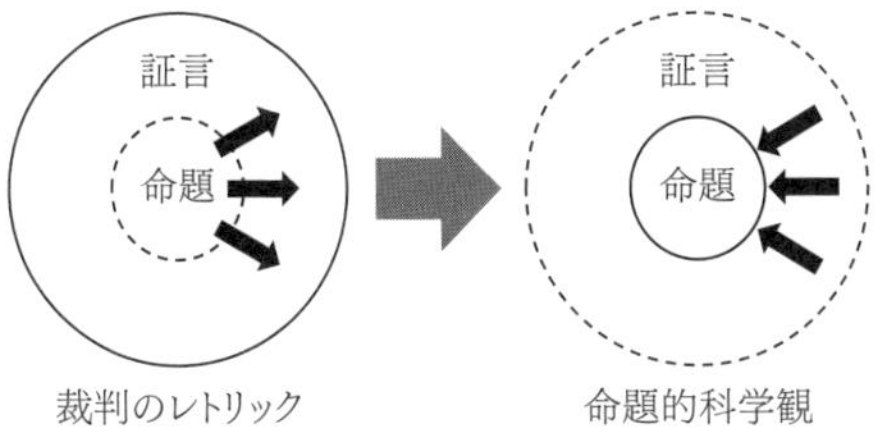

図4.1 「証言化」から「命題化」へ

もちろん、より慎重な議論は、科学を「普遍主義」と「権威主義」の二者択一ではなく、両者の複合体として描くだろう。例えば、ルーマンは、科学システムが「真／偽」という「主要コード」の他に、「名声」という「副次コード」を持つと論じている。「名声コード」は「科学のためになされた功績を表現する」ものであり、これにより、研究の動機を喚起・抑制したり、知るべき人物・事柄を選択したりできる（Luhmann［1990:244-251＝2009a:223-230］）。こうした発想は、有名な科学者に注目が集まりやすいというマートンの「マタイ効果」（Merton［1968］）を発展させたものだが、こう考えることで、現在の科学システムの挙動はかなり柔軟に記述できる。

けれども、こうした見方は二〇世紀の科学観をなぞったものにすぎず、一九世紀以前の科学にどこまで適用できるのかが不明である。ルーマンは、科学システムの基本作動を「命題のゲーム」と見なし、そこに「名声」の問題を追加している。だが、すでに述べた通り、一七世紀には「証言」の評価基準をめぐる様々な議論があり、「証言のゲーム」と呼ぶべき複雑さを備えていた。「名声」は、そうした基準のごく一部でしかない。つまり、ルーマンの議論は、二〇世紀の科学観を過度に前提しており、二〇世紀の科学それ自体が持つ歴史的特殊性を視野に収めることができていない。その意味で、「機能分化」仮説は「命題的科学観」の内部に留まっているのである。

さて、第Ⅱ部の課題は、近代社会において科学が特権的な地位を獲得した過程を問うことだった。科学はしばしば「普遍主義」を自認し、それ以外の知識を「権威主義」として退ける。だが、ここまで見てきたように、そもそもこの二分法自体が「命題化」の帰結だとするならば、「裁判のレトリック」の衰退と「命題的科学観」の浮上こそが科学の特権化を可能にしたのだと考えられる。

一七世紀において実験科学は必ずしも正当性を持っていなかった。そこで、科学は法廷の証拠調べの手続きを参照することにより、自らの正当性を確保しようとした。ところが、二〇世紀までには、そうした系譜学的な結びつきが断ち切られている。だとするならば、科学は自らの行う「真理のゲーム」を「命題のゲーム」だと提示することにより、法廷に代表される「証言のゲーム」から差異化したのではないか？

「真理」のイメージが「科学」によって独占されてしまう「真理の科学化」は、こうして生じたのだと差し当たり考えることができる。

以上のような見通しのもと、第5章・第6章では、一九〜二〇世紀転換期の実験科学や科学哲学に焦点を当てながら、「裁判のレトリック」の衰退がいつ・どのようにして生じたのかを明らかにしていきたい。それにより、「真理の科学化」の過程に迫っていく。

第5章　実験報告の書法

本章でも、引き続き「科学的証拠」の歴史を考えていこう。

第II部の大きな課題は、「真理の科学化」の過程を明らかにすることだった。その切り口として、第4章では「科学的証拠」と「法的証拠」の関係に着目した。そこから、現代人には別物に見える「科学的証拠」と「法的証拠」の間の歴史的なつながりが明らかになった。一七世紀の科学では、法廷での論証手続きを真似た「裁判のレトリック」が使われていたのである。

ところで、そもそも法廷の論証手続きを科学に援用すると、どう都合が悪いのだろうか？　科学と同じように、法廷もまた「真理＝真実」を解明する場所であり、その論証手続きも厳格に定められている。しかも、私たちはその手続きの妥当性を社会的に認めている。だとするならば、法廷の論証手続きを科学に利用しても良いのではないか？　そう考えてみることもできる。

しかし、現実には、「裁判のレトリック」は、すでに科学の中心から失われている。少なくとも、それが（ボイルの著作のように）実験報告の模範的な書き方と見なされることはないだろう。では、科学の中心において「裁判のレトリック」が使われなくなったのはなぜなのか？　そこには、いかなる歴史的背景があるのだろうか？

実のところ、「裁判のレトリック」がどう使われなくなったのか（また、使われているとすれば、どこに残っているのか）という問題は、これまで解明されてこなかった。以下で取り組みたいのは、この課題である。とくに注目するのは一九～二〇世紀転換期だが、本書は、「裁判のレトリック」の衰退が、この時期に進行したと考えている。第5章では、当時の欧米で流行した心霊研究という事例を通じて、その過程に迫ってみたい。

ただし、この章には、いままで以上に細かい情報が登場する。一九世紀の科学史に馴染みのない方には、少し情報量が多いかもしれないが、大筋の流れさえ掴んでもらえれば、先に進んでもらっても全く問題ない。その場合でも、後から戻って読み直せば、理解が深まると思う。

1　科学と非科学の境界線

すでに見てきたように、一九八〇年代以降の科学史・科学社会学の歴史研究は、一七世紀という実験科学の黎明期において「裁判のレトリック」が導入された経緯を論じてきた（Shapin and Schaffer［1985→2011＝2016］, Sargent［1989］, Licoppe［1994］, Shapiro［1994］, Biagioli［1996］）。その背景には、一七世紀前後に生じた「科学革命」に対する新たな関心がある。すなわち、「科学革命」を単に科学的知識が急激に変化した時代と捉えるのでも、長期間にわたる漸進的な変化の一コマと見なすのでもなく、初期近代における認識論的概念と科学的実践のあり方に注目することで、それに新たな光を当てることが目指されてきたのである。

しかし、その反面、「裁判のレトリック」がその後どうなったのかは、あまり注目されてこなかった。例えば、一八世紀の実験科学において「裁判のレトリック」はどう使われていたのだろうか？　一九世紀の場合はどうか？　それはいつの時点で科学の中心的なレパートリーから消えたのか？　一七世紀の「科学革命」と直接の関係を持たないこれらの問いは、ほとんど手つかずのまま残されている。そこで、本章では、実験科学の中心から「裁判のレトリック」がどう消えたのかを考えてみたい。

現在の科学において「裁判のレトリック」が使われることは稀だろう。無論、それが全く使われないわけではないし、後で述べるように、分野によっては、むしろ、いまでも使われ続けていると考えた方が良い。それでも、ボイルの実験報告のような模範例になるとは考えにくい。現代の科学史家がこれを「レトリック」と呼ぶこと自体、その例外性を雄弁に物語っている。

逆に、「疑似科学」と呼ばれる領域では、「裁判のレトリック」がいまなお頻繁に使われているように見える。例えば、代替医療の効果に関する「証言」や、UFOおよび未確認生物の「目撃情報」が盛んに語られている。ところが、そうした「証言」や「目撃」は、「疑似科学」のサークルの外部では容易く無視される。

だとするならば、「裁判のレトリック」は過去から現在までのどこかの時点で、「科学」の中心的なレパートリーから排除されてしまったのだと考えることができる。以下では、科学と非科学[1]の境界線という観点から、「裁判のレトリック」の消失（ないし失効）を分析していく。

このことを考える上で見逃せないのが、一九世紀という時代である。一九世紀こそ、科学と非科学の境界線がはっきりとした輪郭を持ち始めた最初の時代だった。一八世紀末から一九世紀前半にかけてのヨーロッパでは、「自然史（博物学）natural history」「混合数学 mixed mathematics」「自然哲学 natural philosophy」といった従来の学問分類が再編され、専門分野に分かれつつも統一性を持った「科学」のイメージが形成され始めた（Cunningham and Williams［1993:419-420］）。「科学」と似て非なるものとしての「疑似科学 pseudoscience」という英語が登場したのも、一八世紀末のことである。[2] 今日では自明に見える科学と非科学の境界線も、こうした再編の産物なのである。

一七世紀には、科学と非科学の境界線が、今日のような形では存在しなかった。そのため、「裁判のレトリック」も単なる論証戦略の一種と理解されていたのだろう。ところが、一九世紀後半までには、科学と非科学の境界線が確立する。それにより、「裁判のレトリック」は非科学の側へと割り振られかねないものになったのではないか？ だとするならば、一九世紀のこうした変化こそが問われるべきだろう。

とはいえ、「裁判のレトリック」の盛衰を網羅的に検討することは、この本の射程を大きく超えている。そのため、ここでは、一九世紀後半の心霊研究（psychical research）という領域を参照点として、この問題に接近したいと考えている。

心霊研究と言うと、単なるオカルトや疑似科学だと思われるかもしれないが、後述するように、一九世紀欧米の科学において、それはオカルトや疑似科学と切り捨てるには大きすぎる影響力を持っていた。[3] 実際、近年では、心霊研究を科学とは無縁のものとして扱うのではなく、それをより広い科学史や文化史の文脈に位置づけようとする新たな研究群が現れている。[4] それらは、科学と疑似科学の境界をめぐる現在の了解をあらかじめ持ち込んでしまう研究者の態度を問題視している（Luckhurst［2002:1-3］, Sommer［2014:38-40］）。

では、心霊研究がとりわけこの本にとって意味を持つのはなぜなのか？　結論から言えば、それは、心霊研究において「裁判のレトリック」が多用されていたからである。しかも、そこでは「裁判のレトリック」の有効性をめぐる議論が、科学と非科学の境界を区画する係争点にもなっていた。その意味で、心霊研究という事例は、「裁判のレトリック」の消失という事態を考えるための重要な観測地点の一つだと言える。

こうした観点から、以下では、心霊研究において「裁判のレトリック」がなぜ使用され、いかにして失効したのかを明らかにしていく。それにより、科学と非科学の境界線をめぐる私たちの視線それ自体の成立に迫ってみたい。

2　対象とその前史

2-1　見世物としての実験

心霊研究を見ていく前に、まずは、その前史にあたる一八世紀の実験科学をめぐる環境を確認しておこう。ここでは、とくに二つの側面が重要である。

一つは、電気・磁気への注目である。一八世紀以前には、電気・磁気の作用はほとんど解明されていなかった。電気現象と言えば静電気のことであり、雷が電気であることも知られていなかった。ところが、一八世紀後半以降、ライデン瓶や動物電気といった電気に関する発見が相次ぎ、一九世紀になると、電流の磁気作用が発見され、電磁気学が完成していく（安孫子ら［2007:132-165］）。つまり、一八～一九世紀には、知覚できない作用への注目が高まっていたのだ。

もう一つは、見世物としての実験の広がりである。一八世紀のヨーロッパでは、興行的な実験家による大衆向けの実験が行われた。そこでは、電気や磁気を使った実験ショーや、現在の催眠術の前身に当たる動物磁気（メスメリズム）のショーが人気を博していた（Darnton［1968=1987: 第1章］, 吉見［1995→2012: 第1章］）。科学実験は人々の知覚を愉しませる一種の娯楽になっていたのである。

それでは、この時期、実験という営みはいかなる変容を経験したのだろうか？

サイモン・シャッファーによると、一八世紀のヨーロッパでは実験装置が普及するとともに、実験装置の適切な運用が問題になっていた。実験装置の使い方が人によって違ってしまうと、そこで得られる結果も変わってしまう。とりわけ、電気や磁気を扱う場合には、身体の微細な動きが、予期せぬ形で結果に影響を与える可能性がある。そこで、実験の「非‐身体化 disembodiment」とも呼ぶべき事態が進行したという（Schaffer［1992:330→1994:59］）。すなわち、実験者の身体の配置を測定したり、実験者の振舞いを制御したりする動きが現れたのだ。

美術史家バーバラ・スタフォードは、シャッファーの議論を引き継ぎつつも、一八世紀における実験と見世物の連続性を強調している。それによると、興行的な実験家によって担われていた大衆向けの実験ショーは、視覚的な娯楽と化しており、奇術やジャグリングのような見世物と連続的なものだと見なされていた。そのため、実験者の手さばきによって、目撃者が欺かれるかもしれないという疑念さえ持たれていた。つまり、一八世紀の実験においては「知覚の欺かれやすさ」が強烈に意識されていたというのだ（Stafford［1994=1997:201-224, 369］）。実験があくまでも目撃されるものである以上、そこには「知覚の欺かれやすさ」が付いてまわる。実験者の振舞いの測定・制御・消去といった「非‐身体化」は、そのことに対する予防策になっていたのである。

しかし、それだけではない。シャッファーによると、実験の「非 - 身体化」と同時に、実験技術の「具現化 embodiment」とも呼びうる動きが生じていた。それが、一九世紀における自動記録装置の導入である（Schaffer［1992:330, 362→1994:59, 91］）。フォノトグラフ（phonotograph）・蓄音機（phonograph）・脈拍計（sphygmograph）・キモグラフ（kymograph）・ミオグラフ（myograph）・地震計（seismograph）など、一九世紀には「-graph」という接尾語を持つ装置が多数開発された。その多くが音響学と生理学に集中している（Hankins and Silverman［1995:128］）。これらの装置は、実験者の身体を媒介せずに現象をそのまま記録したり、実験者の身体運動そのものを直接に記録したりする。このとき、実験技術は装置へと「具現化」されている。その意味で、一八世紀に始まった実験者の振舞いの測定・制御・消去は、自動記録装置の登場とともに飛躍的に進展したのである。

ただし、このことをもって、実験の「非 - 身体化」が完成したと考えるのは早計である。むしろ、実験者の振舞いという問題は一九世紀以降も残り続けた。その一例として、シャッファーは、物理学者ウィリアム・クルックス（一八三二―一九一九）の心霊実験を取り上げている。

心霊研究の実験は、霊媒師（medium）が発生させる心霊現象が本物かどうかを検証するものだが、そこには常に詐術（ペテン）の可能性が付きまとっていた。というのも、霊媒師が霊（spirit）を呼び出す降霊会（seance）は、暗い部屋で行われるのが一般的である上、霊媒師は参加者から見えない間仕切りの後ろに座ることもあったからだ。降霊会では、どこからともなく叩くような音が聞こえたり（=ラップ音）、家具が独りでに動き出したり（=ポルターガイスト）、といった現象が見られるが、どれも奇術のトリックで十分に可能なものだった。そこでクルックスは、詐術を防ぐために、霊媒師の両手を電気回路と接続し、その回路に検流計を繋ぐことにした。こうすれば、両手を電気回路から外したことが検流計で検知できるので、霊媒師はトリックを働くことができないだろうとクルックスは考えたのである（Oppenheim［1985=1992:434］, Schaffer［1994:103-104］）。

ところが、こうした予防策をもってしても、トリックの可能性を拭い去ることはできなかった。なぜなら、この実験では、電気回路を身体の他の部位に繋ぎ直せば、検流計に検知されることなく、両手を自由にできてしまうからである[5]（Oppenheim［1985=1992:434-435］）。

一見すると、検流計のような測定器具を使えば、「知覚の欺かれやすさ」の問題は簡単に解消できるように見える。しかし、測定器具を使用するのが実験者である以上、実験のプロセスにはどうしても実験者の身体が入り込んでしまう。自動記録装置を導入しても、この問題は解決しない[6]。つまり、実験者の身体はどこまで行っても完全には消去できず、「知覚の欺かれやすさ」に対する予防策はいつでも無効にできてしまう。

このように、一八世紀に見られた実験と見世物の連続性は、心霊研究という形で、一九世紀にも残り続けていた。その意味で、実験の「非－身体化」が抱える限界を象徴的に示しているのが、心霊研究という分野なのである。

2-2 心霊主義の大流行

心霊研究は、近代心霊主義（modern spiritualism）と呼ばれる一九世紀後半の思想的運動の一部だが、それは当時の時代状況と深く関わっていた。一八世紀末から一九世紀にかけての欧米では、観察・実験という科学的方法によって形而上学を排除する科学主義・実証主義・自然主義の考え方が大きな影響力を持ち始めたが、それは同時に多数の「疑似科学」を生んだ時代でもあった。例えば、骨格や顔つきから性格を読み解く骨相学・観相学、病気の原因となる物質を使って病気を治そうとするホメオパシー、動物に磁気の流れがあると考える動物磁気説などの「疑似科学」が大流行したのである（Knight［2009:ch.7］）。

では、近代心霊主義はこうした動きとどう関係しているのだろうか？

「疑似科学」とは「科学」と似て非なる知識のことを指すが、心霊主義と聞くと、「疑似科学」というよりも、むしろ、「科学」とは似ても似つかない単なる「オカルト」だと思われるかもしれない。確かに、イタコのような伝統的な心霊現象は「科学」とは無縁である。けれども、一九世紀後半に登場した近代心霊主義に関する限り、少なくとも二つの意味で、「科学」と接点を持っていた。

一つは、現象の新しさである。近代心霊主義の起源として繰り返し言及されるのは、アメリカのニューヨーク州の片田舎で起きたハイズヴィル事件（一八四八年）というポルターガイスト現象だが、この事件以降、降霊会が欧米社会へと一斉に広がった。降霊会とは、サロンに集まった人々の前で、職業的ないし非職業的な霊媒師の呼び出した霊が、ポルターガイスト・自動筆記・心霊写真・テレパシー・透視・エクトプラズムなどの現象を引き起こすものである。テレパシーや心霊写真を考えればわかるように、それらはテレグラフや写真といった最先端の科学技術をなぞったものであり、そこに新しさがあった（Kittler［1986=1999→2006a:40-41］, 稲垣［1993:28-33］, 稲垣［2007:42-43］）。

そしてもう一つが、科学的研究の存在である。以上のような新しい心霊現象は、潜在意識・電磁波・プロトプラズマといった当時の心理学・物理学・生理学における先端現象と似通っており、著名な心理学者・物理学者・生理学者による研究を生んだ（Oppenheim［1985=1992: 第III部］, Brain［2013］, Gunning［1995=2003:194-200］）。つまり、心霊現象は先端科学の関心を集める異種混淆《ハイブリッド》的な研究対象だったのである（Luckhurst［2002:3］）。

ここまで「心霊研究」と呼んできたのは、こうした科学的研究のことである。ただし、すでに見たように、そこには通常の科学とは異なる困難があった。心霊研究の実験には、往々にして霊媒師の協力が必要であり、霊媒師がトリックを使っている可能性が付きまとった。加えて、実験者の側が催眠術などの力で現象を錯覚しているとの疑念も持たれた。そのため、観察の信頼性という問題にどう対処するのかが、重要な課題となったのである。以下では、初期の心霊研究における実験報告を参照しながら、この問題がどのように処理されたのかを確認していく。

なお、心霊研究の中で最も科学性を重視したことで知られる団体は、一八八二年にロンドンで設立された心霊現象研究協会（Society for Psychical Research）である。当時のイギリスには、心霊主義関係の出版物として、『スピリチュアル・マガジン *Spiritual Magazine*』『霊媒と夜明け *Medium and Daybreak*』『スピリチュアリスト・ニュースペーパー *Spiritualist Newspaper*』『ライト *Light*』『二つの世界 *Worlds*』といった五つの代表的な機関誌があったが、心霊現象研究協会の『心霊現象研究協会紀要 *Proceedings of the Society for Psychical Research*』と『心霊現象研究協会誌 *Journal of the Society for Psychical Research*』は、その科学性において、他とは一線を画していた（Oppenheim［1985=1992:70, 85-86］）。

心霊現象研究協会は、ケンブリッジ大学トリニティ・カレッジ出身の哲学者ヘンリー・シジウィック（一八三八―一八九〇）と、その友人のフレデリック・マイヤーズ（一八四三―一九〇一）、およびエドマンド・ガーニー（一八四七―一八八八）らによって設立され、一八九五年には会員数（名誉会員・通信会員・準会員・正会員）が九〇〇名を超えるほどの巨大な団体へと成長し、今日まで続いている。初期に会長を務めた人物には、シジウィックのほか、イギリス首相にもなった哲学者アーサー・バルフォア（一八四八—一九三〇）のような著名人や、先述の物理学者クルックス、物理学者ウィリアム・フレッチャー・バレット（一八四四—一九二五）、物理学者オリバー・ロッジ（一八五一—一九四〇）といった著名な科学者も含まれていた（Society for Psychical Research［2021］）。このことは、心霊研究への注目の高さを物語っている（Oppenheim［1985=1992:178-180］）。

しかし、それだけではない。心霊現象研究協会には、海外の科学者も多く参加していた。例えば、アメリカの心理学者ウィリアム・ジェームズ（一八四二—一九一〇）やフランスの哲学者アンリ・ベルクソン（一八五九—一九四一）は会長を務めたが、他にもフランスの医師アンブロワーズ＝オーギュスト・リエボー（一八二三—一九〇四）、内科学のイポリット・ベルネーム（一八三七—一九一九）、心理学者ピエール・ジャネ（一八五九—一九四七）、生理学者シャルル・ロベール・リシェ（一八五〇—一九三五）、イタリアの精神医学者チェザーレ・ロンブローゾ（一八三六—一九〇九）、アメリカの心理学者スタンレー・ホール（一八四四—一九二四）など多くの著名な学者が通信会員に名を連ねた。さらに、第一次世界大戦の直前には、オーストリアの精神科医ジークムント・フロイト（一八五六—一九三九）も心霊現象研究協会に賛同する著名な外国人リストに加わり、会報に寄稿している（Oppenheim［1985=1992:312］, McCorristine［2010:103-104］）。

一九世紀後半という時代は、科学の国際組織が生まれ、学術的な国際会議が開催され始める時期に当たる（古川［1989→2000→2018:250-251］）。その意味で、心霊現象研究協会は、国境を越えて著名な科学者が参加する初期の国際組織の一つでもあったのである。以下では、イギリスの心霊研究を中心的に扱いつつ、その背後にある国際的な繋がりにも注目していく。[7]

3　一九世紀の「線引き問題」

3-1　クルックスの実験（一八七一年）

心霊研究が本格的に組織化されたのは、心霊現象研究協会が設立された一八八〇年代以降のことだが、それ以前から科学者による心霊研究がなかったわけではない。最も早く系統的に科学的方法を用いた人物の一人は、先ほども取り上げたウィリアム・クルックスである。クルックスの実験には、それ以後の心霊研究にも繰り返し現れる特徴がすでに先取りされている。そこで、まずはクルックスによる実験報告を取り上げよう。[8]

クルックスは、タリウムの発見やクルックス管（真空放電管）の発明により、現在でも知られているが、一八六三年にはロンドン王立協会のフェロー（特別会員）に選出され、ロイヤル・メダル、デイヴィー・メダル、コプリ・メダルといった科学賞も授与されている（Royal Society［2021b］）。そのような人物が心霊研究に関心を持ったのは一体なぜなのか？

その背景にあるのが、科学的な実験の不在という問題意識である。実は、クルックス以前にも、心霊現象の研究は散発的に行われていた。例えば、一九世紀イギリスを代表する化学者・物理学者マイケル・ファラデー（一七九一―一八六七）は、一八五三年、当時流行していたテーブルターニング（≒こっくりさん）の真偽を確かめる実験を行い、それが「不覚筋動 involuntary muscular action」（＝無意識的な筋肉運動）によるものだと結論づけた（Faraday［1853a＝1981］, Faraday［1853b＝1981］）。心霊現象を肯定するにせよ否定するにせよ、まずは科学によってその真偽を確かめるべきだとするファラデーの発想を、クルックスは継承したのである。

クルックスが初めて心霊研究への関心を表明したのは、*Quarterly Journal of Science*誌の一八七〇年七月号においてである（Crookes［1870→1874a=1980a］）。その一年後の一八七一年七月号には、当時、最も有名だった霊媒師ダニエル・ダングラス・ホーム（一八三三―一八八六）を招いて行った実験を投稿した。この雑誌は、クルックス自身が編集を担当していたが、一般的な自然科学を扱う雑誌なので、実験の条件には注意を払っている。

クルックスはホームに対して、二種類の実験を行った。

第一の実験は、霊媒師が鍵盤に触れていないのにアコーディオンが鳴るという見世物性の高いものだった［→図5.1］[9]。図では少々わかりづらいが、ホームの左手はアコーディオンの鍵盤とは反対側を掴んでおり、右手はテーブルの上に置いている。しかも、アコーディオンの周囲には囲いがあり、

図5.1　アコーディオン実験

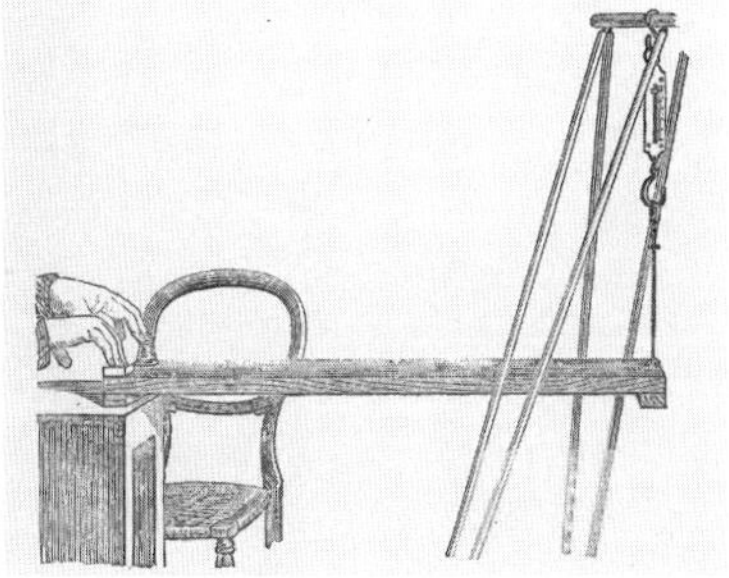

図5.2　バネばかり実験

鍵盤に手が届かない。にもかかわらず、アコーディオンは独りでに音を奏で始めた（Crookes［1871a: 340-344→1874:10-14=1980:29-35］）。

これに対し、第二の実験は、より物理学的なものである。すなわち、木製の板の片方の端をテーブルで支え、もう一方の端をバネばかりで吊り上げた状態にし、テーブルで支えている方の端に霊媒師が指を置くと、バネばかりの目盛りが増加したのである［→図5．2］。[10] 霊媒師が指を置いた場所は、支点を挟んでバネばかりと反対にあるため、そこに力を加えてもバネばかり側が重くなるはずはない。また、霊媒師が指に力を入れていないことを確認するために、指の下にマッチ箱（＝力を入れると潰れる）やベル（＝押すと音が鳴る）を置いても結果は同じだった。そこでクルックスと協力者は、霊媒師が見えない力を発していると考え、これを「心霊力psychic force」と名づけた（Crookes［1871a:344-346→1874:14-16=1980:35-38］）。

ここで重要なのは、クルックスの実験報告が「裁判のレトリック」を使用していたことである。そこには、大きく分けて四つの記述戦略を見て取ることができる。順番に確認していこう。

第一に、証人の列挙がある。クルックスは、自分以外に実験を目撃した人物として、「王立協会で高い地位にある物理学者」のウィリアム・ハギンズ（一八二四―一九一〇）、「名の知れた上級法廷弁護士」のエドワード・ウィリアム・コックス（一八〇九―一八七九）、クルックスの兄弟、クルックスの化学助手がいたと明記している[11]（Crookes［1871a:341→1874:11=1980:31］）。ここで注目に値するのは、クルックスが証人の評判と専門とに触れていることである。これによって、証人の信頼性を高めることが可能になる。

第二に、証言の複数化がある。実験報告自体はクルックスが一人で書いたものだが、随所に「ハギンズが目盛りを見ながら「六・五ポンドに下がっている」と言った」というような記述が見られる（Crookes [1871a:344→1874:14=1980:36]）。誰が見たことなのかが意識的に書き込まれることで、実験報告がその場に居合わせた目撃証言を総合したものだということがわかる。

第三に、証人の宣誓が見られる。すなわち、実験報告の末尾に、ハギンズとコックスからの書簡が引用されているのである。ハギンズは「貴殿の論証［＝実験報告］は、貴宅において私の目の前で起きた出来事についての正確な陳述を含んでいるように見えます」と述べ、コックスもまた「私は進んで貴殿の記述が正確であることを証言します」と記している（Crookes [1871a:347-348→1874:17-18=1980:41-42], 訳文を改変し、［ ］内を補った）。これによって、クルックスの報告自体の信頼性が根拠づけられる。

第四に、証人としての資格への言及がある。実験の前年（一八七〇年）の文章で、クルックスは「科学的訓練 scientific training」の重要性を語っている。長期の科学的教育を受けた科学人（scientific men）は、普通の観察者とは違って、実験の「正確性」を確保することにより、詐欺行為を排除できるというのである（Crookes [1870:316-320→1874:3-7=1980:17-24]）。クルックスは自分自身をそうした科学者だと考えていたし、ハギンズのことも「科学界の勢力を代表している」と評価していた（Crookes [1871a:346→1874:16=1980:38]）。そのため、クルックスは、実験結果が「決定的なテストの適用、注意深く配置された装置、申し分のない証人（irreproachable witnesses）の立会い」のもとで得られたものだと断言している（Crookes [1871a:347→1874:17=1980:39-40], 傍点は引用者による）。

ただし、以上の記述戦略が功を奏したとは言い難い。クルックス自身が述べるように、こうした実験を追試しようという機運はなかったし、王立協会の書記である二人の教授を新たな実験に招待したが、断られてしまった（Crookes［1871b:478→1874:28=1980:57-58］）。クルックスは追加実験で、独自の自動記録装置まで用意したが、支持の拡大にはつながらなかった［↓図5.3[12]・図5.4[13]］。

3-2 カーペンターによる批判

しかし、だからといって「証人」という発想自体が即座に否定されたわけではない。それどころか、クルックスに対する批判者もまた「裁判のレトリック」を使用していた。

イギリスの生理学者ウィリアム・ベンジャミン・カーペンター（一八一三―一八八五）は、科学をめぐる評論誌の一つである*Quarterly Review*誌の一八七一年一〇月号に、匿名の記事「心霊主義とその最近の転向者」を寄稿し、クルックスの論文に対する批判を展開した。[14] カーペンターは、心霊現象が霊媒師や実験参加者の「無意識の筋肉運動unconscious muscular action」（Carpenter［1871:308］）によるものだとの見解を示した上で、実験に関わったコックス、ハギンズ、クルックスがいずれも「科学的訓練」を欠いており、「申し分ない証人」とは言えないとまで主張したのである（Carpenter［1871:340-344］）。

科学ジャーナリストのジョン・パルフレマンが指摘しているように、両者の対立の背景には、科学の専門職化という制度的変化がある（Palfreman［1979:215-216］）。カーペンターはユニバーシティ・カレッジ・ロンドンとエディンバラ大学で医学教育を受け、王立研究所（Royal Institution）、ロンドン病院、ユニバーシティ・カレッジ・ロンドンなどで講師となり、最終的にはロンドン大学で大学運営上のポジション（Registrar）に就いている（Brock［2008:211-212］, Royal Society［2021a］）。この時期のイギリスでは、カーペンターのように、大学で科学教育を受け、職業科学者となるキャリアが生まれる一方、ハギンズのように、十分な資産を持つ人物がアマチュア科学者となるケースもあった（Royal Society [2021c]）。クルックスはこの中間で、王立化学大学（Royal College of Chemistry）という単科大学を卒業したものの、大学でのポジションはなく、自宅に実験室を設けて、浄水処理・下水処理・電灯等の特許技術を開発する一種の企業家として生計を立てていた（Luckhurst [2002:24-25]）。そのため、カーペンターのような職業科学者にとって、クルックスやハギンズのような在野の科学者は、たとえ学界にお

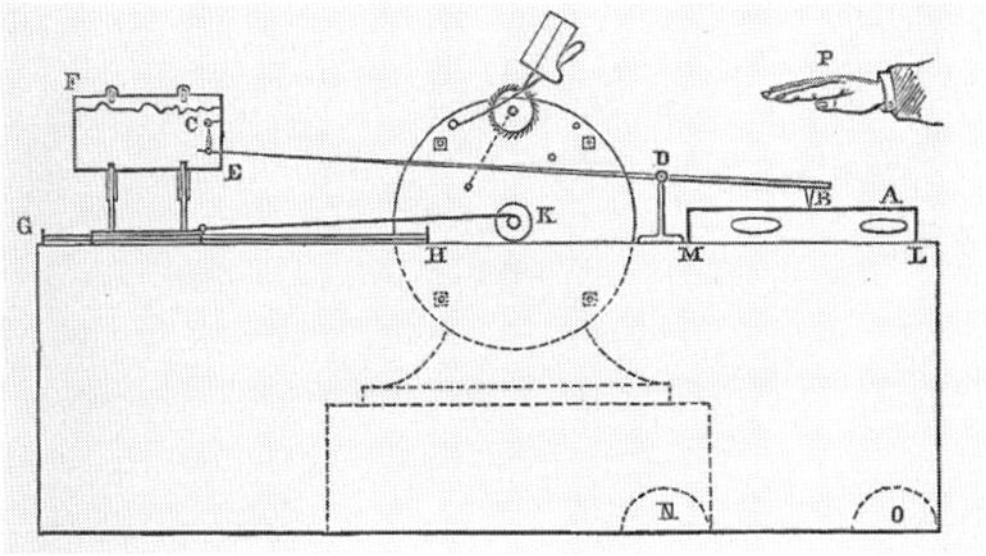

図5.3　自動記録装置

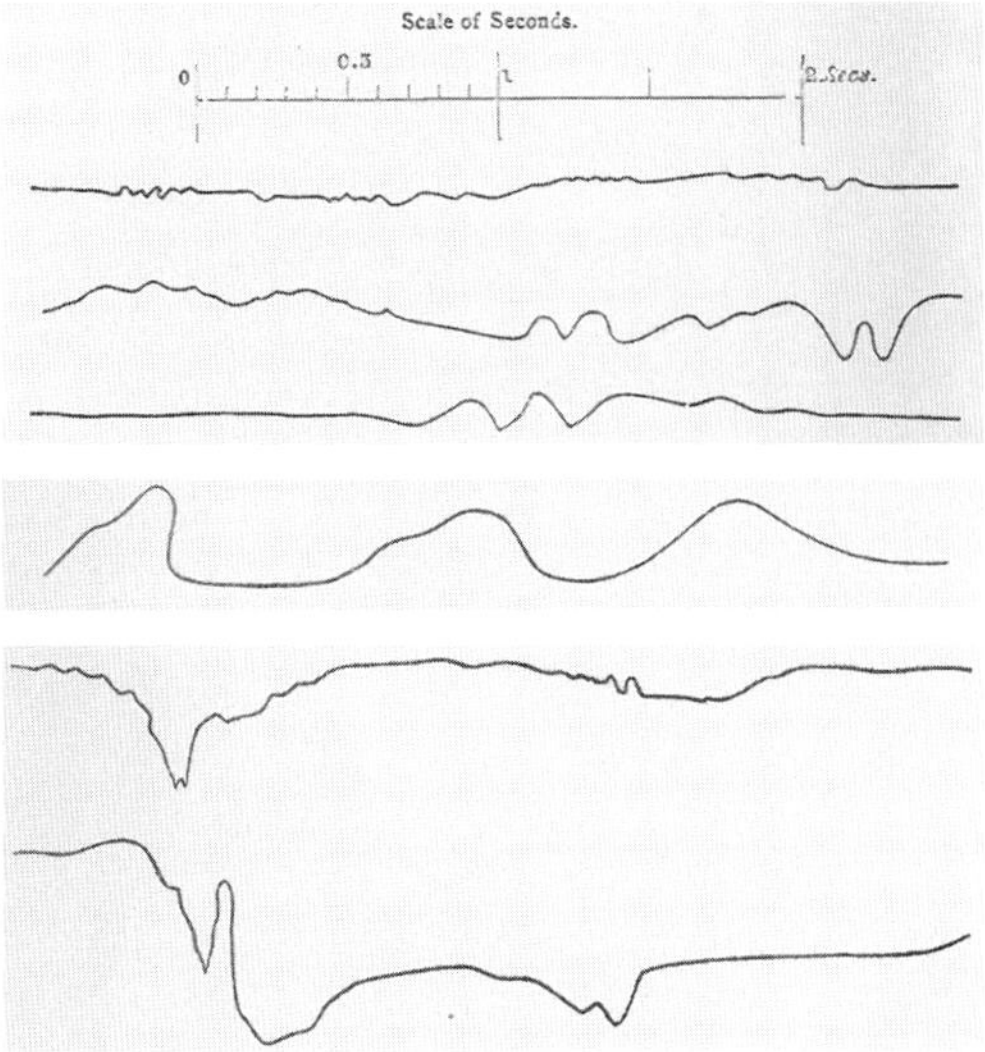

図5.4 「心霊力」のグラフ

いて評価されていたとしても、アマチュアに見えてしまう。

加えて、一九世紀には「精密測定precision measurement」（＝正確さ・精密さを重視した測定）が登場し、当時広がり始めた物理学の実験室教育が「精密測定」を習得する場だと認識されるようになった。カーペンターはその推進者で、技術者が重視する「経験則'rule-of-thumb' methods」に対して、実験室教育の優位性を主張していた（Gooday［1990:36-39, 43-45］）。つまり、カーペンターは、大学の実験室における「精密測定」の習得こそが重要だと考えていたのだ。

重要なのは、この時点ではカーペンターもまた「信頼できる目撃者trustworthy witnesses」（Carpenter［1871:316］）という表現を用いていたことだ。つまり、クルックスに対する批判も「裁判のレトリック」の内部でなされており、観察の信頼性をめぐる問題が、「証人」の適格性の問題へと変換されていたのである。その意味で、クルックスとカーペンターは共通の前提に立っていたと言える。

ところが、五年後の一八七六年になると、カーペンターはさらに「裁判のレトリック」自体にも疑いの目を向けている。*Contemporary Review*誌の一八七六年一月号に掲載された「超自然的なものに関する証言の誤謬について」の中で、カーペンターは、聖書の「証言」の信頼性が、近代（一七世紀以降）の神学者によって批判されてきたことを指摘した上で、一九世紀後半には「証言」をめぐる批判が「全く異なる段階」に至っていると主張する（Carpenter［1876:281→1889:241-242］）。

それによれば、従来の批判は「その物語は実話なのか、作り話なのか？」とか「語り手は真実を告げようとしているのか、それとも真っ赤な嘘をでっちあげようとしているのか？」というように、「証人」の誠実性を問うだけだった。ところが、新たな批判は「語り手の先入観の影響をどの程度まで考慮すべきか？」という形で「証人」の認識能力を問うものになっている。とくに、厳格な「科学的方法」による検討を経ていない「証言」は、「先入観」に歪められてしまうという（Carpenter［1876: 281→1889:241-242］）。

カーペンターは、生理学・心理学の観点からこのように考えたわけだが、この議論が正しければ、仮に「証人」が誠実であったとしても、その「証言」が間違っている可能性を考えなければならなくなる。そうなると、「裁判のレトリック」それ自体の有効性まで疑わしくなり、それは科学的方法と対立するものになってしまうだろう。

実際、さらに時代が下ると、心霊研究においてさえ、「裁判のレトリック」が内在的にも外在的にもその有効性を失ってしまう。以下では、そのことを「証言の心理学」と「奇跡の統計学」という二つの側面から見ていこう。

4　証言の心理学

4-1　ホジソン&デイヴィーの実験（一八八七年）

心霊研究における「裁判のレトリック」の使用は、クルックスの実験報告に限ったことではない。むしろ、それは心霊研究一般の特徴だと見ることができる。例えば、今日的な進化論をダーウィンと同時に考案したイギリスの博物学者アルフレッド・ラッセル・ウォレス（一八二三―一九一三）は、心霊研究に肩入れしたことで知られるが、その著書『奇跡と近代心霊主義 *On Miracles and Modern Spiritualism*』（一八七五）には、心霊現象の証人の名前と職業のリストが掲載され、証人たちが「誠実 honest」[15]で信頼できることが強調されている（Wallace［1875:33-34=1985:39-41］）。また、心霊現象研究協会の初代会長となった哲学者ヘンリー・シジウィックは、その会長講演において、心霊研究がすでに多数の「証言」を集めていることを指摘した上で、それらの「証言」が質の上でも高い水準にあると主張している（Sidgwick［1884:153-155］）。

ただし、誰が「証人」にふさわしいかは未解決の問題だった。例えば、ウォレスは先述のカーペンターによる心霊研究批判について、「『訓練された専門家 trained experts』とは誰のことか？ カーペンター博士は懐疑的な医師や奇術師を公言している人物だけがその名に値すると言い張るだろう」（Wallace［1877:393］）と疑義を呈している。カーペンターは心霊現象の証人に「科学的訓練」を求めたが、もしも「訓練された専門家」が生理学者を意味するのであれば、心霊現象を擁護する陣営にも「訓練された専門家」は存在していると言えてしまう。そのため、ウォレスにはカーペンターの基準がアドホック（場当たり的）に見えたのである。

とはいえ、少なくとも霊媒師の詐欺行為に騙されないことが重要な条件の一つだったことは間違いない。そのことは、心霊研究の実験に、しばしば奇術師が招待されたことにも表れている。例えば、「近代奇術の父」とも呼ばれるフランスのジャン・ウジェーヌ・ロベール＝ウーダン（一八〇五―一八七一）、イギリスのジョン・ネヴィル・マスケリン（一八三九―一九一七）、脱出王の異名をとるアメリカのハリー・フーディーニ（一八七四―一九二六）といった一流の奇術師にトリックが見抜けるかどうかが、心霊現象の真正性を確かめる一つの基準になっていた。ここには、一九世紀の奇術が置かれた状況も関係している。「マジック magic」という言葉が「手品」と「呪術」の二つの意味を持つことからもわかるように、奇術はもともと魔術的な装いを持つものだった。ところが、一九世紀を通じて、魔術的な装いを脱色した舞台芸術としての「近代奇術」が確立され、霊媒師と奇術師が対立的な存在になったのである（Palfreman［1979:206］, Oppenheim［1985=1992:45-49］, Gunning［1995=2003:201-204］, 高山［2000→2007:247-250］）。

さて、一八八〇年代末になると、それまで曖昧だった観察の信頼性の問題を心理学的に解明する論文が登場する。それが、『心霊現象研究協会紀要』第四巻（一八八六—一八八七）に発表された、法学博士リチャード・ホジソン（一八五五—一九〇五）とアマチュア奇術師S・J・デイヴィー（一八六三頃—一八九〇）の「実践的観点から見た不当観察と記憶違いの可能性」（一八八七）である。ホジソンは心霊研究家の中でも詐欺行為に厳しい目を向けた人物として知られるが、この論文は、同巻に掲載された法律家チャールズ・カールトン・マッセイ（一八三八—一九〇五）の「心霊現象の証拠に関する不当観察の可能性」（一八八六）への批判を主眼としていた。

マッセイによると、人々がトリックに騙されるのは、それ自体では間違うことのないそれぞれの知覚行為を、一つの観察へと総合するときである。だから、ある観察をその要素となる知覚行為へと分解することができれば、本当は何が行われていたのかをチェックすることが可能になり、霊媒師がトリックを使っていたかどうかも見抜くことができる。そのために有効なのは、法廷の手続きに見られる「反対尋問 cross-examination」である。というのも、その技術は「一つの一般的陳述を、それが本当は含んでいる複数の個別的陳述へと還元することにある」（Massey［1886:89］）からだ。

これに対し、ホジソンとデイヴィーは、次のような実験を行った。まず、デイヴィーが霊媒師の名を語って降霊会を開き、奇術によってスレート（＝黒板に似た小さな石板）に文字が現れるという念写現象を見せる［→図5．5］[16]。次に、参加者に降霊会の記録を書かせる。そして最後に、参加者の書いた記録を、実際に行われた手順と比較するのである。この実験を通じて、二人は、参加者がトリックに全く気づいていない上、実験の手順自体をも間違って記録していたことを確認した。つまり、降霊会においては、参加者の知覚が欺かれるのみならず、その記憶まで歪曲されていたのだ（Hodgson and Davey［1887:381-404］）。

しかし、そうなると、心霊研究に対する「裁判のレトリック」の適用それ自体に、疑いの目を向けざるをえなくなる。そのため、ホジソンは次のように述べる。[17]

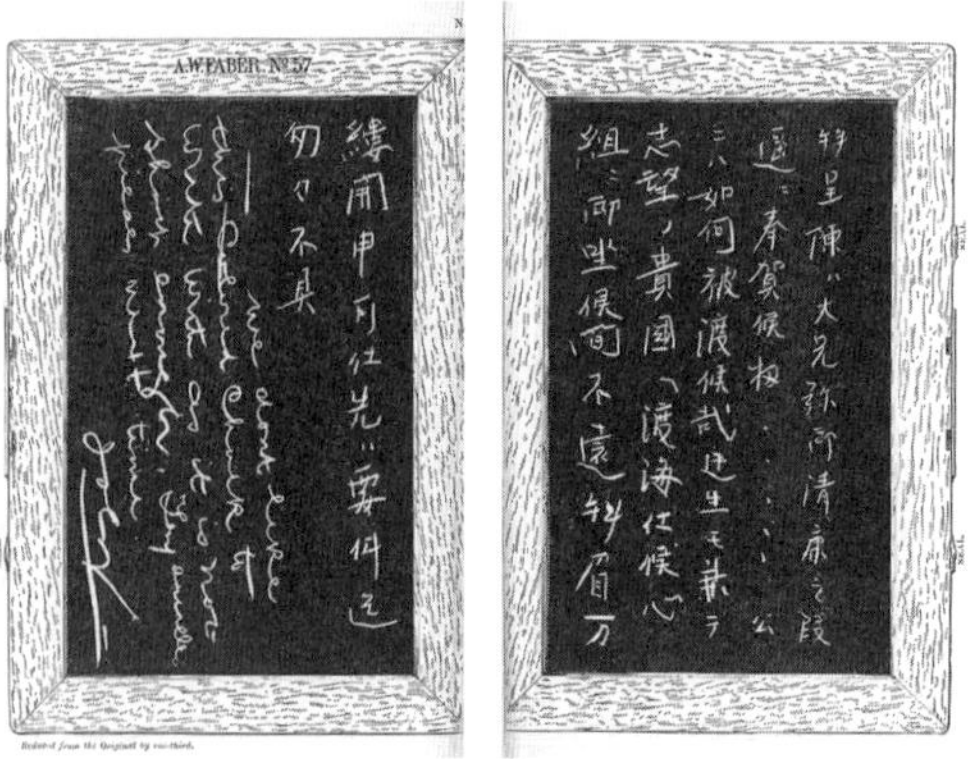

図5.5. デイヴィーの石板書記

> 他の事情が同じならば、同一の出来事に対する二人の目撃者の証言は、一人の証言よりも優れていると見なされて当然である。それでもやはり、我々は、この原理を「念写」現象についての証言に適用することには注意しなければならない。（Hodgson and Davey［1887:399］）

裁判なら証言が増えれば信頼性も高まるが、心霊現象に関しては、証言が増えても信頼できるとは限らない――ホジソンはそう主張したのである。

この実験は、心霊研究家にとって大きな意味を持つものだった。そのことは、心霊現象研究協会の会長となったウィリアム・ジェームズの「心霊研究の成し遂げたこと」（一八九七）を見るとよくわかる。その中でジェームズは、心霊現象研究協会が、「反対尋問」などの法的手続きを使いながら、

「証言」の質を担保してきたことを強調しているが（James［1897:305-306→1960:30-31］）、それと同時に、ホジソンとデイヴィーの実験にもこう言及している。「このデイヴィー＝ホジソンの業績は、おそらく目撃証言に関してなされた中でも最も破壊的な文献だろう」（James［1897:313→1960:36-37］、傍点は引用者による）。「裁判のレトリック」それ自体の妥当性を問い直す二人の実験は、心霊研究の根幹に関わる重要な成果だと認識されていたのだ。

ただし、注意が必要なのは、ホジソンとデイヴィーの論文が、心霊研究の中でのみ流通するものではなかったことである。例えば、フランスの心理学者ギュスターヴ・ル・ボン（一八四一—一九三一）は有名な『群衆心理 *Psychologie des Foules*』（一八九五）において、降霊会に関するホジソンとデイヴィーの実験を取り上げている。[18] ル・ボンは次のように述べる。

> 数人の個人が集れ《ママ》ば、群衆を構成する。そして、その個人が優秀な学者である場合でも、その専門外の事柄になると、群衆のあらゆる性質をおびるのである。各自の有する観察力と批判精神とが消えうせてしまうのである。これについては、明敏な心理学者デイヴィー氏が、実にめずらしい一つの実例を提供している。これは『心霊科学年報 *Annales des Sciences Psychiques*』によって報告されたもので、ここに載せる値打ちのあるものである。（Le Bon［1895:31-32=1947→1952→1993:50-51］、固有名詞の訳語を改変し、傍点を付した）

ル・ボンにとって、ホジソンとデイヴィーの実験は、群衆が陥りがちな「集団的錯覚 l'hallucination collective」の格好の例だったのである（Le Bon［1895:31=1947→1952→1993:50］）。

ウサギとアヒルの騙し絵で知られるアメリカの心理学者ジョセフ・ジャストロウ（一八六三―一九四四）もまた、『哲学・心理学辞典 *Dictionary of Philosophy and Psychology*』第二巻（一九〇二）の「記憶（障害）Memory（defects of）」という項目において、「不当観察 mal-observation」の研究における「記憶違い errors of memory」の分類に触れるとともに、ホジソンとデイヴィーの論文を参考文献リストに挙げている（Jastrow［1902:65-66］）。実のところ、ジャストロウ自身は心霊研究の批判者なのだが（Knapp［2017:122, 165, 170］）、『心霊現象研究協会紀要』の論文がその批判者からも引用されていたことは注目に値する。

こうしたことは、奇術や心霊現象が、幻覚や記憶違いといった逸脱的現象を心理学的に分析するための興味深い素材となっており、心霊研究が――論争を呼ぶ話題ではあるものの――未だディシプリンとしての確立途上にあった心理学の一領域として認識されていたことを示している。[19] イアン・ハッキングは、一九世紀の神経学や心理学において、技芸としての「記憶術」に代わる「記憶の科学」が出現したことを指摘しているが、心霊研究は、まさにハッキングの言う「記憶の科学」の一部でもあったのである（Hacking［1995=1998: 第14章］）。

4-2　法廷に立つ心理学

しかし、それだけではない。さらに重要なのは、ホジソンとデイヴィーが「証言の心理学」という知の成立を半歩先取りしていたことである。

一八九〇年代から一九一〇年頃にかけて、法廷での「証言」の有効性を対象にする心理学が登場した。法廷での「証言」の評価法に対する批判を展開したル・ボンの『群衆心理』はその先駆けとも言えるが（Le Bon［1895:34-35=1947→1952→1993:54-56］）、最初の実験として知られているのは、アメリカの心理学者ジェームズ・マッキン・キャッテル（一八六〇―一九四四）が一八九五年に発表したものである。それは、実験参加者である学生に対し、「先週のこの日の天気はどうだったか？」といった質問を行い、その回答の分布から、「証言」における「記憶」の正確性を定量的に評価しようと試みるものだった（Cattel［1895］, サトウ［2005:13-14］, サトウ［2013:695］）。

一九〇〇年代になると、法廷での「証言」により直接的に関わる実験が現れてくる。

ドイツでは、心理学者ウィリアム・シュテルン（一八七一―一九三八）が、刑法学者フランツ・フォン・リスト（一八五一―一九一九）とともに「上演実験」を行った[20]（サトウ［2005:15］, サトウ［2013:695］）。例えば、心理学の授業中にニセの事件を起こし、それを出席者に目撃させた後、事件の様子を思い出して記述させ、「記憶」の正確さを評価するのである（Stern［1908=1982=1988］）。

一方、アメリカでは、ドイツ出身の心理学者ヒューゴ・ミュンスターバーグ（一八六三―一九一六）が、『証言台にて *On the Witness Stand*』（一九〇八）を著した。その中で、ミュンスターバーグは、「記憶」の正確性だけでなく、「証言」の虚偽性も分析している。そこで使用したのが、スイスの心理学者カール・グスタフ・ユング（一八七五―一九六一）の「言語連想法」である。ユングは、実験参加者にある単語を与え、そこから連想した単語を発するよう求めると、単語ごとに反応時間が変わることを発見した。例えば、疾しいところのある単語には、反応時間が遅れてしまう。ミュンスターバーグは、実際の容疑者にこの実験を行い、犯罪を想起させる単語に対する反応を分析したのである（Münsterberg［1908:73-110］）。この手法はさらに、ミュンスターバーグの生徒で、後に『ワンダーウーマン』の原作者となるウィリアム・モールトン・マーストン等によって、嘘発見器（ポリグラフ）へと応用されていく[21]（Alder［2007=2008: 第4章］, サトウ［2005:18-19］, サトウ［2013:696］）。ただし、ミュンスターバーグは、法律家が心理学の成果を無視していると批判したため、法学者ジョン・ヘンリー・ウィグモア（一八六三—一九四三）からの反発を招いた（Münsterberg［1908］, Wigmore［1909］, サトウ［2005:19-20］, サトウ［2013:695-696］, 篠木［2016］）。「証言」をめぐる心理学の知見を重く見ると、証拠法で定められている従来の証拠調べの方法は疑わしくなってしまう。だからこそ、この問題が対立の火種になったのである。

ミュンスターバーグとウィグモアの論争はこれまでも度々言及されてきたが、従来の研究の焦点は、専門家証人（expert witness）としての心理学者の地位にあった。例えば、科学史家ロバート・カーゴンは、歴史上の四つの時期・地域を取り上げ、法廷と科学の関係を次のように整理している。（1）科学革命期（一七世紀イギリス）には、科学の手続きよりも司法の手続きの方が進んでいると考えられていた。そのため、科学は証拠を評価する手続きを司法から借用せざるをえず、実験においては法的アナロジーが用いられた。ところが、（2）啓蒙期（一八世紀末フランス）になると、科学的知識が進歩的なものだと見なされるようになり、司法の領域でも科学的知識の重要性が認識され始める。さらに、（3）産業革命期（一九世紀イギリス・アメリカ）になると、科学の重要性は完全に確立して、化学者や物理学者が「専門家証人」として出廷するようになる。とはいえ、（4）あらゆる分野の専門家が「専門家証人」として出廷するわけではない。特に、ミュンスターバーグとウィグモアの論争に見られるように、心理学のような新興領域の場合には、化学や物理学ほどの信頼性を持たなかった。それでも、二〇世紀のアメリカでは「専門家証人」の範囲が心理学者にまで拡大したという[22]（Kargon［1986］）。

このように、ミュンスターバーグとウィグモアの論争は、「専門家証人」の資格をめぐる歴史の一コマだと見ることもできる。だが、見方を変えると、この論争が持つより深い意味が見えてくる。というのも、「証言の心理学」の出現は「証言」という概念そのものに再考を迫るからである。それは、法的言語と科学言語の関係それ自体の変化を指し示していると考えられるのだ。[23]

「専門家証人」の知見は、あくまでも証拠法という手続きの範囲内で聞き入れられるにすぎない。ところが、「証言の心理学」は、証拠法の手続きそのものの誤りを明らかにする。つまり、それは、個別の「証言」についての解釈を示すだけでなく、証拠法の妥当性までをも括弧に入れてしまうのだ。その意味で、「専門家証人」としての心理学者は、法廷の手続きそれ自体を揺るがしかねない。法廷での「専門家証人」の基準を定めた「フライ基準 Frye rule」(一九二三年)は、他ならぬ嘘発見器の証拠能力を認めるか否かをめぐる議論の中で形成されたが (Alder [2007=2008:94-98])、このことは、心理学者が証拠法の基盤を脅かす存在だったことを象徴的に示している。[24]

以上のように、「証言の心理学」による知覚や記憶の分析は、科学における「裁判のレトリック」の見直しを超えて、証拠法の手続きそのものに再考を迫る可能性を含んでいた。心霊研究においては、この可能性が最も早い段階で試されていたのである。

5 奇跡の統計学

5-1 レーマン&ハンセンの実験(一八九五年)

一九~二〇世紀転換期の心霊研究では、以上のような形で「裁判のレトリック」が心理学方面から内的に破綻を宣告されていた。もちろん、これで「裁判のレトリック」が使用されなくなったわけではないが、「裁判のレトリック」が科学的方法には適さないという認識に学術的根拠が与えられたことは間違いない。だが、これと並行して、もう一つの変化が生じていた。それは、確率論・統計学という知の導入である。そこでは、「裁判のレトリック」がそもそも要請されず、全く違う形で心霊現象の存在証明が目指されている。その意味で、「裁判のレトリック」は、確率論・統計学により、外在的にも棄却されたのだと考えられる。ここでは、その経緯を追いかけてみよう。

実は、心霊研究（とくにテレパシー）と統計学の間には、浅からぬ関係があることが知られている。ハッキングは、統計学の重要な手法である「無作為化randomization」の前史を、心霊研究のテレパシー実験に見出している。それによると、心霊研究に初めて確率論・統計学を持ち込んだのは、アナフィラキシー・ショックの発見でノーベル生理学・医学賞を受賞することになる生理学者リシェだった（Hacking［1988:437-441］）。

リシェは「精神暗示と確率計算」（一八八四）の中で、例えば、次のようなテレパシー実験を行っている。まず、送信者に一組のトランプから一枚のカードを引かせ、そのカードを念じさせる。次に、受信者にトランプのマークを推測させ、受信者の推測が送信者の引いたカードと一致するケースを数える。そして、その確率が「偶然の一致」に当たる四分の一を超えるかどうかを検討するのである[25]（Richet［1984:616-620］）。この手続きは、いまで言う「統計的有意」（＝統計的に意味を持つ）に当たる考え方を必要とするため、確率論・統計学と強く結びついていく。

リシェの実験の特徴の一つは、詐術の可能性が高い霊媒師ではなく、催眠術をかけられた一般人を対象にした点にある。これをきっかけに、一般人を対象に含んだテレパシー実験が行われていく。

例えば、ヘンリー・シジウィックとその夫人で数学者のエレノア・ミルドレッド・シジウィック（一八四五—一九三六）およびその協力者G・A・スミスは、『心霊現象研究協会紀要』第六巻（一八八九—一八九〇）に「思考伝達（Thought-transference）の実験」（一八八九）を発表した。[26] その中で、シジウィック夫妻らは、一〇〜九〇の二桁の数字を書いた木片を用意し、スミスが催眠術でトランス状態にした受信者に、数字を当てさせる実験を行った（Sidgwick et al.［1889:128-129, 131］）。

Numbers Drawn.	Numbers Guessed.											Totals drawn.
	1	2	3	4	5	6	7	8	9	0	No impression	
1	43	18	20	17	22	13	10	13	6	2	4	168
2	10	54	21	12	8	9	6	8	8	4	...	140
3	14	24	54	11	15	13	11	7	9	5	3	166
4	21	16	22	52	13	10	11	6	9	3	6	169
5	7	9	12	16	35	19	7	8	7	3	5	128
6	12	11	12	12	11	46	14	13	3	3	3	140
7	13	21	13	11	15	16	40	8	4	2	2	145
8	11	7	26	13	13	12	14	34	7	5	5	147
9	4	5	11	2	6	3	5	6	19	9	1	71
0	7	6	10	8	9	7	8	2	6	19	...	82
Totals guess'd	142	171	201	154	147	148	126	105	78	55	29	1356

図5.6　シジウィック夫妻らのテレパシー実験

二桁の数を完全に当てる場合、一〇〜九〇の中から数字を一つ当てることになるので、成功率が八一分の一を上回れば、テレパシーが存在すると言える。また、十の位と一の位に注目すると、それぞれ一〜九（ないし〇〜九）の中から数字を一つ当てれば良いので、九分の一（ないし一〇分の一）の成功率が求められる。上の表は、一つ一つの数に注目して、数字当ての成否を調べたものである（Sidgwick et al.［1889:169］）。すなわち、表側（＝行）が送信者の引いた数字、表頭（＝列）が受信者の推測した数字のクロス表になっている。推測に成功した頻度が対角線上に並ぶが、どの行でも対角線上の頻度が最も高い。そのため、この表はテレパシーの存在を支持しているように見える［↓図5．6］[27]。

ところが、その数年後には、この実験を覆す論文が発表される。それが、デンマークの心理学者アルフレッド・レーマン（一八五八―一九二一）とF・C・C・ハンセンの「無意識のささやき声について」（一八九五）である（Hansen und Lehmann［1895］, Hacking［1988:441-442］）。これは、心理学者ヴィルヘルム・ヴント（一八三二―一九二〇）が編集する『哲学研究 *Philosophische Studien*』第一一号（一八九五）に発表された。

二人は、リシェやシジウィックの実験に倣って、送信者が図像・数字を念じ、受信者がそれを当てる実験を行った。その結果、数字を当てる実験において「偶然の一致」以上の成績を得ることができた。ところが、二人はテレパシー（Gedankenübertragung）の存在を肯定するどころか、むしろ、それを否定してしまった。というのも、二人は、送信者が無意識に発する「ささやき声 Flüstern」が、知らず識らずのうちに、受信者へと数字を伝えてしまったのではないかと考えたからだ（Hansen und Lehmann［1895:480］）。

レーマンとハンセンは、これを確かめるために、ささやき声を使った対照実験を行った。すなわち、送信者がわざと数字をささやき、受信者がそれを聞き取って数字を書いたのである。その結果をシジウィックらの実験結果を比較すると、意外なことが判明した。テレパシーとささやき声とでは、推測の外れ方が著しく似通っていたのだ［↓図5．7］[28]。左の表では、表側（＝行）がテレパシー（G-übertr.）とささやき声（Flüstern）、表頭（＝列）が送信者の念じた数字（〇～九）になっている。各セルには、受信者が間違って推測した数字（四種類）が、頻度順に左から並べられている。ここでは、最も頻度の高い間違いが、五つのセルで共通している。このことから、二人は送信者の念じた数字が「ささやき声」を通じて受信者に伝わることで、あたかもテレパシーが存在するかのように見えていた可能性を指摘した（Hansen und Lehmann［1895:486-487］）。

実は、これとよく似た発見が以前からなされていた。それは、アメリカの解剖学者チャールズ・セジウィック・マイノット（一八五二―一九一四）が『アメリカ心霊現象研究協会紀要 *Proceedings of the American Society for Psychical Research*』第一巻（一八八五―一八八九）に発表した「数字の癖 number-habit」（一八八六）である。マイノットによると、受信者が思い浮かべる数字は実はランダムではなく、人によって思い浮かべる数字の偏りがある。そのせいで、正解率が高くなったり、低くなったりする。したがって、テレパシー実験の「成功」は、受信者の「数字の癖」の産物にすぎないというのだ（Minot［1886:86］, Hacking［1988:422］）。

	1.	2.	3.	4.	5.
G-übertr.	5 3 2 4	3 4 1 6	2 5 1 6	3 1 2 5	6 4 3 2
Flüstern	5 9 4 2	3 8 7 4	5 6 7 8	5 1 2 3	6 7 4 2

	6.	7.	8.	9.	0.
G-übertr.	7 8 3 4	2 6 5 1	3 7 4 5	3 0 8 5	3 5 4 7
Flüstern	7 5 3 4	5 4 2 1	3 7 2 1	4 3 8 5	5 7 3 8

図5.7　レーマン&ハンセンのテレパシー実験

ただし、注意しなければならないのは、シジウィック夫妻らにとって、これらの批判が織り込み済みだったことである（Sidgwick［1897:298］）。一見すると、マイノットやレーマン&ハンセンの分析は、シジウィック夫妻らの主張を掘り崩すものに見えるかもしれない。けれども、「無意識のささやき声」や「数字の癖」の可能性は、シジウィック夫妻らも当初から認めていた。それによれば、「ささやき声」は知覚過敏（hyperaesthesia）でないと聞こえないだろうし、書かれた数字を口に出すとは考えにくい。また、似たような仮説として、リズミカルな動きによる「数え上げ counitng」の可能性もあるが、七二のような大きな数字までカウントしたと考えるのは馬鹿げている。さらに、「数字の癖」について言うと、ほとんどの二桁の数字で実験が成功しているので、そこに「癖」を見出すことはできない。よって、これらの仮説は棄却できるという（Sidgwick et al.［1889:164-165, 169-170］）。

とはいえ、実験条件が完全には把握できない以上、この対立は調停できない。例えば、イギリス生まれのアメリカの心理学者エドワード・ブラッドフォード・ティチナー（一八六七―一九二七）は、『サイエンス』第八号（一八九八）に「見つめられている感覚」（一八九八）という記事を寄稿している。その中で、ティチナーはテレパシー実験を批判し、「科学的精神を持った心理学者は、誰もテレパシーを信じていない」と述べた上で、こう続けている。「テレパシー「問題」に関するレーマンとハンセンの素晴らしい論文（『哲学研究』一八九五、第一一号、四七一頁）はおそらく、超然とした態度――そこにどれだけ権威があったとしても――を貫くよりも多くを科学的心理学にもたらしただろう」（Titchener［1989:897］, 傍点は引用者による）。

この記事を読んだウィリアム・ジェームズは、直ちに同誌に反論記事を出した。「もし彼［＝ティチナー］が、『心霊現象研究協会紀要』第一二号二九八頁に掲載されたシジウィック教授によるレーマンとハンセンの結論に対する批判や、『心理学評論』第四号六五四頁に掲載されたシジウィック博士の論文に関する私の報告の注釈を読む労を執ったなら、おそらく彼も、レーマンとハンセンがデータ不足のせいで論証に失敗していることを認めてくれるでしょう」（James［1898:956］,［ ］内は引用者による）。

ところが、ティチナーは、シジウィックやジェームズの原稿を確認していると断った上で、意見を変えることはできないと再反論し、論争は平行線を辿った（Titchener［1899a:36］, James［1899a］, Tichener

[1899b], James [1899b], Titchener [1899c], Taylor [1996:108-111])。レーマンとハンセンの論文の評価は、真っ二つに分かれたのである。

5-2 統計学の「パズル解き」

この問題に「解決」を与えたのは、統計学者だった。テレパシーがある――より正確には「ないとは言えない」――と言うには、送信者と受信者の一致が「偶然」(=まぐれ)以上の確率で発生していると言えなければならない。けれども、そのことを示すには、仮説が統計的に有意(=意味を持つ)かどうかを判定する「統計的検定」の考え方が必要になる。[29] 当然のことながら、この問題は心霊研究家の手に余るものであり、統計学者の見解が要請されたのである。

今日の「統計的検定」の基礎を築いたのは、イギリスの統計学者・遺伝学者ロナルド・エイルマー・フィッシャー(一八九〇―一九六二)の『研究者のための統計的方法 *Statistical Methods for Research Workers*』(一九二五)だが、それに先立って、一八八〇年代にはイギリスの経済学者・統計学者フランシス・イシドロ・エッジワース(一八四五―一九二六)の研究が、一八九〇年代には同じくイギリスの統計学者カール・ピアソン(一八五七―一九三六)の研究があった(芝村[2004:70, 108-110])。重要なのは、「統計的検定」の歴史が心霊研究と接点を持っていたことである。[30]

エッジワースは、「統計学の方法」(一八八五)という論文で、「統計的検定」の端緒を切り拓いた(Wasserstein et al. [2019:2])。その冒頭で、エッジワースは、統計学を「社会現象」についての「平均の科学 science of means」と定義し、その主要問題を二つ挙げている。一つは「提起された平均同士の間の違いが、どこまで偶然で、どこから法則によるものかを見分けること」であり、もう一つは「最も良い平均とは何かを見つけること」である。このうち、一つ目の問題の例として「心霊研究」が挙げられている[31]（Edgeworth［1885b:181-182］, Tarotan［2019］）。実は当時、エッジワースは、リシェの実験を受けて、『心霊現象研究協会紀要』にカード当ての確率計算に関する数理的考察を寄稿しており、心霊研究の問題にも技術面でコミットしていた（Edgeworth［1885c］, Edgeworth［1886］, Hacking［1988:440-441］）。そのため、心霊研究が重要な例として機能していたのである。

よく似た発想は、ピアソンにも見られる[32]。ピアソンは「χ^2（カイ二乗）適合度検定」と呼ばれる手法を生み出した人物だが、『ネイチャー *Nature*』第五一巻（一八九四―一八九五）に寄稿した文章の中で、心霊研究についてこう述べている。「目下、私はこのテーマ［＝心霊研究］に関する論争に参加しようとは考えていません。しかし、時間を持て余している厳格な論理的思考力の持ち主にとって、主要な心霊研究家の成果に対する批判ほど良い訓練（exercise）になるものは見つからないだろうと進言しておきます」（Pearson［1894b:200］,［ ］内と傍点は引用者による）。ピアソン自身は心霊研究の支持者ではないが、そこに一種の教育効果を見出していたのである。

以上のように、エッジワースとピアソンはともに、心霊研究に統計学上の理論的問題が含まれると考えていた。エッジワースは、カード当てが「偶然の一致」によるものか否かを見分けることに関心を向けつつも、その原因については感知しないという態度をとっている。一方、ピアソンは、心霊研究を、論理性を鍛えるための「訓練」と捉えている。心霊現象の原因をめぐる仮説の多くはいかがわしいものだが、そのことが却って、心霊研究を「偶然の一致」に関する「パズル解き」（Kuhn［1962→1970＝1971: 第4章］）の場へと仕立て上げたのである。こうした問題系を「奇跡の統計学」と呼ぶことができるだろう。

エッジワースやピアソンの研究をさらに発展させ、「統計的検定」の問題を定式化し直したのが、フィッシャーである。興味深いことに、フィッシャーもまた『心霊現象研究協会紀要』に技術的な記事を三つ寄稿していた[33]（Fisher［1924］, Fisher［1928］, Fisher［1929］, Hacking［1988:449-451］）。

統計コンサルタントのデイヴィッド・ザルツブルグは、「有意性検定」について説明は、とくに三つ目の記事「心霊研究における統計的方法」（一九二九）に注目している。以下、「有意性検定」についての説明は、少しテクニカルな話になるので、専門的な議論に関心が薄ければ、軽く読み流していただいても構わない。

フィッシャーの「有意性検定」では、統計的に有意かどうかを「有意水準」と呼ばれる基準によって判断する。例えば、有意水準を五％とする場合、有意差を判断するための「p値」と呼ばれる確率が五％を下回れば、有意差があると判断できる。この有意水準としては、一般に一％か五％が用いられてきた。

ザルツブルグによると、『研究者のための統計的手法』（一九二五）において、フィッシャーは「p値」の評価基準やその理論的背景をはっきりとは示さなかった。これに対し、「心霊研究における統計的方法」（一九二九）では、「有意水準五％」という基準について、かなり踏み込んで説明している（Salsburg［2001=2006→2010:154-157］）。例えば、そこには次のような記述がある。

慣例として、偶然によって生じるのが二〇回の試行のうち一回未満という程度であれば、結果は有意であると判断する。研究の実務に携わっている者にとってこれは恣意的だが、便利な有意水準である。だからといって二〇回に一回判断を誤るというわけではない。有意性検定は何を無視したらよいのかを教えてくれるだけにすぎない。言い換えれば、有意な結果が得られない実験を教えてくれるのである。(Fisher [1929:191], 訳出に当たってはSalsburg [2001=2006→2010:155-156] を一部改変し、傍点を付した)

『研究者のための統計的手法』を書いた一九二五年の時点で、有意水準をめぐるフィッシャーの考えがどこまで確立していたのかは検討の余地がある。[34] しかし、少なくとも、フィッシャーの「有意性検定」が心霊研究を重要な具体例にしていたことは確認できる。[35]

同じ記事の中で、フィッシャーはさらに、フランスの心霊研究家ルネ・シュードル(一八八〇―一九六八)による「有意性検定」の使い方も批判している。それによると、シュードルはトランプのマークと数字をどちらも当てる「完全な成功」だけを重視しているが、これは「有意性検定」の意義を見誤っている。というのも、マークだけしか当てられない弱い能力だとしても、その能力が確固たるものならば、十分に能力者と認めることができるし、そうしたケースの判断にこそ「有意性検定」が有効だからである(Fisher [1929:191-192])。普通なら現象の強弱を重視してしまいやすいが、「有意性検定」の発想を徹底するならば、発生確率の差こそが重要になるとフィッシャーは主張したのだ。

ところで、フィッシャーの「有意性検定」を最も積極的に取り入れた領域の一つは、一九三〇年代にアメリカの心理学者ジョセフ・バンクス・ライン(一八九五―一九八〇)が立ち上げた「超心理学parapsychology」だろう。それは、心霊現象を「超感覚的知覚Extra-Sensory Perception」(≒超能力)と再解釈することで、理論面では宗教性を脱色し、方法面では統計的手法に特化させたものである。[36]

科学史家セオドア・ポーターが指摘するように、実験心理学において「統計的検定」を最も早い段階で取り入れたのは、他でもなくこの超心理学だった(Porter [1995=2013:274])。例えば、超心理学では、ＥＳＰカード（ゼナー・カード）と呼ばれる五パターンの図柄を持つカードが導入されたが、それはトランプのようにマークと数字が混在したりしないため、統計的手法が使いやすいものだった（Horn［2009＝2011:40-44］）。創始者であるラインがカード当ての実験で有意な結果を出したため、超心理学がこの分野の主流になっていく（三浦［2008:224-231］）。

　このことは、今日の科学とも無縁ではない。というのも、「有意性検定」は現在の科学でも広範に使われており、それを駆使する超心理学もまた残り続けてきたからである。例えば、二〇一一年には、社会心理学者ダリル・Ｊ・ベムの未来予知を実証した論文「未来を予感する *Feeling the Future*」が *Personality and Social Psychology* 誌に掲載され、「ｐ値ハッキング」（＝都合よく検定法を操作する不正行為）の問題との関連で、大きな波紋を呼んだ（Bem［2011］, 石川［2012:233-249］, 池田・平石［2016:3］）。

　いずれにせよ、重要なのは、こうした確率論・統計学の浮上により、「裁判のレトリック」の出る幕がなくなってしまうことだ。その意味で、「奇跡の統計学」は「裁判のレトリック」を忘却させるものだと考えることができる。

6　「裁判のレトリック」の解体

6-1　ヒュームの奇跡論

　一見すると、以上のような「証言の心理学」と「奇跡の統計学」の台頭は、全く無関連な二つの動きに見えるかもしれない。だが、これらはむしろ、強い結びつきを持っていると考えられる。というのも、両者はともにイギリスの哲学者デイヴィッド・ヒューム（一七一一―一七七六）の奇跡論――

奇跡の存在証明をめぐる宗教的・哲学的考察——のアンチテーゼになっているからである。

歴史家シェイン・マクコリスティンが指摘するように、心霊研究をめぐっては、ヒュームの『人間知性研究 *An Enquiry Concerning Human Understanding*』（一七四八→一七五八）の第一〇章「奇蹟について Of Miracles」の影響が見られる（McCorristine［2010:129-132］）。

焦点となったのは、次のような議論である。「奇跡」とは自然法則からの逸脱を意味するが、この存在をめぐっては、二つの経験が対立する。一方で、我々は日常生活において自然法則に従う現象ばかり経験しており、「奇跡」の存在を疑わしく感じる。しかし、他方で、我々は信頼できる人物の「証言」が正しいことも経験的に知っており、そうした人物の「証言」であれば、「奇跡」を信じたくなる。したがって、この二つの経験が対立すると、「奇跡」が存在したのか、それとも「証言」が間違っているのか（＝「奇跡」は存在しなかったのか）を天秤にかけなければならなくなる。そこで、ヒュームはこう主張した。「証言」が間違っている可能性の方が、「奇跡」が存在することよりも一層「奇跡的」でない限り、「奇跡」を信じるべきではない（Hume［1748→1758→1882→1964:91-94＝2004→2020:101-103］）。

当然、ヒュームの議論は心霊研究にとって破壊的である。そのため、ウォレスは、先ほど述べた『奇跡と近代心霊主義』（一九七五）の中で、ヒュームの奇跡論とその擁護者を批判している。ウォレスによると、自然法則からの逸脱に見える現象（＝奇跡）はヒュームが言うほど珍しいものではない。実際、仮にヒュームの議論が正しいとするならば、「トビウオ flying fish」の存在も、それが知られていないところでは証明できなくなってしまう。というのも、「魚が飛ぶ」という経験は、それを知らない人々にとっては「奇跡」だからだ（Wallace［1875:5-6＝1985:18-19］）。

この問題は、前章で見たジョン・スチュアート・ミルの「証言」の扱いと重なっているが、実は、ミルもまた『論理学体系』（一八四三）の第三巻第二五章「不信の根拠について」で、ヒュームの奇跡論を主題的に検討している（Mill [1843→1882=1958b: 第25章]）。つまり、この問題は、当時の科学方法論に組み込まれうる重要なトピックだったのである。

こうして見ると、「証言の心理学」が登場したことの本当の意味も見えてくる。心霊研究における「裁判のレトリック」は、単なるレトリックではなく、理論的にはヒュームの奇跡論ともつながっていた。ところが、「証言の心理学」は人間の知覚・記憶の誤りを明らかにすることで、「裁判のレトリック」の背景となる理論それ自体を塗り替えてしまった。

ただし、もう一つ重要なことがある。それは、以上のような議論をヒュームが「蓋然性probability」（＝確からしさ）という概念のもとで展開したことだ。

ヒュームの奇跡論は、「奇跡」と「証言」とを「蓋然性」の観点から比較するものだが、そもそもprobabilityという言葉は、日本語において「確率」と「蓋然性」とに訳し分けられる。「蓋然性」は「確からしさ」一般を意味するが、それが定量的（＝数量的）に把握されるとき、初めて「確率」という考え方が出現する。ヒュームの奇跡論においてprobabilityという言葉は、あくまでも「定量／非定量」が未分化であるような、全き「蓋然性」の意味で使われているように見える。[37] ところが、確率論・統計学の導入は、probabilityという言葉の意味内容を変化させてしまう。それは、単に新しい手法を導入するだけでなく、probabilityを「蓋然性」から「確率」へと変化させ、「蓋然性の確率化」を達成するのだ。

このことは、ちょうど心霊研究から超心理学への展開と重なっている。ヘンリー・シジウィックは

「心霊研究における証拠の原則」（一八八九）において、「奇跡」が存在することの「ありそうもなさ」と、「証言」が間違っていること（＝「奇跡」が存在しないこと）の「ありそうもなさ」の比較というヒューム的な論点に触れながら、心霊研究の抱える問題点を次のように分析する。「いま、これらの対立するありそうもなさ（improbabilities）は非常に異なっており、我々はそれらを突き合わせて正確に比較検討できるような知的尺度を持ち合わせていません」（Sidgwick［1889:3］）。

シジウィックの議論は、心霊研究における「裁判のレトリック」が「蓋然性」の問題系に属していたことを示している。従来の心霊研究は、「証言」が間違っている可能性を最小化することで、「奇跡」の真正性を立証しようとしてきた。ところが、シジウィックが気づいたように、そこには「知的尺度」（≒定量的手法）が存在せず、「蓋然性」をうまく比較することができない。しかし、「奇跡の統計学」を使えば、「有意性検定」という「知的尺度」が与えられるため、心霊現象という「奇跡」の問題を「確率」の問題へと変換できるようになる。もちろん、確率論・統計学によって超常現象の疑わしさを拭い去ることができるわけではないが、少なくともそれは、「裁判のレトリック」を支える「蓋然性」という概念それ自体を時代遅れにするものだったと言えるだろう。

このように、「証言の心理学」と「奇跡の統計学」はそれぞれ、「裁判のレトリック」の前提となるヒュームの奇跡論を根底から覆す議論だったのである。

6-2 「証拠」の専門分化

こうした動きは、「証拠」という概念それ自体を問い直すものでもある。心霊現象研究協会の会長となったベルクソンは、会長講演「〈生きている人のまぼろし〉と〈心霊研究〉」（一九一三）において、心霊研究の方法を論じている。ベルクソンは、テレパシーの研究が主に史料調査とインタビュー調査に依拠していることに触れ、それらが「歴史家の方法と予審判事の方法の中間にある」ものだと指摘した上で、続けて次のように述べる。

> それはピタゴラスの定理の証明が与えるような数学的な確実性ではありません。ガリレイの法則の検証がもたらすような物理学的な確実性でもないでしょう。しかしそれは少なくとも、歴史や裁判の場合に得られるような確実性と同じものなのです。
>
> しかし、まさにそのことが大勢の人々を不快にします。彼らは自分たちの嫌悪感の理由をはっきりは知らないままに、現実に起こるものならば法則に従い、そうであるからには自然科学で使われる観察や実験の方法に拠るべきであると思われる諸事実が、歴史や裁判におけるように扱われるのはおかしいと思うのです。(Bergson［1919→1959:864=2012:103-104］, 傍点は引用者による)

ベルクソンはここで、「科学」（＝数学・物理学）と「非科学」（＝歴史・裁判）との間に分割線を引き、「裁判のレトリック」を非科学の側に割り振っている。重要なのは「確実性 certitude」という言葉である。ベルクソンは方法ごとに「確実性」の度合いが異なると考えている。その意味で、「確実性」は「蓋然性」とかなり近い意味で使われている。[38]

同じ区別はフロイトにも見られる。ただし、フロイトの場合には「裁判のレトリック」を擁護することで、むしろ「科学」の範囲を拡張しようとする。『精神分析入門講義』（一九一六—一九一七）の中で、フロイトは失錯行為（言い間違い）について分析しているが、その解釈を、言い間違えた本人ではなく、分析者たるフロイトが行うことの妥当性を次のように説明している。少し長いが引用しておこう。

被告がある犯行について裁判官の前で自分がしたと認めたら、裁判官はその自白を信じます。被告が認めなかったら、裁判官は信じません。そうでないと司法は成り立たないし、時に誤りもあるとはいえ皆さんもこの制度の妥当性を認めるしかないのです。［…］私は裁判官と被告の喩えを踏まえて、ひとつ暫定的な妥協案を提案したいと思います。分析を受ける本人自身が認めるのであれば失錯行為に意味があるのに何ら疑う余地がないことを皆さんに認めていただきたい。そのかわり、私も、分析を受ける人が拒否して私たちに何も教えてくれなかったり、ましてや教えるべきものを何ひとつ持ち合わせていなかったりしたら、こちらが意味を推測してもそれを直接に証明することはできないというのを認めましょう。そういうときには、司法の場合と同じく、私たちは状況証拠（Indizien）に頼るほかありません。状況証拠によってひとつの判断の信憑性は高まることもあれば、低下することもあります。［…］学問の入門書に載っているものの中で誰もが認めうる命題などはごく僅かであって、あとはその学問のおかげで多少とも信憑性（Wahrscheinlichkeit）のレベルが上がった主張にすぎないのです。このように確実性（Gewißheit）に少しずつ近づいていくことに喜びを見出し、最終的な確証がなくても建設的な作業を続けていくことができること、それこそがまさに科学的な思考法のひとつのしるしにほかならないのです。（Freud［1916:43-44→1940→1998=2012:49-50］，傍点は引用者による）

フロイトは「裁判のレトリック」の使用を、あえて「科学」の一部に含めている。そうせざるをえなかったのは、精神分析の置かれた状況と関係している。フロイトは、実験心理学と対抗しつつ、精神分析を科学的なものだと主張しなければならなかった。つまり、「科学」を拡張しつつも、「非科学」とは差別化する必要があったのである。その意味で、フロイトによる「裁判のレトリック」の使用は、それがすでに「科学」と「非科学」のグレーゾーンにあったことを示唆している。

「裁判のレトリック」を「科学」から切り離す動きは、一八七〇年代のカーペンターの議論においてすでに萌芽的に見られたが、一八九〇年代までには、さらに広がっていたと考えられる。イギリスの作家H・G・ウェルズ（一八六六―一九四六）は、『ネイチャー』第五一巻（一八九四―一八九五）に寄稿した文章の中で、心霊研究を批判しながらこう述べている。

> キュヴィエ［＝フランスの博物学者］やアガシ［＝スイス出身の博物学者］によってなされた科学上の進歩は、その他の全ての真の科学的発見と同じく、彼ら自身が直接に知覚した事柄に基づいていた。それは、必要なときにはいつでも再生され、その事実を疑う人々によって、どんな条件でも完全に調べることができる。それこそが、自然科学と歴史のような分野との違いである。すなわち、科学は事実を生み出すが、歴史はせいぜい事実についての評判の良い証言（witnesses）を生み出すことしかできない［…］しかし、この「心霊研究」においては、徹底的・懐疑的な調査を受け入れる条件のもとで現象を意図的に再生することが、一般に不可能である。だから、我々はポドモア氏［＝心霊研究家］や彼の仲間の研究家たちの伝聞（hearsay）に基づいて意見を形成することを繰り返し求められる。（Wells［1894:121］，［ ］内と傍点は引用者による）

「裁判のレトリック」と「科学的方法」は異質なものだとするこの認識は、現代人にとっても馴染み深いものだろう。しかし、以上で示してきたように、少なくとも一九世紀末の段階では、このことが必ずしも自明ではなかった。それは単なる「レトリック」ではなく、むしろ「何が証拠たりうるのか？」という問題を考えるための方法論的なトポス（論題）だったのである。

もちろん、「裁判のレトリック」が積極的に持ち出されたのは、あくまでも心霊研究のような周縁的な領域に特有のことだろう。心霊研究で「裁判のレトリック」が使われた理由の一つは、それが未だ職業科学者とアマチュア科学者の混在する領域だったからだ。職業科学者の場合には、「学位」によって信頼性を保証するが、アマチュア科学者の場合には、「社会的地位」が信頼性を保証する重要な要素になる。だからこそ、「裁判のレトリック」が他の領域よりも強く要請されてしまう。

以上の変化を、ここでは「証拠の専門分化」と呼んでみたい。一九世紀という時代は、科学の専門分化が進んだ時期だが、それは同時に「何を証拠と見なすのか」をめぐる認識をも多元化させてしまう。すなわち、「精密測定」の理念を持つ実験科学の台頭とともに、法的言語のもとで緩やかにまとまっていた「証拠」の概念が共有されにくくなり、「法的証拠・歴史的証拠」と「科学的証拠」とが切り離され、「科学的証拠」の中でも「観察」「実験」「統計」等の区別を意識せざるをえなくなったのではないかと考えられる。

では、「証拠の専門分化」はどのようにして生じたのだろうか？

次章では、「精密測定」の台頭というより広い視座から、「裁判のレトリック」の衰退を可能にした「社会的条件[39]」を考えてみたい。

第6章　測定の考古学

第5章では、一九世紀後半に生じた心霊研究において、「裁判のレトリック」がどのように使われ、その有効性をどう失ってきたのかを見てきた。心霊研究では、「裁判のレトリック」が重要な論証法として導入されたが、「証言の心理学」と「奇跡の統計学」という二つの側面から、その前提が疑わしくなってしまったのである。

とはいえ、これらはあくまでも心霊研究という科学の周縁部での出来事にすぎない。では、科学の中心部においては、何が起きていたのだろうか？

本書は、心霊研究における「裁判のレトリック」の衰退が、「証拠の専門分化」とも呼ぶべき動きの一部だったと考えている。つまり、一九世紀の科学において、「証拠」をめぐる基準が再編されたと思われるのだ。本章では、この変化を解明してみたい。

そこで注目するのが、「測定」という実践である。一九世紀の科学をめぐる大きな変化の一つは、測定技術の進化だろう。すなわち、実験装置が発達し、「精密測定」の理念が浸透するだけでなく、自動記録装置によって実験結果を記録することが一般的になった。

「証拠」という観点からすれば、それは科学における「物証」の飛躍的な進歩を意味している。実験結果を数値で示したり、それを機械によって記録したりすることは、人間の知覚や記憶に頼るよりも、遥かに精度の高い観察を可能にする。逆に言うと、もしも観測技術が発達していなかったとしたら、私たちはいまよりももっと人間の知覚や記憶に頼らなければならなかっただろう。だとするならば、測定技術の発達が「証拠」の基準をどう変化させたのかを問う必要があるはずだ。

以下では、こうした関心から、「裁判のレトリック」の衰退の背後にある社会的条件をさらに深く検討していく。その作業により、「真理の科学化」の展開を明らかにしたい。

なお、この章の議論は、本書全体の結論を導き出すための直接の前提になっているので、ぜひ最後まで読み通していただければと思う。

1 人間の証言と事物の証拠

近代科学をめぐっては、しばしば「証言」から「物証」へという図式が語られてきた。すでに述べたように、イアン・ハッキングによると、中世ヨーロッパは「事物の証拠」(≒物的証拠)という考え方を欠いていた。ある出来事の現場に居合わせることができなかった場合、現代人なら「事物の証拠」に頼るだろう。そして、それが叶わない場合、「人間の証言」に頼ることになる。このとき、「人間の証言」はあくまでも二次的な証拠と見なされ、「事物の証拠」の方が基礎的だとされる。ところが、中世の人々にとっては「人間の証言」こそが基礎的な証拠であり、「事物の証拠」の方が二次的だったという(Hacking [1975a→2006=2013:53-54])。

同じように、ブリュノ・ラトゥールもまた、一七世紀にロバート・ボイルが行った空気ポンプ実験に「人間の証言」から「非人間の証言」（＝事物の証拠）への移行を見出している。ラトゥールによれば、ボイルの実験は、空気ポンプのような「非人間」（＝事物）が「証人」の位置を獲得したことを象徴している。すなわち、「非人間」が「実験装置に走り書きをし、記録を残し、合図を送り、何かを指し示す」ことで生まれる情報が、「人間の証言」に匹敵する身分を持つようになったというのだ（Latour［1991＝1993:23-24＝2008:49-50］）。

とはいえ、「人間の証言」から「非人間の証言」へというこうした整理は、それだけだと一面的である。なぜなら、ボイルの実験において、「非人間」はそれ自体として声を持つのではなく、あくまでも「人間」（＝自然哲学者）に目撃されることで初めて、その存在を認められるからだ。そこで、ラトゥールは、「非人間」を「代理」する科学者の役割を「代理人 spokesperson」と呼んでいる。

> 実験室で生み出された事実は、産声をあげたばかりの証人のコミュニティによって追認され、科学関連の著作物に描き出される。科学者こそが事実の生真面目な代理人というわけだ。そうなると、科学者が語っているとき実際に語っているのは誰なのだろうか。疑いなく事実そのものである。ただそこに、権限を与えられたスポークスマン（代理人）も登場している。では語っている張本人は誰なのか。自然なのか、人間なのか。これまた近代の科学哲学が三世紀をかけて問い続け、答えを出せずにいる難問である。（Latour［1991＝1993:28＝2008:57-58］）

以上の議論は、「人間」と「事物」の複雑な絡み合い（＝異種混淆性）に定位する点で、「証言」から「物証」へという単線的な図式よりも一段深い分析になっている。ただし、この議論には一つ見落としていることがある。それは、科学の通時的変化（＝歴史的変化）だ。

ラトゥールの議論では、一七世紀におけるボイルの実験が「近代」の体制を象徴する事例として持ち出されている。確かに、実験科学という知の形態の出現を区画する点で、ボイルの実験は特権的な意味を持っている。しかし、だからといって、それを現在の科学と同列に扱うことはできない。なぜなら、一七世紀の科学における「非人間」の「代理」のあり方と、現在の科学における「代理」のあり方は、決定的に違っているからだ。ここまで見てきたように、一七世紀には「裁判のレトリック」が模範的文体として採用されたが、現在ではそれが衰退している。このことは、まさしく科学者による「非人間」の「代理」のあり方が変わってしまったことを示している。

「代理人」をめぐるラトゥールの議論は、科学の営みをうまく特徴づけている。だから、科学の様々な分野におけるローカルな営み——例えば、実験室やフィールドでの実践——の共時的比較（同時代的比較）には有用だろう。しかし、その反面、「代理人」という呼称を中立的な用語として導入してしまうと、「裁判のレトリック」の有無が指し示す「近代科学」内部の歴史的多様性を塗りつぶしてしまうのではないかという疑念が残る。したがって、本章では、「人間の証言」と「事物の証拠」の異種混淆性というラトゥールの問題を、ラトゥールが省略した通時的比較（歴史的比較）という観点から分析していきたい。[1]

そこで注目したいのが、「測定measurement」の歴史である。トーマス・クーンは「近代物理科学における測定の機能」（一九六一）という論文の中で、「測定」の典型例とも言える温度計の発達に触れながら、こう述べている。

> 温度計に関する初期の実験の多くは、この新しい装置を用いた実験というよりもそれについての実験であったように思われる。温度計で測定するものはいったい何であるのかがまったく不明であった時期において、他にどうあり得ただろうか。温度計の読みは明らかに「熱の程度 degree of heat」に依存していたが、見たところ非常に複雑な仕方で依存しているようであった。「熱の程度」は長い間、感覚によって定義されていた。ところが感覚は、温度計の読みが同じである物体に対して非常に異なった応答をしたのである。温度計が実験対象ではなく疑いもない実験室装置となる以前に、温度計の読み自身が「熱の程度」の直接的な尺度とみなされるようにならねばならず、また同時に感覚は多数の異なった変数に依存する複雑で曖昧な現象なのだ、とみなされるようにならねばならなかったのである。(Kuhn [1961→1977:218=1992→1998:271-272]，傍点は引用者による)

クーンによれば、温度はもともと感覚によって確認されていたが、温度計の出現によって初めて、温度の視覚化が可能になったという。しかし、それでも初期の温度計は、大気圧の影響を受けてはいないかとか、温度計の目盛りが本当に同じ温度を指しているのかといった様々な問題を抱えていた（Weigl [1990=1990: 第5章]）。翻って、今日の温度計を考えてみると、多くはデジタル表示になり、視覚化の段階を超えて、デジタル化（＝数字化）を達成している。

測定器具と記録装置をめぐるこうした展開は、「人間の証言」と「事物の証拠」の関係それ自体を決定的に変化させてきたと言えるだろう。例えば、温度計の目盛りを目視で読み取ることと、デジタル化された数字を読み取ることとでは、「人間の証言」の意味が大きく異なる。目盛りを目視する場合、温度計の読み間違いがありうるので、「人間」の信頼性が問題になってくる。ところが、デジタル表示なら「人間」の読み間違いはほとんどありえないため、「人間」の信頼性の問題は後景化し、仮に違和感があったとしても、温度計（＝非人間）が壊れている可能性の方が問題になるだろう。

そう考えると、「裁判のレトリック」は「測定」の歴史と深く関わっている。「裁判のレトリック」は「人間の証言」を「事物の証拠」よりも優先するような論証戦略だが、そうした戦略がいつでも可能というわけではない。むしろ、「裁判のレトリック」を科学の中心から排除した地点で、現在の科学が成立している。だとするならば、「裁判のレトリック」の盛衰という問題は、「測定」の歴史という、より大きな問題の一部と見なすことができる。

以下では、こうした観点から、「裁判のレトリック」を「測定」の歴史の一つの段階と捉えてみたい。そうすることにより、これまで見てきた一九〜二〇世紀転換期に起きた変化を、より広い視野から捉え直していく。

2　二つの「科学革命」

2-1　「定量化」の起源

「測定」の歴史は多くの場合、「定量化 quantification」の成立史として語られてきた。つまり、「測定」の「定量化」がいつの時点に起きたのかを特定することが、「測定」の歴史を描く際の基本目標と見なされてきたのだ。中でも、繰り返し取り上げられてきたのは、一七世紀の「第一次科学革命」

と一九世紀の「第二次科学革命」という二つの変化である。「第一次科学革命」と言われる一七世紀には、実験科学が台頭した。当然のことながら、実験科学の台頭は「定量化」の動きを推し進めると考えられる。そのため、この時期が「定量化」の一つの起源と見なされてきた。こうした流れは、とくにガリレオ・ガリレイやフランシス・ベーコンといった名前と結び付けられる。

例えば、イタリアの歴史家カルロ・ギンズブルグは、一七世紀の科学に「ガリレオ的パラダイム」の台頭を見ている。

〔…〕最大の転換点は、ガリレオの物理学に基づいた科学的範例《パラダイム》の出現であった。〔…〕ここで明らかになるのは、われわれが推論的と呼んだ一群の学問（医学も含む）は、ガリレオ的範例《パラダイム》から演繹可能な科学性の範疇には収まらないことである。推論的諸学問は何よりも性質に関係し、対象とすべき個別の事件、状況、資料をあくまでも個別のものとして扱う。したがってまさにこのために、その結果に多少なりとも偶然性が入りこむのは避け難いのである。〔…〕一方、ガリレオの科学はまったく別の性格をもっている。それは「個別については語りえない」というスコラ哲学的警句を我がものにしている。事実ガリレオの科学に用いられる数学と実験的手法は、それぞれ数量化と現象の反復性を前提にしている。一方個別を重視する立場は元来現象の反復性を否定するし、数量化は補助的機能としてしか認めない。（Ginzburg［1979=1988:195-196］, 傍点・ルビは原文による）

ギンズブルグは、数量化と現象の反復性を重視する「ガリレオ的パラダイム」と、現象の個別性を重視する「推論的パラダイム」とを対比している。例えば、医学は一人の患者を扱うし、歴史は一回的な出来事を扱う。その意味で、どちらも「推論的パラダイム」に属するが、近代では「ガリレオ的パラダイム」が覇権を握り、「推論的パラダイム」が抑圧されてきたというのだ。

一方、「第二次科学革命」と呼ばれる一九世紀には、測定精度の向上が起きていた。この時期には、実験室が大学の内部へと組み込まれていく。それに伴い、「測定」を重視する感性も高まってくる。「ケルヴィン卿」とも呼ばれるイギリスの物理学者ウィリアム・トムソン（一八二四—一九〇七）の次の言葉は、この変化を象徴するものだ。

私はよくこう言っている。あなたが話しているものを測定できるとき、そしてそれを数で表せるとき、あなたはそれについて何がしかを知っていることになる。しかし、もしあなたがそれを数値という形で測定できないのであれば、あなたのそれについての知識は、不十分であり不満足な類のものだ。（Thomson［1889:73］, 訳出に当たっては、Porter［1995=2013:106］をほぼ踏襲した）

科学史家グレアム・グッデイによると、一九世紀前半のイギリスにおいて実験室と言えば化学の実験室を指していた。ところが、一八五〇年代にグラスゴー大学で設置されたウィリアム・トムソンの実験室を皮切りに、物理学の実験室が大学に設置されていく。その中で、実験教育に「精密測定」という理念が導入された（Gooday［1990:27-29, 36-39］）。

こうしてみると、「定量化」の起源が、一七世紀の「第一次科学革命」にも、一九世紀の「第二次科学革命」にも求められてきたことがよくわかるだろう。だが、それだけではない。他にも、「数量化革命」のように一三〇〇年前後の百年間で「数量化」が急速に進展したとする説もあれば、「一六世紀文化革命」のように一六世紀の職人や芸術家の世界で「定量的測定」が発達したとする説もある（Crosby［1997=2003:33-36］、山本［2007a:100-108, 262-269］、山本［2007b:490-503, 538-547, 655-661］）。つまり、「定量化」の起源は乱立しており、論者ごとに全くバラバラな時代が持ち出されてきたのである。

しかし、なぜこのようなことが起きるのだろうか？

おそらく、その理由は「定量化」の定義の曖昧さにある。「定量化」とは、ある事象を数量によって把握することだが、これまで数で測られてこなかったものを数で測ることが「定量化」なのか、これまで数で測られてきたものをさらに細かく測定することが「定量化」なのか、といった意味づけが論者ごとに違ってしまいやすいのだ。

そもそも対象ごとに数量的な測定の可能性は違う。だから、歴史上かなり早い段階で数量が測定されていた領域もあれば、かなり遅い段階になって初めて数量による測定が始まった領域もあるだろう。数字が古代から使われている以上、極端に言えば、数量化を古代に見出すこともできるかもしれない。このように、「定量化」の内実をどう捉え、どの領域に注目するかにより、半ば融通無碍に「定量化」の開始点を主張できてしまう。だからこそ、「定量化」の起源が乱立するのである。

だとするならば、「定量化」という概念で曖昧に名指されている事柄を丁寧に腑分けしていく作業が必要になるはずだ。

2-2 「ベーコン的諸科学」の揺らぎ

このことを考える手がかりとなるのが、クーンの議論である。クーンは先ほど取り上げた「近代物理科学における測定の機能」において、「伝統的諸科学」と「ベーコン的諸科学」を区別している。クーンの言う「伝統的諸科学」とは、天文学・光学・力学といった古代から中世にかけて発展してきた比較的古い分野のことである。これに対し、「ベーコン的諸科学」とは、一七世紀の自然哲学における実験や自然誌の編纂の強調とともに登場した熱・電気・磁気・化学などの新たな研究分野のことを指している（Kuhn［1961→1977＝1992→1998:266-267］）。

クーンの議論のポイントは、「ベーコン的諸科学」の「定量化」が一般に考えられているよりも遥かに遅いということである。「ベーコン的諸科学」は一七世紀の「第一次科学革命」の時期に登場したものなので、その成立と同時に「定量化」されたと考えたくなる。ところが、クーンはこうした考え方を否定している。クーンによると、「伝統的諸科学」は古代から中世にかけて、すでに定性的・定量的研究の両面で進歩を遂げており、その一部が一七世紀を通じてさらなる定量化を達成した（Kuhn［1961→1977＝1992→1998:266-269］）。ところが、「ベーコン的諸科学」の定量化は、これよりも遥かに遅れていたという。

ベーコン的諸科学の定量化の成功は、一八世紀の最後の三分の一以前にはほとんど始まってもいなかったし、その潜在性が十全に実現されるのは一九世紀になってからのことである。その実現――フーリエ、クラウジウス、ケルヴィン、マクスウェルの仕事で例示されるもの――は、影響力において一七世紀の科学革命に少しも劣らない第二科学革命の一つの側面なのである。一九世紀においてのみ、ベーコン的な物理諸科学は、伝統的諸科学が二世紀あるいはそれ以上も前に経験していた転換を遂げたのであった。(Kuhn [1961→1977:217-218=1992→1998:270-271], 傍点は引用者による)

クーンの議論は、「第一次科学革命」と「第二次科学革命」の両方を組み合わせた説明になっている。つまり、「伝統的諸科学」が「第一次科学革命」において「定量化」したのに対し、「ベーコン的諸科学」がそれと同程度の「定量化」を達成するには「第二次科学革命」(一八〇〇~一八五〇年)を待たねばならなかったというのだ。イアン・ハッキングは、こうしたクーンの分析を引き継ぎつつ、測定が重視され始めた一九世紀の特徴の一つを「印刷された数字の洪水」に見出している(Hacking [1990=1999: 第一章])。

ただし、ここで気になるのが、「第一次科学革命」における「定量化」と「第二次科学革命」における「定量化」とは、果たして同じものなのかという点だ。同じだとすれば、クーンの議論は単に一七世紀以降に「定量化」が進んできたという議論になる。逆に、同じでないとすれば、「定量化」には異なる二つのタイプがあるということになる。

この問題に関するクーンの暫定的回答は「同じでない」というものである。クーンは「定量化」の感性が主として一七世紀に形成されたという一般的な見方に同意しながらも、次のような疑問を投げかけている。

私として疑問に思うことは、一七世紀の間の数値に対する態度の転換が、プライス教授がときおり言われるほど大きく進行したのかどうか、という点である。一例をあげれば、フックは彼の弾性法則を導き出した数値を何も報告してはいない。「有効数字」の概念は、一九世紀以前に実験物理科学の中に出現したことがなかったように思われる。しかし変化が生じつつあったこと、しかもそれが非常に重要であったことは疑い得ない。(Kuhn [1961→1977:223=1992→1998:277]、傍点は引用者による)

クーンの見るところ、一九世紀の「定量化」は一七世紀にはなかった特徴を持っている。それが「有効数字」の考え方だ。「有効数字」の発想が登場することで、記載すべき数値の桁数が決まり、数値が長すぎたり短すぎたりするのを防ぎ、必要な情報を確定させることができる。[2] だとするならば、一九世紀の「定量化」は、数値の桁数に敏感だということになるだろう。

もっとも、ここで重要なのは「有効数字」という具体例自体ではない。クーンの疑問の要点は、むしろ「測定」という営みの内実が一定の多様性を持っているという認識にある。

3 〈測定〉とは何か?

3-1 一九世紀の二つの動き

ここまで、「測定」の「定量化」をめぐる歴史記述の問題を整理してきたが、そもそも「測定」という言葉には、「定量化」のニュアンスが含まれている。そのため、「定量化」の起源が「測定」の中心問題になるのは必然だろう。しかし、ここでは、温度を肌感覚で見極めるような半ば定性的な分析も「測定」に含めたい。以下では、こうした広い意味の「測定」を改めて〈測定〉と表記しておこう。

ところで、〈測定〉の歴史——とりわけ「裁判のレトリック」の消失を見た一九〜二〇世紀転換期の状況——を考える上で重要な論点になるのは、一九世紀の科学をめぐる二つの動きだと思われる。一つは、確率論・統計学の発達であり、もう一つは心理学・生理学・物理学の発展である。中でも本書は、誤差理論(theory of errors)と指示・記録計器の導入が重要だと考えている。

まず、確率論・統計学の動きについて見ていこう。ハッキングは、一九世紀を「数字の洪水」「決定論の浸食」「正常性の発明」という言葉で特徴づけた。それらはいずれも確率論・統計学の発展と深く結びついている。すなわち、ハッキングによれば、自然現象・社会現象が「数え上げ」られることで、統計学的分析が可能になる。また、「偶然」に関する理解が深まることで、それまでの「決定論」が掘り崩されていく。その中で従来の「自然法則」とは異なる「正常性 normalcy」が発見されたという(Hacking [1990=1999:3-9])。

〈測定〉という観点から注目に値するのは、誤差理論の発達である。「誤差」とは真の値と測定値とのズレを指すが、確率論によって測定値と真の値の関係を考えるのが誤差理論である。誤差理論は、一九世紀初めまでに天文学や測地学といった領域で発展してきた。中でも最大の発見は正規分布(ガウス分布)だが、そこには二つの起源があった。一つはイギリスで活動したフランスの数学者アブラーム・ド・モアブル(一六六七—一七五四)が一七〇八年に考えたコイン投げの結果をめぐる二項分布であり、もう一つは天文学における誤差の分布である。この二つが結びつき、誤差の発生がコイン投げと同じ確率の問題として捉え直されることにより、誤差の法則としての中心極限定理が生まれた（Hacking［1990=1999:155-156］, Bennet［1998=2001: 第6章］, Stigler［1986:ch.4］）。

「定量化」と聞くと、単なる測定精度の向上を思い浮かべやすいが、決定的に重要なのは、測定精度についての確率論の有無だろう。誤差理論により、全くの偶然によって生じる「偶然誤差」と測定器具・測定者の特性に左右される「系統誤差」とが区別できるようになるし、真値との近さを表す「正確性 accuracy」と測定値のばらつきを表す「精密性 precision」も区別可能になる。つまり、誤差理論によって初めて、測定精度を上げる方法やそれを上げることの意味が明確になるのだ。

セオドア・ポーターは、「誤差理論は、写真と同じように、実験主体による干渉を取り除く戦略である」（Porter［1995:201=2013:263］）と指摘しているが、より正確に言えば、実験主体による干渉を評価できるようにした点にこそ、誤差理論の意味がある。

さて、もう一つ指摘しておきたいのは、心理学・生理学・物理学の動きである。美術史家ジョナサン・クレーリーは、一九世紀の特徴を「観察者」としての人間の性能が研究対象となったことに見出している。つまり、心理学・生理学・物理学といった領域において、「観察者」の視覚・聴覚・触覚への実験的関心が出現したというのだ。その背景には、錯覚を生み出す視覚器具や電気刺激を与える機械といった新たな装置の発達があった（Crary［1990=1997→2005:33-37］, Crary［1999=2005:33-34］）。こうした事情から、一九世紀の心理学・生理学・物理学は、内容面でも研究者のキャリア面でも一種の連続体を成していた。そのことは、この時期の実験心理学が「精神物理学 Psychophysik」と呼ばれたことにも象徴的に示されている。

〈測定〉という観点からとくに重要なのは、指示・記録計器の普及だろう。フリードリヒ・キットラーは、一九〜二〇世紀転換期を、書物から技術メディア（≒記録技術）への移行が進んだ時代と特徴づけている。すなわち、人間が自分の知覚した事柄を書物に書き記すのではなく、蓄音機やフィルムといった技術メディアが現象を記録し始めたことで、情報環境が一変したというのである（Kittler［1986=1999→2006a:9-14］）。

このことは、実験科学とも無縁ではない。すでに述べたように、一九世紀には「-graph」（グラフ）と名のつく装置が多数開発されたが、それだけでなく、検流計（galvanometer）をはじめ、「-meter」（メーター）のつく装置も見られる。温度計のような単純な計器は物質にそのまま目盛りが振られているだけだが、検流計のように独立した指示器が開発されると、記録計器によるデータの自動記録も可能になる。

指示・記録計器が登場することで、データの記録に人間が介入する余地が圧倒的に小さくなる。もちろん、前章のウィリアム・クルックスの実験に見られたように、検流計を使ったとしても、そこに不正行為が入り込む可能性は残り続ける。しかし、それでもなお、この変化は〈測定〉から人間を大幅に排除する点で、注目すべき変化である。

3-2 〈測定〉の諸段階

このように、一九世紀を見てみると、確率論・統計学においては誤差理論が、心理学・生理学・物理学においては指示・記録計器が発達していた。そのどちらも、観察者たる人間がもたらす影響をそれまでにない形でコントロールできるようにしたのである。以上を踏まえると、〈測定〉をめぐっては、差し当たって次のような諸段階を区別できるだろう。

①感覚の段階……身体感覚によって確認する
②視覚化の段階……物質変化を目視する
③数量化の段階……物質変化に目盛りを与える
④誤差理論の段階……測定精度を誤差理論によって分析する
⑤指示・記録計器の段階……物質変化が目盛り上の指針の動きに変換され、記録される
⑥デジタル化の段階……数量をデジタル表示する

温度の測定を例にとって簡単に説明しておこう。

①「感覚の段階」は、温度を皮膚の感覚で確認する段階である。この場合、〈測定〉は人間の感覚に依存し、それを報告するのも当人になる。

②「視覚化の段階」は、温度変化を空気や水銀のような物質の膨張・収縮といった状態変化によって視覚的に把握する段階である。しかし、この段階では、まだ目盛りが存在しておらず、数量によって把握することができない。

③「数量化の段階」は、水銀の膨張・収縮に合わせて温度計に目盛りを振る段階を指す。ただし、単に目盛りを振るだけでなく、他の温度計との標準化も必要になる。

④「誤差理論の段階」は、一回一回の測定というよりは、むしろ、複数回の測定の中から測定誤差を分析する段階である。

⑤「指示・記録計器の段階」は、計測機器が独立した目盛りを持ち、そこに温度変化が表示され、その結果が自動的に記録される段階である。温度計の場合、本体とは別にメーターが設けられている

ことがこれに当たる。

⑥「デジタル化の段階」は、デジタル温度計によって数字が画面に表示される段階である。[3]

以上の①〜⑥は、差し当たり歴史的に古い方から順番に並べたものだが、どの領域においても同じ順番になるわけではない。むしろ、順番が前後したり、同時に生じたりすることもあるだろう。また、分野・対象ごとに段階が異なるので、一口に一七世紀や一九世紀と言っても、それぞれ複数の段階が混在している。「定量化」の起源の乱立は、この点を曖昧にした結果なのである。

先ほど述べたクーンの議論は、こうした段階ごとのズレを精密に見ようとしたものだと考えられる。クーンに従えば、一七世紀には「伝統的諸科学」が③まで進む一方、「ベーコン的諸科学」は②までしか進んでおらず、一九世紀になって初めて③まで進むことができた。さらに、一九世紀における「有効数字」の出現は、この時期の科学が④まで進んだことを意味している。

こう考えると、〈測定〉の実践における「裁判のレトリック」の位置づけも見えてくる。少なくとも一七世紀のボイルの段階では、実験科学は①〜③の段階（感覚に基づく報告、物体変化の目視に基づく報告、数量の報告）にあった。それらはいずれも、人間を抜きにしてはありえない。だからこそ、ボイルの実験報告は「証言」と認識されたのだろう。ところが、④・⑤の段階（誤差理論、指示・記録計器）になると、事情が変わってくる。そこでは、観察者としての人間の影響がコントロールされるため、「証言」や「目撃者」といった発想が不要になると考えられるのだ。

3-3 「観察者」の消去と対象化

科学哲学者ゼノ・G・スヴェイティンクは、まさにこの変化を指摘している。それによると、実験報告を「証言」と捉える感覚は、一九世紀初頭にも残っていたという（Swijtink［1987:266-267］）。

例えば、電磁気学の基礎を築いたデンマークの物理学者ハンス・クリスチャン・エルステッド（一七七七―一八五一）が電流の磁気作用を発表した一八二〇年の実験報告を紐解くと、そこには多数の「目撃者」が列挙されている。

> 私がこれから説明しようとしている課題についての最初の実験は、電気、動物電気、磁気について昨冬私が行った講義に基づいている。この実験の結果、磁針はガルヴァニックな装置［＝電池］の影響で、回路が閉じているときには動き、開いているときは動かないことがわかった。これは数年前に、世に知られた何人かの物理学者が試みて成功しなかったことである。しかしそのとき、実験に使った装置にはいろいろな欠陥があって、この重要な課題に対して十分明瞭な現象を示したとはいえなかった。そこで私の友人、王室裁判官のエスマッハ（Esmach）に加わってもらい、連続して接続した大きな電池を使い実験を繰り返した。著名人、デンマーク騎士団の騎士で議会の議長でもあるウリューゲル（Wleugel）も、協力者あるいは目撃者として実験に参加した。その他にもこの実験の立会人として、国王から最も栄誉ある勲章を授かった、そして自然科学についての洞察が深いことで知られてきたハウフ（Hauch）、自然史の教授で最も先鋭なラインハルト（Reingardt）、医学の教授で実験に最も長けたヤコブセン（Jacobsen）、そして哲学の教授で最も経験豊かなツァイス（Zeise）などの人たちも加わった。（Ørsted［1820＝1876:464-465→1959＝2018:137-138］, 訳語を一部改変し、［ ］内と傍点を付した）

実験装置（とくに指示・記録計器）の発達は、こうした状況を変化させる。スヴェイティンクが指摘するように、「コンピュータの父」と呼ばれるイギリスの数学者チャールズ・バベッジ（一七九二—一八七一）の『英国における科学の衰退とその原因に関する意見 *Reflections on the Decline of Science in England, and on Some of Its Causes*』（一八三〇）の第五章「観察について Of Observations」には、この兆しが表れている。

> 他の人間たちの知識の限界を超えて、物質の諸側面を知ることができる人物は、自分の見たものを記録することにより、他の人間たちに恩恵を与える。だが、その知識は、それを見つけた人物の証言（testimony）や判断（judgment）に依存している。一方、そうした微細なものを普通の観察者にも見えるようにする方法を考案する人物は、発見の道具を人類に伝えるとともに、証言や判断から独立した特性を自分の観察に刻み込む。（Babbage [1830:169]，傍点は引用者による）

バベッジの見るところ、実験装置の発明によって、観察は「証言」や「判断」から解放される。このことは、指示・記録計器に最もよく当てはまる。指示・記録計器により、実験結果の自動記録が可能になり、観察者としての人間の介入を取り除くこと、言わば「観察者の消去」が可能になるからだ。そうなると、特段の疑いがない限り、「目撃者」を列挙する必要がなくなる。

もちろん、中には指示・記録計器による自動記録が不可能な領域もある。スヴェイティンクによると、そうした領域では、「観察の対象化 objectification of observation」とも呼ぶべき事態が生じていた。例えば、先ほど述べた通り、天文学では、誤差理論により、測定の癖が「個人誤差」として抽出された。これは、観察者としての人間の性能を分析するものであり、人間自体を一種の「自動記録装置」と見なしている（Swijtink［1987:267-268］）。指示・記録計器の発達が、観察者としての人間の性能という問題を浮かび上がらせたのだ。[4]

心霊研究の展開は、まさにこうした動きと対応している。心霊研究の場合も、クルックスに見られるように、指示・記録計器による自動記録は行われた。だが、そこには詐術の可能性があり、記録は当てにならなかった。そのため、どうしても「裁判のレトリック」に頼らざるをえなくなる。ところが、「目撃者」の知覚や記憶の信頼性は、心理学的分析によって掘り崩されてしまった。心霊研究はあくまでも科学の周縁部に位置するが、そこでの動きは、〈測定〉をめぐる科学の中心部での変化と連動していたのである。

こうした動きは、ロレイン・ダストンとピーター・ギャリソンが「認識的徳 epistemic virtue」の変化と呼んだものと重なっている。二人は、科学書の「アトラス atlas」（＝図録）において、自然の描き方が大きく変化したことを指摘している。すなわち、私たちの自明視する「客観性」という理念が、この時期に出現したというのである。

二人によると、一八世紀初頭から一九世紀前半にかけての科学には、自然を見た通りに描くのではなく、その奥に隠れる自然の真の姿を描こうとする「本性への忠誠 truth to nature」という態度が一般的だった。ところが、一八六〇年頃からは、描き手自身の介入を抑制し、自然を機械的に描こうとする「機械的客観性 mechanical objectivity」という態度が広がってくる。さらに、二〇世紀初頭になると、「機械的客観性」を基礎にしつつも、科学的訓練を積んだ眼差しをもって図像を作成・使用する「訓練された判断 trained judgement」という新たな態度が追加された（Daston and Galison［2007→2010:27-35,

55-63, 115-125, 309-321, 371=2021:21-27, 45-51, 89-98, 253-264, 305]）。

例として、人体をめぐる図像を考えてみよう。人間の身体を描くには、どうすれば良いだろうか？一人一人の身体は完全なものではなく、どこかしら歪みを持っている。そこで、普遍的な人体なるものを描くには、目の前の不完全な人体をもとにしながらも、理想化された完全な身体を想像して描く必要がある。この態度が「本性への忠誠」である。これに対し、目の前の身体を、その不完全さまで含め、細部にわたってそのまま描写しようとするのが、「機械的客観性」だ。私たちが「客観性」としてイメージするのは、これに当たる。ただし、単に人体を写し取るだけでは、その状態を十分に知ることができない。レントゲン写真や心電図に象徴されるように、一見すると何も見えない画像の中に、異常（＝疾患）を発見する必要がある。そのためには、訓練に裏打ちされたケースバイケースの判断が求められる。このように、「機械的客観性」では抜け落ちる部分を補うのが「訓練された判断」である。

以上の議論は、あくまでも「アトラス」というジャンル内の変化を追ったものだが、本書で見てきた「定量化」の進展も、〈測定〉における「機械的客観性」の展開と見ることができるだろう[5]。

ここまで、誤差理論と指示・記録計器の登場が、〈測定〉をめぐる実践をどう変えたのかを見てきた。実のところ、こうした変化は、科学方法論にも大きな変化をもたらしている。以下では、誤差理論と指示・記録計器が、科学方法論において「裁判のレトリック」の位置づけをどう変えたのかを見ていこう。

4 機械仕掛けの人間

前章では、「裁判のレトリック」がしばしばデイヴィッド・ヒュームの奇跡論を理論的基礎としていたことを確認した。ヒュームの議論の焦点は、「証言」の「蓋然性」をどう評価するかという問題にあるが、実のところ、誤差理論と指示・記録計器の登場は、「証言」と「蓋然性」の両者に再考を迫るものだった。

第一に、誤差理論の登場は「蓋然性」と「確実性」の関係を再編する。「蓋然性」は「確実性」と対立するが、誤差理論の導入とともに、〈測定〉の「正確性」（＝真値との近さ）と「精密性」（＝測定のばらつき）が区別できるようになり、「確実性」の内実が変化せざるをえなくなるからだ。

第二に、指示・記録計器の登場は、「証言」をめぐる評価方法を一変させる。というのも、人間による「記憶」と指示・記録計器による「記録」とが相互に比較できるようになることで、「証言」という行為が、言わば、機械的性能という観点から分析されるようになるためである。

もちろん、誤差理論と指示・記録計器の導入が、科学の全てを直ちに変化させるわけではない。科学の現場には、先ほど述べた諸段階が混在しており、誤差理論や指示・記録計器が導入されない領域もある。しかし、その一方で、これらの変化を無視できない領域もある。その最たる例は、科学方法論だろう。なぜなら、科学方法論は最先端の方法に敏感であらざるをえないためだ。そこで、以下では、誤差理論や指示・記録計器の導入が、科学方法論にいかなる影響を及ぼしたのかを明らかにしてみたい。

4-1 「再現可能性」の再発明

誤差理論の問題を考える上で、重要な論点の一つは「再現可能性 reproducibility」である。「再現可能性」とは、「同じ条件下では、誰がやっても同じ結果になる」という性質のことだが、現在ではこれが科学の本質だと言われることが多い。

もちろん、だからといって、科学が実際に「再現可能性」を持つとは限らない。むしろ、科学知識の社会学は、科学の現場における「再現可能性」の欠如を指摘してきた。例えば、第1章で紹介した科学社会学者ハリー・コリンズの「実験者の無限後退」は、最初の実験と再現実験との比較について、次のような循環の存在を指摘するものだった。

すなわち、再現実験の結果の正しさを知るためには、その実験条件が最初の実験と一致していることを事前に知らなければならないが、実験条件の一致を知るためには、すでに正しい結果が手元になければならないという循環である。この循環をうまくやり過ごすことで初めて、再現実験が意味を持つようになる（Collins［1985:83-84］）。

そもそも、再現実験が別の実験室・別の科学者によって行われるものである以上、全く同じ条件にはなりえない。だから、完全には同一でない二つの実験を「同じ」と認定する一種の飛躍が必要になる。その意味で、「再現可能性」は原理的な不可能性を抱えているとも言える。

とはいえ、「再現可能性」という発想の存在まで否定する必要はない。なぜなら、「再現可能性」が厳密な意味では科学の現場に存在しないとしても、「科学は再現可能性を持つ」という語り口（＝レトリック）自体は存在し続けているからだ。

では、「再現可能性」という発想はいつから存在するのだろうか？

この点でしばしば引き合いに出される事例の一つは、一七世紀のロンドン王立協会の実験である。すでに説明した通り、シェイピンとシャッファーは『リヴァイアサンと空気ポンプ』の中で、ボイルが実験報告の中に実験条件を事細かに記して、他の地域に住む人々にも実験が再現できるようにしたことや、そうした工夫にもかかわらず、「実験者の（無限）後退」によって再現実験が大きな困難に直面したことを指摘している（Shapin and Schaffer［1985→2011=2016: 第2章、第6章］）。このことを考えると、「再現可能性」の理念は一七世紀にはすでに存在していたと言っても良いだろう。

しかし、一七世紀の再現実験を支える思想は、本当に現在の「再現可能性」と同じものなのだろうか？　本書はむしろ、今日的な意味での「再現可能性」の出現を一九世紀に見出したい。より具体的には、誤差理論こそが現在の「再現可能性」を可能にしたのではないかと考えている。

フランスの数学者・天文学者ピエール＝シモン・ラプラス（一七四九―一八二七）は、中心極限定理の証明を始めとして誤差理論の発達に大きな影響を与えた。ラプラスが自身の確率論上の成果を一般向けに紹介した『確率の哲学的試論 *Essai philosophique sur les probabilités*』（一八一四）では、「多数の観察結果から選ばれるべき平均値について」という節において、誤差理論が説明されている。[6] ラプラスは次のように述べる。

最も正確な観察や実験でも決して誤りを免れることはなく、その誤りは観察や実験からわれわれが引き出したいと思う諸要素の値に影響を与える。こういった誤りを、一つが他を打ち消すというようにして可能な限りなくするために、われわれは観察の回数を増やす。その際、観察の回数が多ければ多いほど平均の結果はより正確となる。しかし、この平均値を得るための最善の方法はどのようなものだろうか。その結果にはまだどのような誤りの余地があるだろうか。確率の分析のみがこれらの問いに答えることができる。（Laplace［1814:60=1997:105］，傍点は引用者による）

この引用の後で、ラプラスは現在でも使われる「最小二乗法」という推定法を説明しているが、本書の観点から重要なのは、ここで「多数の観察」や「観察の回数」が問題にされていることである。現在から見ると、観察の回数を強調するのは当たり前のように思われるかもしれないが、わざわざ「多数の」と書かれているように、〈測定〉が回数を重視することは自明ではない。というのも、数理的な誤差理論がなければ、実験を繰り返すことの意味が不透明なままに留まるからだ。そもそも大量観察のデータがなければ、「誤差」という問題を数理的に扱うことは困難である。誤差理論が天文学や測地学で生み出されたのも、それらが大量観察のデータを蓄積していたためだろう。

誤差理論における「観察の回数」の強調が一九世紀に何をもたらしたのかは、実験心理学と実験医学における「統計的方法」の位置づけを比べると明確になる。

ウィリアム・ジェームズは、教科書として書かれた『心理学 *Psychology, Briefer Course*』（一八九二）において、精神物理学（=実験心理学）の創始者グスタフ・テオドール・フェヒナー（一八〇一―一八八七）が行った感覚刺激の識別をめぐる実験が、統計的方法の発達を促したことを評価しながら、次のように述べている。[7]

統計的方法についての議論が必要になったのは、われわれの感覚度が瞬間ごとに著しく変動することによる。すなわち二つの感覚の差が弁別の限度に近いときには、ある瞬間に弁別ができたかと思うと、次の瞬間には弁別できないということが認められるのである。間断のない偶然的内的変動があるから、多数の弁別の場合を平均しなければ、感覚の最小可知的増加はいくらかということは明言できない。これらの偶然誤差は、われわれの感覚度を増加させたり減少させたりする。したがって、平均値の上下にあるものが全体としては相殺されるので、偶然誤差はそのような平均においては除去され、正常な感覚［…］というものがあるとすれば、それが現れてくるのである。平均をとる方法は困難も危険も伴う。そしてこれに関する論争は非常に微細なものになってきた。統計的方法のあるものがどれほど骨の折れるものか、またドイツの研究者がいかに根気がよいかを示す例として、私はフェヒナー自身が、重量に関するウェーバーの法則をいわゆる「正しい場合と間違った場合の方法」によって検査するのに、二万四五七六回以上の個別の判断を表にし、計算したことをあげたい。（James［1892:22-23=1992:49-50］、一部の表記を変更し、傍点を付した）

フェヒナーの実験は、ドイツの生理学者エルンスト・ハインリヒ・ウェーバー（一七九五―一八七八）の実験を引き継いでいる。ウェーバーは二つのおもりを弁別する実験を行った。すなわち、最初に持つおもり（＝標準刺激）と次に持つおもり（＝比較刺激）との差が、最初のおもりの何分の一になると、両者の違いが識別できなくなるか（＝丁度可知差異）を分析したのである（サトウ［2011:75-76］）。フェヒナーはこれを発展させたが、ジェームズはその実験回数が二万四五七六回にも及んだことに注目している。科学社会学者トルーディ・デヒューによると、フェヒナーは一八四五年から四九年にかけて、おもりの実験を六万七〇〇〇回以上も繰り返したという（Dehue［1997:655］）。

統計学者スティーヴン・M・スティグラーによると、こうした心理学実験の背後には「個人誤差personal equation」の発想があった。「個人誤差」とは、観察者ごとの測定の癖などがもたらす誤差のことである。心理学者は個別判断に含まれる誤差の除去を目指したが、それは天文学における「個人誤差」を応用したものだった（Stigler［1986:240-242］）。天文学の場合には、すでに大量観察データが蓄積されていたが、心理学の場合には、誤差理論を適用するために、そもそもの実験回数を増やさなければならない。だからこそ、フェヒナーはあれだけ多くの実験を強いられたのだろう。

ところが、実験医学ではこれと全く対極の議論が見られた。フランスの生理学者クロード・ベルナール（一八一三―一八七八）は、『実験医学序説 *Introduction à l'étude de la médecine expérimentale*』（一八六五）の第二編第二章九節「生物現象の研究における計算の使用について。平均値と統計学」の中で、次のように統計学を批判している。

［…］統計学なるものは確からしさ（probabilité）を与えることができるのみで、決して確実性（certitude）を与え得るものではないのである。したがって私は、統計学から引き出した結果をなぜ人は法則と呼んでいるのか、理解に苦しむことを正直に告白する。何となれば、私の考えによれば科学的方法は確実なものの上に、また絶対的なデテルミニスムの上に立っているべきであって、確からしさの上に立っているべきものではないからである。（Bernard［1865:239=1938→1970:222］，傍点は引用者による）

一言で言えば、統計学に立脚している限り、医学は永久に推測科学に止まるであろう。これが真の科学即ち確実な科学となるのは、実験的デテルミニスムに立脚することによってはじめてである。この実験的デテルミニスムの思想こそは、実験医学の枢軸であると私は思う。またこの点からみて、実験医学者はいわゆる観察医学者とは全く異なる点に立っている。実際またある現象が同一条件においてつねに同一様式で現れることを認めるためには、たった一回確実な姿で現れていさえすれば十分である。もしその現われ方に違ったところがあったならば、それは条件が違っているからである（Bernard［1865:245=1938→1970:227-228］，傍点は引用者による）

市野川容孝が指摘しているように、ベルナールは決定論（デテルミニスム）の立場から統計学を批判している。ベルナールにとって医学の目標は、病気を発生させる因果関係を特定することにあった。例えば、統計学はある治療で一〇人中九人が治ったといった確率を明らかにするが、医学はむしろ、九割の患者に効く治療法が残りの一割の患者に効かなかったのはなぜか、を突き止めなければならない。つまり、医学は「蓋然性」（＝確からしさ）の範囲に留まるべきではなく、「確実性」をこそ目指すべきだとベルナールは考えたのだ（市野川［2012:29-30］）。

本書にとって重要なのは、ベルナールが「確実」な追試を「たった一回」やれば良いと主張していることである。もしも完全に同じ条件で実験が行われるのであれば、当然、そこで生じる現象も同一になる。逆に、結果が違うのであれば、条件が違うと言わざるをえない。そう考えると、「確実」な実験であれば、その回数は「一回」で十分だと言える。

フランスの数学者・天文学者・物理学者アンリ・ポアンカレ（一八五四―一九一二）は、『科学と仮説 *La science et l' hypothèse*』（一九〇二）において、フェヒナーとベルナールの方法を折衷したような見方を示している。ポアンカレは、「わるい実験」を何回行ったとしても、たった一回の「よい実験」には敵わないことを認めるが、その上で、「よい実験」とは「一般化」を可能にするものであり、「仮説」をもたらすものだとも述べる（Poincaré［1902→1917:168-169=1938→1959:171-172］）。そして、その仮説は「いつでもできるだけ早く、できるだけ何度も、検証を行わなければならない」（Poincaré［1902→1917:178=1938→1959:180］）。フェヒナーとベルナールは、それぞれ別の方向から「法則」（＝確実性）を目指したが、ポアンカレは「仮説」という言葉を導入することにより、実験を絶えざる検証の問題だと捉えたのである。

二〇世紀を通じて最も広がったのは、フェヒナーでもベルナールでもなく、むしろ、ポアンカレに近い発想だろう。ロナルド・エイルマー・フィッシャーは、棄却される可能性を最初から想定して立てる「帰無仮説 null hypothesis」の考え方を統計学に導入したが、これはちょうど仮説の絶えざる検証という発想を象徴している（Fisher［1935→1966=1954→1971: 第2章8節］，芝村［2004:80-87］）。

そう考えると、二万四五七六回もの実験を行ったフェヒナーと、たった一回の追試で良いと言い切るベルナールとの対比は、誤差理論の出現が持つ意味を極端な形で示している。二人の議論からは、「蓋然性」と「確実性」という区別が「誤差」と密接に結びつくことで、「測定回数」（＝n）を増やすにせよ減らすにせよ、その妥当性を論じなければならなくなったことがわかる。第4章で見たように、「蓋然性」と「確実性」がその連続性を強めたのは一七世紀のことだが、一九世紀には、ここに「測定回数」の観点が加わったのである。

このことの意味は、「裁判のレトリック」とそれを支えるヒュームの奇跡論に立ち戻るとわかりやすい。「裁判のレトリック」においては、「測定回数」が全く問題になっていない。そこで問われていたのは、証人の「人数」と「信頼性」である。そもそも「奇跡」という出来事はほとんど生起しない。だから、その発生回数について議論することには意味がなく、証人の「人数」や「信頼性」を高めることこそが最重要課題になる。

確率論の歴史もこれを傍証している。というのも、一七世紀から一九世紀の確率論には、「証言の確率」と呼ばれる問題系が存在していたからだ。「証言の確率」とは、証人が虚偽の「証言」を行う確率を設定し、事象が正しい可能性を確率計算で求めるものだが、それが、法廷での証人の信頼性、歴史文書の信頼性、ヒュームの奇跡論といった問題についての確率論的アプローチになっていたのである（Daston [1988:ch.6 sec.3], Zabell [1988]）。例えば、ラプラスは『確率の解析的理論』の第II編第一一章（第二版以降）と『確率の哲学的試論』の「確率計算の一般的原理」の第六原理を「証言の確率」に割いている[8]（Laplace [1812→1820→1886=1986], Laplace [1814=1997]）。確率論においてさえ、「誤差」ではなく「証人」を問題にする主題が存在していたのである。

以上を踏まえると、一七世紀にボイルが想定していた「再現実験」の主眼は、「測定回数」を増やすことではなく、むしろ、証人の「人数」や「信頼性」を増やすことの方にあったと考えるべきだろう。翻って、今日的な意味での「再現可能性」は、「測定回数」という発想——何度でも同じ結果が出る——を含み込んでいる。したがって、「再現可能性」は「人数」「信頼性」から「測定回数」への移行を背景にしていると考えられる。その意味で、現在の「再現可能性」が本当の意味で完成したのは、一七世紀というよりも、むしろ、一九世紀だと言った方が良い。

この変化を最も象徴的に示しているのは、テレパシー実験だろう。ヒュームが問題にしたキリスト教の文脈での「奇跡」は、自然法則からの逸脱を指している。定義上、それは「再現可能性」を持たないため、現在では科学の対象として認めがたい。ところが、テレパシー実験は、一回きりの現象ではなく、無数の反復試行から浮かび上がる「有意差」としての「奇跡」を誕生させた。その意味で、テレパシーを司る「超感覚的知覚」（ＥＳＰ）は、「再現可能性」の時代における「奇跡」なのである。それは、ポパーの次の一節の裏返しと言っても良いだろう。「再現できぬ一回だけの出来事は、科学にとっていかなる意義もない」（Popper［1934=1959:86=1971:106］）。

４-２　「観察の理論負荷性」と「感覚与件」の系譜

もう一つ重要なのが、指示・記録計器の登場である。二〇世紀の英米系の科学哲学では、「観察」とはいかなる営みなのかが一つの焦点となってきた。すなわち、理論によって想定されたものしか観察できないとする「観察の理論負荷性」を重視する立場と、（理論とは独立に）五感によって直接的に観察される「感覚与件《センスデータ》 sense-data」（＝意識の直接の対象）を認める立場とが、激しい対立を繰り広げてきたのである。例えば、地動説の支持者と天動説の支持者とでは天文学上のデータが全く別のものに見えると考えれば、「観察の理論負荷性」を認めることになり、逆に、両者には同じデータが見えていると考えれば、「感覚与件」を認めることになる。二つの立場は鋭く対立するが、本書の見るところ、両者はいずれも、指示・記録計器の登場と深く関わっている。

すでに述べたように、ラトゥールは一七世紀以来の実験科学の特徴を「非人間の証言」の重視という点に見出していた。つまり、ボイルによる空気ポンプを使った実験は、「非人間の証言」に「人間の証言」と同等な資格を与えるものだったというのだ。確かに、実験装置という事物に語らせることが、科学史上の一つの画期であることは間違いない。けれども、本書はそれを「非人間の証言」と呼ぶべきではないと考えている。なぜなら、「非人間の証言」という表現では、指示・記録計器の導入以前と以後とを一緒くたにしてしまうからだ。実験装置にも、何が起きているかが目視でわかるものと、計器なしではわからないものとがある。

空気ポンプの実験は、あくまでも実演されるべきものであり、その場に居合わせなければ確認できない。したがって、「非人間」が織りなす現象を「人間」が目撃し、記録する必要があった。ところが、指示・記録計器はその仕組みを一変させる。それは、「非人間」の織りなす現象を「非人間」自身が別の現象に変換し、痕跡として記録するのである。「非人間」が「非人間」を代理する点で、「非人間の証言」という言葉はこの事態に限定して使うべきだろう。[9]

このことは、一見すると、実験手続きの微細な変化にしか見えないかもしれない。しかし、キットラーの議論を下敷きにすると、それがより大きな変化と結びついていることがわかる。キットラーが批判するのは、先ほど取り上げたギンズブルグの「推論的パラダイム」である。

ギンズブルグは、一九世紀後半の様々な領域に「推論的パラダイム」とも呼ぶべき知が浮上していたことを指摘している。それによれば、この時期には、モレッリの作者鑑定法・ホームズの推理・フロイトの精神分析のように、物事の細部から推論を働かせる思考法が同時多発的に発生したという（Ginzburg［1979=1988］）。キットラーはこの指摘の有効性を認めつつも、次のように批判する。「ただギンズブルクには、知の権力の移行が、書字からメディアへの移行の後追いをしていただけだという事実は見えていなかった」（Kittler［1986:131=1999→2006a:211］）。

キットラーの見るところ、物事の細部に注目するためには、そもそも細部を記録する装置が必要であり、それができるのは蓄音機やフィルムといった「技術メディア」（≒記録技術）だけである。したがって、一九世紀後半に「推論的パラダイム」が浮上したのは、「技術メディア」が台頭したからだというのである。もちろん、このように考えると、フロイトの精神分析は「技術メディア」を使っていないではないか、という疑問も出てくるだろう。これに対し、キットラーは「精神分析の症例報告は、それがいかに文字で書かれていようと、メディア技術だと規定されるしかないようなものなのだ」（Kittler［1986:139=1999→2006a:223］）と述べる。つまり、「技術メディア」の拡大に伴って、人間が「技術メディア」を後追いする事態も生じていたのだ。いずれにせよ、「技術メディア」の登場は、単に記録方法を変化させただけでなく、新たな思考法や新たな人間理解を生んだと考えられる。

〈測定〉の問題もこれと無縁ではない。というのも、この時期には、生理学・心理学・物理学といった指示・記録計器（≒技術メディア）と親和性の高い分野から、「観察者」である人間の性能が議論され始めたからである。例えば、オーストリアの物理学者エルンスト・マッハ（一八三八―一九一六）の『感覚の分析 *Die Analyse der Empfindungen und das Verhältnis des Physischen zum Psychischen*』（一八八六）、先ほども出てきたポアンカレの『科学と仮説』（一九〇二）、フランスの物理学者ピエール・デュエム（一八六一―一九一六）の『物理理論の目的と構造 *La théorie physique: Son objet, et sa structure*』（一九〇六）といった一九～二〇世紀転換期の科学哲学の著作を紐解くと、程度の差こそあれ、そこには指示・記録計器の読み取りと人間の性能に対する関心が確認できる[10]（Mach［1886→1918=1963→1971］, Poincaré［1902→1917=1938→1959］, Duhem［1906→1914=1991］）。

例えば、ポアンカレは、まさに指示・記録計器と人間の感覚を比較している。それによると、「力」や「熱」をめぐる物理理論を理解するために、主観的な感覚は全く必要ない。「仮に皮膚が熱の絶対不良導体であって、その結果いままでに冷たいという感覚も、熱いという感覚も経験したことがないという学者があっても、その人はほかの人と全く同様によく寒暖計を見ることができるであろうし、そのことは熱力学の全理論を構築するのに十分」なのである。同じように、「筋肉収縮より生じた概念は力の真の本性を知らせない」。というのも、「太陽が地球を引くとき、筋肉感覚を感じると主張する」ことはないからである（Poincaré［1902→1917:129-130=1938→1959:135-136］）。

ポアンカレは、人間の感覚が指示・記録計器よりも劣っていること、そして、感覚から生じた概念と科学理論とが全く別物であることを指摘している。この種の発想は、デュエムにおいて、後に「観察の理論負荷性」と呼ばれることになる考え方へと敷衍されている。

デュエムは、『物理理論の目的と構造』第四章「物理学の実験」の四節・五節において、「日常の証言 témoignage ordinaire」と「物理学者の証言 témoignage du physicien」を対比している。「日常の証言」を扱う場合には、「うそつき」や「幻覚者」でないことを確認できれば良い（Duhem［1906→1914:239-240=1991:212］）。ところが、「物理学者の証言」に対しては、そうした法廷の規則を適用しても仕方がない。そこには、物理理論が介在しているからである。

もし仮に、その物理学者が、彼が見た事実、すなわち、見られたとされるもの、それも彼の目で見られたとされるものをわれわれに語って聞かせるだけならば、彼の証言は、一般的な諸規則に従って、すなわち、一人の人間の証言が受けるに価する信頼度を決定するための一般的な諸規則に従って、吟味されなければならないということになるであろう。［…］

しかしながら、また再び繰り返すが、物理学者が実験の結果として言明するものは、確認された諸事実の叙述ではない。それは、そのような事実の解釈、つまり物理学者が確立されたものと見なす諸々の理論によって作り出された理想的で抽象的で記号的な世界へ事実を移しかえたもの、なのである。（Duhem［1906→1914:240=1991:212-213］, 傍点は引用者による）

デュエムは物理学者による実験結果の報告が物理理論による「解釈」を経由したものだと考えている。このため、同じ物理理論を受け入れて、「同一の現象の解釈で同一の規則に従うこと」に合意する人同士では、相互理解が可能である（Duhem［1906→1914:241=1991:213］）。ところが、そうした規則を共有しない人にとっては、実験結果を表現した諸命題が「碑銘学者の目にとってのエトルースク文字やリグリア文字」のように「判読できぬ文字で書かれた文書」になってしまう（Duhem［1906→1914:242=1991:214］）。

しかし、物理理論を完全に取り去ると、混乱はもっと深刻になる。というのも、「圧力、温度、密度、重力の強さ、照準器の光軸」といった物理理論の用語がなければ、膨大な細部の情報を捉えられなくなるからだ[11]（Duhem［1906→1914:248=1991:220］）。

ここで重要なのは、デュエムの議論において、「観察の理論負荷性」が「証言」という概念の消去と表裏一体になっていることである。デュエムが想定する実験とは、物理現象が指示・記録計器へと表示されるものだった。[12] 物理学者は指示・記録計器に表示された結果を見る。このとき、現象と物理学者とのつながりは間接的なものに留まるため、指示・記録計器の表示を物理理論によって「解釈＝翻訳」する必要が生じてくる。言うまでもなく、これは物理現象を指示・記録計器抜きで直接的に「目撃」するのとは大きく違う。だからこそ、デュエムは「物理学者の証言」と「日常の証言」とを区別したのである。

実は、「感覚与件」についても同じことが当てはまる。イギリスの哲学者バートランド・ラッセル（一八七二—一九七〇）は、「感覚与件」の概念を発展させたことで知られるが、その著書『哲学入門 *The Problems of Philosophy*』（一九一二）では、「感覚与件」を導入しながら、「証言」の概念を退けている。「感覚与件」とは、「感覚によって直接知られるもの」（Russell［1912→1967→1998:4=2005:15］）を指している。例えば、温度計の目盛りを読むとき、私たちの目に入ってくるその視覚刺激が「感覚与件」に当たる。ラッセルによると、私たちが「物的対象」なるものを考えたくなるのは、他の人々と同一の対象を見ていることを確認したいからである。しかし、「感覚与件」から出発して「物的対象」の存在を立証しようとする場合には、「他者の証言」に頼ることができない。なぜなら「他者」の存在それ自体が、自分の「感覚与件」を通じて確認されるべき事柄だからである（Russell［1912→1967→1998:8-10=2005:25-28］）。

では、ラッセルはいかにして「物的対象」の存在を立証しようとするのか？

「感官与件の物理学に対する関係」（一九一四）によれば、物理学の観察・実験によって明らかになるのは、色斑、音、味、臭いなどの「感官与件」（=感覚与件）だけである。ところが、私たちが「物的世界」の要素として想定するものは、「感覚与件」とは異なる。例えば、「分子には色はなく、原子は音を立てず、電子には味はなく、素粒子にいたってはにおいさえしない」（Russell［1914→1917:145=1959→1995:166］）。つまり、「物的世界」と「感覚与件」は別次元にある。だとするならば、観察・実験から得られる「感覚与件」と「物的世界」そのものとの間の相関関係を説明しなければならない（Russell［1914→1917:145-146=1959→1995:166-167］）。ラッセルは言う。

普通の方法で記述されている物理学では、感官与件は物的諸対象の函数として現れる。たとえば、これこれの光波が眼に当たると、これこれの色が見える、ということきである。しかし実際は波の方が色から推論されているのであってその反対ではない。この波が色その他の感官与件の函数として表現しつくされるまでは、物理学を真に感官与件に基礎をおいている学問だとすることはできない。（Russell［1914→1917:146=1959→1995:167-168］）

ラッセルはここで、物理学は「感覚与件」によってしか「物的世界」にアクセスできないという前提から出発している。例えば、分子・原子・電子・素粒子について知るには、「非人間」（＝指示・記録計器）による「非人間」（＝分子・原子・電子・素粒子）の「代理」が必要だというのである。論理実証主義は、「感覚与件」の問題をさらに、自己と他者との間の認識の共有という「間主観性」の問題として発展させた。ドイツ出身の哲学者ルドルフ・カルナップ（一八九一―一九七〇）は「科学の普遍言語としての物理的言語」（一九三二）の中で、個人の感覚を記述した「プロトコル言明」と、それを物理的に再記述した「物理的言語」とを区別している。例えば、「しかじかの高さ、音色、音量の音」との記述が「プロトコル言明」だとすれば、「しかじかの基振動数をもち、しかじかの振幅のかくかくの上振動数をもった物的振動」とするのが「物理的言語」の記述に当たる（Carnap［1932:444=1986:205-206］）。その上で、「物理的言語」は「間主観的」だという。

棒の長さ、物体の温度、振動の周波数に関して二人の人物の意見が異なる場合、そのような意見の相違は、物理学においてはけっして除去できない主観の相違としては受け取られない。それどころか、共通の実験によって一致に到ろうとする試みが常になされるであろう。個々の決定において到達可能なすべての要求される精密さとの一致が原理的に可能であり、またその一致が実際に得られない場合には、前途に立ちはだかるものはただ技術的困難（技術的手段の不完全さ、時間の不足等）のみである、というのが物理学者の意見である。この意見は、これまで十分注意深く吟味されえたすべての場合に、正しいことがわかった。物理的記述は間主観的に妥当するのである。（Carnap［1932:447=1986:210-211］, 傍点は原文による）

カルナップはここで、それぞれの個人の持つ感覚は一致しないとしても、指示・記録計器の読み取りは一致に向かうと考えている。だからこそ、「物理的言語」は「間主観的」だというのである。

これに対し、カルナップを批判したオーストリアの哲学者・経済学者オットー・ノイラート（一八八二―一九四五）は、「プロトコル言明」もまた「間主観的」だと考えた。なぜなら、ノイラートにとって「言語」はそもそも「間主観的」だからである[13]（Neurath［1932:211=1986:177-178］）。

本書にとって重要なのは、ノイラートの言う「プロトコル言明」が必ず「人名」を含むことだ。例えば、それは「三時十七分におけるオットーのプロトコル［オットーは三時十六分に自分自身に言った（室内には三時一五分にオットーによって知覚された机があった）］」という形をとる（Neurath［1932:207=1986:171-172］）。このとき、知覚とそれを持つ人物が記載されているが、この記述自体が「間主観的」なものである以上、知覚を持つ人物と「プロトコル言明」との間に特別な関係はない。したがって、「すべての人が「自分自身の」プロトコル言明を、「他人の」プロトコル言明と同じようにテストすることができる」（Neurath［1932:213=1986:180］）。その意味で、ノイラートの言う「プロトコル言明」は、感覚を報告する「証言」とは全く異なっている。

ここまで、「観察の理論負荷性」や「感覚与件」の考え方が、実は、指示・記録計器の出現を背景にしており、「証言」という概念（＝裁判のレトリック）の消去と表裏一体だったことを確認してきた。もちろん、このことは、「観察の理論負荷性」や「感覚与件」といった概念が、指示・記録計器を使った観察にしか適用できないことを意味するわけではない。言うまでもなく、デュエムもラッセルもそれらを一般性のある理論モデルとして提案していた。とはいえ、両者はいずれも、「物的世界」の痕跡としての「事実＝感覚与件」についての「解釈＝推論」を通じてしか、人間に観察不能な「物的世界」にはアクセスできないと考えている。ここで確認したいのは、こうした二段階図式が、指示・記録計器の段階に対応した発想だということである。その意味で、「観察の理論負荷性」と「感覚与件」は、同一の技術史的条件（＝社会的条件）を背景にしているのだ。

二〇世紀の英米系の科学哲学では、「観察の理論負荷性」と「感覚与件」が鋭く対立することになったが、「裁判のレトリック」はそのどちらからも消去されていた。それらは、実験によって得られた「データ」を、科学者が「解釈」し、その解釈の仕方を「共同体」が訓練するという「データ」「解釈」「共同体」の三幅対を成立させた。クーンの次の引用は、何よりもまず、「データ」「解釈」「共同体」の三幅対の行き着いた地点の一つをよく示している。

> 水滴や文字板上の針を見ることは、霧箱や電流計を知らない人にとっては初歩的な知覚経験である。だから、電子や電流について結論を引き出す前に、思慮、分析、解釈（あるいはまた、外的権威の介在）を必要とする。しかし、これらの器具について習熟し、それらを扱う多くの例を経

験した人の立場は全く違ったものとなる。器具から人間に至る刺激の処理の仕方が、全く異なるのである。(Kuhn［1962→1970:197=1971:226］, 傍点は引用者による)

5 「裁判のレトリック」はなぜ消えたのか?

ここまで、「再現可能性」や「観察の理論負荷性」「感覚与件」といった英米系の科学哲学における中心概念が、いずれも「裁判のレトリック」を失効させる発想を含んでいたことを確認してきた。これを踏まえると、「裁判のレトリック」の消失はどう捉えられるのか?[14]

一見すると、「裁判のレトリック」の失効は、天動説から地動説への移行にも似た「パラダイム・シフト」の一種に見えるかもしれない。「パラダイム」という用語は多義的だが、その学習という点では、教科書で示される章末問題(ないし試験問題)や、実験室での作業の手本といった「見本例exemplars」が重要になる(Kuhn［1962→1970:186-187=1971:212-213］)。

しかし、「裁判のレトリック」の失効は、教科書や実験室での学習内容の変化では説明できない。というのも、教科書と実験室はいずれも「裁判のレトリック」をめぐる変化の領域横断性を説明しないからである。教科書や実験室を通じて学習される「パラダイム」は、特定の分野でのみ共有されるものだ。ところが、「裁判のレトリック」をめぐる変化は、個別の分野ではなく、領域横断的に生じている。その意味で、この変化は「パラダイム・シフト」とは違っている。

この点を考える上で、重要なヒントになるのが、ニクラス・ルーマンの言う「反省理論」ないし「反省論」である。すでに述べたように、「反省」とはシステムが自分自身の特徴を観察する作業を指す。「反省理論」はそれが理論の形をとったものであり、科学システムの場合には、認識論・科学論がこれに当たる（Luhmann［1990＝2009b: 第7章Ⅰ節］）。「再現可能性」や「観察の理論負荷性」「感覚与件」という概念は、「反省理論」の代表例と言えるだろう。ここではさらに、「裁判のレトリック」もまた「反省理論」の一種だと考えている。なぜなら、それは「証拠とは何か」とか「科学とは何か」といったシステムの作動そのものに関わる問題への回答になっているからだ。

本書の見るところ、「裁判のレトリック」の失効は、教科書や実験室での学習内容というよりも、むしろ、一種の「教養」として存在している。ここで言う「教養」とは、複数の専門分野に属する人々が、必ずしも義務的ではない形で学ぶ共通の学習内容のことだ。

第4章と第5章では、「裁判のレトリック」がヒュームの奇跡論やミルの科学方法論と結びついていることを示したが、これらは特定の専門分野の議論ではない。「再現可能性」や「観察の理論負荷性」「感覚与件」といった概念も、この点では同じである。いずれも、科学者にとっての「教養」に当たる。そう考えると、「裁判のレトリック」の消去は、それが「教養」としての「反省理論」のリストから外れたことを意味している。

もちろん、「反省理論」はあくまで理論上のものだが、現場の科学者とも無関係ではない。例えば、科学と非科学の境界線を引く「境界画定作業」の場面では、「科学は再現可能性を持つべきだ」とか「反証可能性を持つものだ」といった形で「反省理論」が使われることも多い。それらは、現場の科学者も利用できるレパートリーなのだ。この点は、「裁判のレトリック」にもそのまま当てはまる。前節では、「裁判のレトリック」が科学方法論のレベルで失効していく過程を見たが、現場の科学者もこれを「教養」として学んだのだと考えられる。

しかし、そうなると「反省理論」がどのように変化してきたのかが問題になる。

本書は、誤差理論と指示・記録計器の登場という〈測定〉をめぐる変容が、現場での研究活動と「反省理論」を同時並行的に変化させたと考えている。「反省理論」が現場の科学から全くかけ離れた内容ならば、それは説得性を失い、忘却されていくだろう。反対に、「反省理論」が現場の科学と同じ前提を共有していれば、それは説得性を持つだろうし、現場の科学者自身が自力で「反省理論」と同じ考えに至ることもあるだろう。その意味で、「反省理論」の変化は、実験教育のあり方と深く関わっていると考えられる。

ダストンとギャリソンによると、一九世紀半ばの科学では、異なる地域において、異なる人々により、異なる形式で行われる研究群に均一性を持たせることの難しさが意識されていた。しかし、一八八〇年頃から一九一四年頃にかけて、ドイツ・フランス・イギリス・アメリカでは、実験教育が集団化・標準化し、多数の学生が同じ方法を身につけることで、〈測定〉の均一性を期待できるようになった[15]。

このことは、「裁判のレトリック」にとっても、重要な意味を持つ。実験教育の集団化・標準化が行われていなければ、同じ方法が共有できているのかどうか、結果が誠実に報告されているのかどうかを保証する手がかりが少ない。だから、「社会的地位」のような属性が重要な意味を持ちやすい。これに対し、実験教育が集団化・標準化され、誰もが同じ訓練を受けていることが期待でき、誰もが同じ「学位」(=博士号)を持っているならば、属性の違いが相対的に意識されにくくなる。もちろん、科学者の間での「評判」ないし「熟練度」の差が問題になることはあるが、それも最低限度の均一性が保証された上でのことである。

科学者の間にそうした均一性が期待できれば、実験結果の報告を誰かの「証言」と見なす必要がなくなり、報告者の属性とは無関係な「データ」として取り出すことが可能になる。とりわけ、「精密測定」という理念のもとで、誤差理論や指示・記録計器が実験教育に組み込まれると、「データ」や「測定回数」といった発想はより一層自然なものになる。[16] そうなると、「反省理論」の水準でも、「裁判のレトリック」がリアリティを持たなくなるだろう。

言うまでもなく、実験教育には多大なコストが伴う。しかし、そのコストを払うことによって、科学者は互いの報告を「証言」として取り扱わずに済む特殊な共同体を作り上げることができる。こうして形成された共同体を「訓練の共同体」と呼ぶことができるだろう。この条件がなければ、インターネットにおけるデマの拡散と同じように、信頼性を欠いた情報が集積するばかりで、科学者同士の協働が、却って知識の発展を阻害してしまうかもしれない。そう考えると、「訓練の共同体」という「社会的条件」が整っているからこそ、科学は自らを法的手続きから切り離すことができ、知識の理想形としての地位を確立することができているのだと考えられる。

さて、以上の分析は、一七世紀以降の近代科学における「真理の科学化」の解明を目的としていた。つまり、「近代的な知の中で科学が特権的な地位を得たのはどのようにしてか？」という問題に答えるために、「真理」のイメージが科学によって独占される事態を、「科学的証拠」と「法的証拠」の関係から辿り直してきた。

では、二〇世紀以降の「科学的証拠」はどうなっているのだろうか？

終章では、「エビデンス・ベースト」という方法の登場に注目して、現代社会における「証拠」のあり方を考えてみたい。同時に、「証言のゲーム」と「命題のゲーム」という対概念に立ち戻りながら、本書が全体を通じて明らかにしたことを改めて総括していく。

終章　「エビデンス」の時代

本書の目的は、「証拠」とは何かを考えることにあった。そのための切り口として、「科学的証拠」に注目し、理論と歴史の両面から考察を行ってきた。とくに第Ⅱ部では、一九〜二〇世紀転換期において「法的証拠」と「科学的証拠」の切り離しが進行していたことを確認し、そこに「証拠の専門分化」という動きを見出した。では、二〇世紀以降の「科学的証拠」はどうなっているのか？ そしてまた、二一世紀の科学と「証拠」の関係はどうなっていくのだろうか？

このことを考えるヒントになるのが、「エビデンス」というカタカナ語である。「エビデンス」とは、直訳すれば「証拠」や「根拠」になるが、「科学的証拠」のニュアンスを強く持っている。この言葉は、治療方針の決定が「エビデンス」に基づいて行われるべきだとする「根拠に基づく医療」すなわち「エビデンス・ベースト・メディシン Evidence-Based Medicine」（EBM）に由来している。実験や統計といった「科学的証拠」に基づく医学は一九世紀からあるが、「エビデンス・ベースト・メディシン」によって、医療における「科学的証拠」の取り扱いが改めて定式化された。つまり、「科学的証拠」の原理が徹底したところに、「エビデンス・ベースト」という新しい考え方が浮上しているのである。

現在では「エビデンス・ベースト」の考え方が、医療の領域を超えて、政治や教育の領域にまで広がりつつある。同時に、「エビデンス」という言葉が人口に膾炙してもいる。そう考えると、現代社会はかつてないほど「証拠」を強く意識する社会になっている。では、この変化は何を意味しているのだろうか？　私たちの社会は、一体どこに向かっているのか？

終章では、これまでの議論を踏まえつつ、この問いに答えていく。その作業を通じて、「証拠」の現在、そして未来を考えてみよう。

1　「証言のゲーム」から「命題のゲーム」へ

これまで見てきたように、「法的証拠」と「科学的証拠」とを分けるのは、「証言」という考え方だった。「法的証拠」には「証言」と「物証」があるが、「科学的証拠」は「証言」を排除してきたのである。雪の結晶の研究で知られる物理学者・中谷宇吉郎（一九〇〇―一九六二）の『科学の方法』（一九五八）にある次の一節は、そのことをよく表している。

幽霊は科学の対象になるか、といえば、誰でも一言の下に、否というであろう。そして現在の科学では、幽霊は対象として取り上げられていない。しかし昔は大勢の人たちが、幽霊を見たといっているし、またそういう記録もたくさんある。もっとも心霊論者は、今日でも幽霊の存在を信じていて、いろいろとその証拠を出している。昔の人はおそらくほとんどの人が、幽霊は実在するものと信じていたであろう。それでは多くの人が幽霊を見たからという理由で、これは再現可能であるといえるか。［…］幽霊はいくら大勢の人が見たとしても、どういう手段を用い、どういうことをしたならば、必要な時に必要なところで幽霊を見ることができるか、あるいはどういう条件の時ならば、見えるはずだという確信をもつことができない。すなわち幽霊というものは、現在の科学が自然界についてもっている認識とは、性質の異る《ママ》ものである。それで幽霊は科学の対象にはならないのである。（中谷［1958:9-10］，傍点は引用者による）

幽霊の存在を示す「証拠」として、まず挙げられるのは、「幽霊を見た」という「証言」である。けれども、中谷によれば、幽霊についての「証言」は、科学にとっての「証拠」にはなりえない。というのも、幽霊についての「証言」は「再現可能性」を持たず、どのような条件で幽霊が出現するかがわからないからである。

もちろん、科学の対象が必ず「再現可能性」を持つとは限らない。例えば、医学のように人体を扱う場合には、条件の統制が難しく、「再現可能性」は近似的にしか成り立たない。しかし、そうした場合でも、「統計的方法」を使用し、似た条件を持つ多数の資料を測定することで、全体の傾向を把握することはできる。その意味で、「科学的証拠」は、やはり対象の「再現可能性」を保証するものでなければならないという（中谷［1958:10-11］）。

中谷は幽霊を例に挙げているが、このことは人文・社会科学にも当てはまる。人文・社会科学では、「再現可能性」を想定できない問題が多く、他者の「証言」を使わざるをえない。典型的なのは、歴史をめぐる語りやフィールドワークの報告だろう。そこでは、同じ出来事を追体験することができない。そのため、「証言」を評価するしかないが、自然科学の方法からすれば、それらは「科学的証拠」と同列ではない。[1]

以前に導入した「証言のゲーム」と「命題のゲーム」の対概念を使うと、これは「証言のゲーム」から「命題のゲーム」への移行として整理できる。改めて確認しておくと、本書では、「真理／虚偽」を判別する手続きを「証言のゲーム」と「命題のゲーム」の二種類に分けた。「証言のゲーム」は、ある発話の真理性をその発話内容だけでなく、発話主体の信頼性まで含めて評価するもので、そこでは「本当／嘘」の区別が使われる。これに対し、「命題のゲーム」とは、ある発話の真理性をその発話内容だけに特化して評価するもので、そこには「真／偽」の区別が使われる。

本書の議論は次のようなものだった。初期の近代科学において、実験は「証言のゲーム」の性格をいまよりも強く持っていた。すなわち、当時の実験家たちは、古典的文献ほどの信頼性を持たない実験報告を、法廷での「証言」に見立て、その量や質を高めることで、信頼性を確保しようとしていた。ところが、「法的証拠」と「科学的証拠」のこうした結びつきは、遅くとも一九〜二〇世紀転換期には断ち切られ、「裁判のレトリック」が科学の中心部から排除されたと考えられる。その背景には、誤差理論や指示・記録計器の発達と実験教育の集団化・標準化とによる〈測定〉の変化があった。科学者の均一性を前提とする「訓練の共同体」が成立すると、「誰が実験したのか」とか「誰が目撃したのか」を問う必要がなくなる。

もちろん、これは、科学が「証言のゲーム」から「命題のゲーム」へと完全に移行したことを意味するわけではない。むしろ、科学は常にこの二つのゲームの間を揺れ動いており、「証言のゲーム」に近づくこともあれば、「命題のゲーム」に近づくこともある。言い換えれば、「裁判のレトリック」

が使われるとき、科学を「証言のゲーム」に還元しようとする「証言化」が働くし、逆に、科学を「命題」の体系と見なす「命題的科学観」が表明されている場合、科学を「命題のゲーム」へと還元する「命題化」が働くと考えるべきだろう。

一九世紀末に登場した心霊研究は、職業科学者とアマチュアが混在しており、実験教育の集団化・標準化という同時代の状況から取り残されていた。しかも、そこには詐術が蔓延《はびこ》っており、データが虚偽である可能性が付きまとった。そのため、実験者の「証言」の信頼性が、擁護者にとっても批判者にとっても大きな意味を持っていた。こうして、心霊研究では「裁判のレトリック」が使用され、「証言化」へと傾斜していた。

心霊研究というと極端に見えるかもしれないが、実は、現在の実験科学にも「証言」に近い発想は残り続けている。科学社会学者のハリー・コリンズとトレバー・ピンチによると、実験の再現がうまくいかないとき、実験室などでの非公式な会話では、実験者の「社会的属性」や「個人的性格」に基づいて実験報告の信頼性を判断することがある（Collins and Pinch［1994=1997:135-139］）。再現実験が行われるまでにはタイムラグがあるため、再現できるかどうかの決着がつくまでの間、最初の実験報告は「証言」に近いものとして扱われるのである。

とはいえ、二〇世紀の科学において基調をなしていたのは、やはり「命題化」の方である。現場の科学においては、「訓練の共同体」の成立により、「裁判のレトリック」が現実性を失っていく。そうした中で、少なくとも建前上、科学は「命題のゲーム」と同一視されてきた。そのため、論文や学会発表といった公式の場面では、「証言」に近い発想は目立たなくなる。

このことを象徴的に示しているのは、統計学における「有意性検定」だろう。通常の実験報告であれば、原理的には「命題のゲーム」への還元はさほど難しくない。どのような実験報告についても、それを「命題」にした形式を考えることができる。ところが、統計学が扱う「確率」の場合には事情が異なる。「確率」は程度を表すものなので、「真／偽」という二値コードには馴染まないのだ。

この状況を変えたのが、ロナルド・エイルマー・フィッシャーが導入した「有意性検定」の考え方である（Fisher［1935→1966=1954→1971: 第II章7節］）。それは、事象Aと事象Bに関連があるかどうかを考えるために、あえて「関連がない」とする「帰無仮説」を立て、「帰無仮説」を棄却するか否かを判断するものだ。この方法により、「確率」という程度の問題が「棄却する／しない」という二値判断に変換できる。[2] 現在では、多くの分野に統計学が浸透し、観察・実験結果を統計的に処理することが一般的になった。その意味で、「有意性検定」の導入は、科学の多くの部分を「命題のゲーム」に還元してきたと言える。

重要なのは、二〇世紀半ばの科学論がこうした変化を追認していたことだ。分析哲学や英米系の科学哲学では「命題」が基本単位とされ、「真／偽」の二値が問題になる。これはまさに二〇世紀の科学に見られた「命題化」のベクトルを、科学の本質と認めたことに他ならない。つまり、二〇世紀には、現場の科学が「命題化」を志向する一方で、科学論の側もまた「命題的科学観」を発達させたのである。

本書では、ニクラス・ルーマンの議論の中に、「真理」のイメージを「科学」が独占する「真理の科学化」を見出したが、これもまた、二〇世紀の科学システムのあり方を描写したにすぎない「命題的科学観」を、科学システムの標準形と見なしてしまったものだと考えることができる。だからこそ、ルーマンは「機能分化」を過度に厳密に捉えた上で、それを一七世紀に投影してしまったのだ。

もちろん、二〇世紀型の科学システムに欠点がないわけではない。とくに目立つのは、研究不正（=捏造・改ざん・剽窃）だろう。研究不正は科学者共同体における背信行為だが、科学者共同体はこれを見逃してしまいやすい。なぜなら、そこには、人類学者・福島真人の言う「懐疑のコスト」の問題が絡んでいるからだ。全ての科学者に研究不正の疑惑があり、科学者が常に互いを疑わなければならないとすると、研究には多大なコストが発生してしまう。そのため、現実には、実験室のメンバーが互いを疑ったりはしない（福島［2013→2017:235］）。同じことは、査読システムについても当てはまる。二〇世紀の科学では、論文を公刊するに当たって、他の科学者による査読（peer-review）が行われる。けれども、査読者は、あくまでも論文に書かれていることが真実だという前提のもとで審査を行っているので、不正論文を見抜くことは期待できない（藤垣［2017:13］）。

ロバート・K・マートンは、科学者のエートスの一つに「系統的懐疑主義 organized scepticism」を挙げた。それは、事実がはっきりするまでは判断を保留し、経験的・論理的妥当性を吟味する態度のことである（Merton［1949→1957:560-561=1961:513］）。だが、マートンのこの議論はことの半面しか見ていない。たしかに、科学者は互いの主張の妥当性を疑うが、研究不正については疑わない傾向にある。その意味で、「系統的懐疑主義」は、科学者がどう疑うかだけでなく、どう疑わないかをも指し示していると考えた方が良い。

科学者が互いを過剰に疑わずに済んでいるのは、二〇世紀の科学が、「訓練」によって均一化された科学者共同体を前提しているからだ。「訓練」を施すには教育上の多大なコストがかかるが、その分、研究上の「懐疑のコスト」を減らすことができる。もちろん、それが研究不正の温床にもなっているが、不正はあくまで例外として処理されている。その意味で、二〇世紀の科学は、実験報告を

「証言」として扱わずに済む「命題のゲーム」の空間を、以前よりも広範囲に出現させたのである。

2　二次的な「証言のゲーム」[3]

だが、二〇世紀後半には、これまでとは異なるタイプの「証言」が目立つようになっている。それは、言わば「専門家証人expert witness」としての「証言」である。「専門家証人」とは、法廷において専門知に基づく意見を述べる人物のことだが、科学技術について意見を述べる専門家の役割が、法廷の外でも重要性を増している。科学が応用される場面が増えた結果、「命題のゲーム」の成果を非専門家に伝え、対話することが、専門家に求められるようになっているのである。

社会学者ウルリッヒ・ベックは、まさにこうした変化を指摘している。ベックによると、地球環境問題や原発事故に象徴されるように、二〇世紀後半には「リスク」の分配が社会問題化し、科学によるリスク評価が政治や経済(=科学の外部)と無関係ではいられなくなった。このような社会のことを、ベックは「リスク社会Risikogesellschaft」と呼んでいる(Beck［1986=1998］)。

これとよく似た変化は、多くの論者によって確認されてきた。いずれも、科学がその外部と結びつきを強める中で、「象牙の塔」に籠った古き良き科学とは全く異なる社会的活動へと変貌したことを指摘している。

例えば、科学技術政策研究のマイケル・ギボンズらは、科学の営みが伝統的な「モード1」から応用的・学際的な「モード2」に変化したと述べている(Gibbons et al.［1994=1997］)。同じように、物理学者ジョン・ザイマンもまた、科学が産業との結びつきを深めた結果、マートンが「科学者のエートス」と見なした「CUDOS」（＝共有性・普遍主義・利害の超越・系統的懐疑主義）と対立する「PLACE」（＝所有的・局所的・権威主義的・請負的・専門的）の原理が生じたことを指摘している（Ziman［1994=1995:第7章4節］, Ziman［2000=2006:第4章10節］）。さらに、科学哲学者ジェローム・ラヴェッツは、従来の科学が扱ってきた問題とは異なり、高い不確実性・強い利害関係を持つ新たな問題領域が出現したことを指摘し、そうした領域を「ポスト・ノーマル・サイエンスPost-normal science」と呼んでいる（Ravetz［1999］）。

この種の発想で最も古いのは、物理学者アルヴィン・ワインバーグの議論だろう。ワインバーグは、科学の問題と政治の問題が分かち難く絡み合う新たな問題が生じていることを、一九七〇年代初頭の時点で指摘していた。それは、科学に対して解決を求めたくなるが、科学によっては答えることができない問題であり、その意味で科学を超えている。こうした問題領域のことを、ワインバーグは「トランス・サイエンスtrans-science」と呼んだ（Weinberg［1972:209-210］）。原発事故やパンデミックをめぐる対応は、まさに「トランス・サイエンス」の例である。

興味深いことに、ワインバーグは「トランス・サイエンス」の問題を解決する手段として、英米法の「対審手続きadversary procedure」を挙げている。「対審手続き」とは、対立する当事者が、裁判官の面前で、互いの主張を対抗させる審理方式のことだ。単なる科学の問題なら、科学的手続きを通じて解決できるし、単なる政治の問題なら、政治的手続きを通じて価値判断を調整すれば解決できる。ところが、「トランス・サイエンス」の問題をめぐっては、入手できる「証拠」が不十分であるがゆえに、意見対立が起きてしまう。だから、専門家だけで議論するのではなく、非専門家も交えて民主的に議論する「対審手続き」が必要になっているという（Weinberg［1972:215-216］）。

こうした発想は、現在の議論にも引き継がれている。科学技術社会論の藤垣裕子は、科学と政治の混淆領域における公共の意思決定が、「科学者＝裁判官モデル」から「科学者＝証人モデル」へと変化したと指摘している。[4] 国家・企業と市民との対立をめぐっては、「科学的証拠」を持つ科学者が「裁判官」のように判断を下すモデルが使われてきたが、「トランス・サイエンス」の問題をめぐっては、科学者の意見も二分される。そのため、国家・企業・市民などの多様な利害関係者とともに、科学者もまた「証人」として議論に加わるモデルの方が有効になったという（藤垣［2003:173-175］）。

本書で見てきた「証言のゲーム」と「命題のゲーム」の間の揺れ動きは、あくまで科学内部での出来事だった。これに対し、現在では、「トランス・サイエンス」の問題をめぐって、科学の内部と外部の関係が新たに問題になっている。そこでは、「命題のゲーム」の成果を報告して対話する二次的な「証言のゲーム」が生じているのだ。

一つ付け加えると、専門家が「証人」として立ち現れるのは、「トランス・サイエンス」をめぐる公共的な意思決定の場面だけではない。今日では、マスメディアやインターネットを通じた専門家による発信が目立ち、専門家同士の意見対立が可視化されている。その中で、人々は専門家の意見をそのまま受け入れるのではなく、むしろ、それを「証言」として評価しなければならなくなっている。そういう形で、「専門家証人」を吟味する新たな「証言のゲーム」が広がっている。

社会学の用語で言えば、このことは「信頼」の問題に当たる。ルーマンは、個人の人格に対する「人格的信頼」と、社会システムに対する「システム信頼」とを区別した（Luhmann［1968→1973=1990:37-38］）。「証言のゲーム」から「命題のゲーム」への移行は、ルーマンの言う「人格的信頼」から「システム信頼」への移行にほぼ対応するが、現在では、二次的な「証言のゲーム」が生じており、これまでとは異なる形で、専門家の「人格的信頼」が問われるようになっている。

イギリスの社会学者アンソニー・ギデンズは、このことを「アクセス・ポイント」という言葉で表現している。「アクセス・ポイント」とは、専門家と一般人が出会う場面のことである。ギデンズによれば、一般人が「抽象的システム」(≒科学システム)と接触するのは、個別の専門家との出会いの場においてであり、「アクセス・ポイント」での専門家の振舞いが信頼に足るものかどうかによって、「抽象的システム」が信頼されるかどうかが決まるという(Giddens [1990=1993:106-112])。専門家の振舞いが「抽象的システム」への信頼に直結するかどうかは議論の余地があるが[5]、少なくとも、一人一人の専門家の振舞いが問われていることは間違いない。

3 「エビデンス」の誕生[6]

ただし、今日の専門家は、一つ大きな困難を抱えている。それは、いわゆる「情報爆発」である。一九五〇年代以降、学術雑誌と論文の数が爆発的に増加し、科学の規模が、それまでとは比べ物にならないほど大きくなった(逸村・池内[2013:32])。しかも、論文がデータベースに保存され、短時間でより多くの情報にアクセスできるようになっている。そのため、一人一人の専門家がカバーできる範囲も相対的に小さくなった[7]。にもかかわらず、専門家の「証言」への要求は高まっている。

この問題が現れる最も身近な領域の一つは、医療の現場だろう。現在の医療では、「インフォームド・コンセント」という形で、医者による説明責任が重要になっている。つまり、医者が勝手に治療方針を決めるのではなく、診断結果を患者に説明し、納得してもらった上で治療方針を決めることが求められるようになった。このとき、医者は「命題のゲーム」としての医学を代弁する「専門家証人」として振舞っている。ところが、今日の医学では、到底読みきれないペースで論文が出版され続けている。[8]

実は、こうした状況に対処するために生み出されたのが、「根拠に基づく医療」すなわち「エビデンス・ベースト・メディシン」（ＥＢＭ）である。ＥＢＭとは、その名前の通り、「エビデンス」に基づいて治療を行う医療のことだ。現在使われている「エビデンス」というカタカナ語は、ＥＢＭの導入以後に広がったものだと考えられる。[9]

ＥＢＭを提唱したのは、カナダのマクマスター大学で内科学系の研修医プログラムを担当していたゴードン・ガイヤットである。ガイヤットは、一九九一年に米国内科学会の機関誌*ACP J Club*上で、この考え方を発表した（Guyatt［1991］）。同大学ではもともと、臨床疫学を教えていたデイヴィッド・サケットらが一九八〇年代に「批判的吟味critical appraisal」という方法を練り上げていたが、ガイヤットはこれを発展させ、ＥＢＭとして定式化したのである（Guyatt and Rennie eds.［2002: xvi-xviii＝2003: xxvi-xxviii］）。翌九二年には、ガイヤットの組織したＥＢＭのワーキング・グループが、米国医師会雑誌*JAMA*上に「エビデンス・ベースト・メディシン――医療の実践を教えるための新しいアプローチ」（Evidence-Based Medicine Working Group［1992］）を発表し、徐々に影響力を拡大していった。

では、ＥＢＭの考え方とは、どのようなものなのか？

その中心にあるのは、「証拠の序列化」である。ＥＢＭでは、「ランダム化比較試験Randomized Controlled Trial」（ＲＣＴ）と呼ばれる実験が重視されている。ＲＣＴとは、研究対象をランダムに処置群（＝ある処置を施すグループ）と対象群（＝ある処置を施さないグループ）の二つに分け、処置の効果を判定する実験のことだ。例えば、実験参加者をランダムに「ワクチンを投与するグループ」と「投与しないグループ」に分け、その効果を見る実験がこれに当たる。医学や生物学のようにデータにばらつきが出やすい分野では、「統計的方法」を使って実験を行うのが一般的だが、統計的に因果効果を推定するには、RCTを行う必要があると考えられている。EBMはこの考え方に則り、RCTを強い「エビデンス」と捉える一方で、それに満たない研究を、より弱い「エビデンス」と捉えている。具体的には、次のような序列が設定される（Acute Pain Management Guideline Panel [1992:107]、丹後[2002→2016:25]）。

Ia　RCTのメタ分析によるもの
Ib　一例以上のRCTによるもの
IIa　一例以上のよく計画された非無作為化比較試験によるもの
IIb　一例以上のよくデザインされた準実験的研究によるもの
III　よくデザインされた非実験的記述的研究によるもの
IV　専門家委員会の報告書や意見、権威者の臨床経験によるもの

序列の付け方にもバリエーションはあるが、ここでは、最上位に「メタ分析」が置かれている。文献レビューには、複数の研究結果を統合し、トータルな結論を出す「システマティック・レビュー」（系統的レビュー）という方法があるが、「メタ分析」はそれに使われる解析手法である。複数のRCTがあるとき、一見して矛盾する結果が得られることもある。そのため、「メタ分析」によって研究

結果を統合した方が、一つのRCTよりも強い「エビデンス」になるのである。

次に重視されるのは一例以上のRCTであり、その下にRCTに満たない研究群（非無作為化比較試験・準実験的研究・非実験的記述的研究）がくる。RCTから遠くなるほど「エビデンス」は弱く見積もられている。

最後にくるのが、専門家委員会の報告書や意見と権威者の臨床経験である。ガイヤットらによれば、従来の医療では、臨床上の意思決定が、医者の直観・体系的でない臨床経験・生理学的解釈に基づいて行われており、臨床研究の結果が考慮されていなかった（Evidence-Based Medicine Working Group［1992: 2420］）。EBMは、臨床研究に基づかないこれらの見解を「エビデンス」の最下位に置くことで、臨床判断の序列を転倒させているのだ。

ただし、注意が必要なのは、専門家委員会の報告書や意見あるいは権威者の臨床経験が、「エビデンス」のリストから排除されていないことである。たとえ弱い「エビデンス」であっても、「エビデンス」それ自体が無くなるわけではない（Guyatt and Rennie eds.［2002:13-14=2003:11］）。むしろ、このように「エビデンス」の強弱という「程度」の問題が持ち込まれることで、「エビデンス」の範囲を限りなく広げることが可能になる。

現在の医学では、各種のデータベースが発達している。医学論文のデータベースであるMEDLINE（Pubmed）や医中誌Ｗｅｂだけでなく、「システマティック・レビュー」を収録するCochrane Libraryや、オンライン教科書UpToDateのように、医学論文の評価それ自体を蓄積したデータベースも整備されている。ＥＢＭは、こうしたデータベースの中から関連する「エビデンス」を効率よく検索し、その妥当性を吟味して、「最新かつ最善のエビデンス current best evidence」を見つけ出すことを目指している（Sackett et al. [1997→2000:xii=2002:vi]）。そのため、『Evidence-Based Medicine』（Sackett et al. [1997→2000=2002]）や『臨床のためのＥＢＭ入門』（Guyatt and Rennie eds. [2002=2003]）といったＥＢＭのマニュアルでは、データベースの選び方、具体的な検索法、論文や「システマティック・レビュー」の評価方法が解説されている。

もちろん、こうした方法をそのまま実践する医師は多くないだろう。とくに、日本ではＥＢＭが浸透していないという指摘もある（津田 [2013:47]）。しかし、一九九〇〜二〇〇〇年代には、各国でＥＢＭの考え方に基づく「診療ガイドライン」が導入され、「エビデンス」の強さや治療の利益・害を考慮した治療方針が確認できるようになった。[10] このようにして、ＥＢＭの発想が医療の現場に浸透してきた。

重要なのは、こうした動きが、二次的な「証言のゲーム」の対応策にもなっていることだ。新たな「証言のゲーム」において、専門家は「命題のゲーム」の成果を「証言」する。しかし、データベースには、ＲＣＴの論文もあれば、そうでない論文もある。また、研究が膨大に蓄積されているがゆえに、食い違う可能性も高い。さらに、従来の臨床判断が依拠していた医者の直観・経験・理論的解釈（ひいては専門家委員会の報告書や意見）とどう折り合いをつけるのかも問題になってくる。ＥＢＭは、こうした雑多な情報を「エビデンス」として一括りにし、そこに序列をつけることで、「命題のゲーム」の成果を整理している。その意味で、ＥＢＭの言う「エビデンス」は、専門家による「証言」に根拠を与える役割を果たしている。

本書の第Ⅱ部では、一九世紀における〈測定〉の発達とともに、「証拠の専門分化」が進み、「科学的証拠」と「非科学的証拠」の区別が明確になったことを見てきた。ここで、「証拠」や「エビデンス」といった言葉を含む証拠一般のことを〈証拠〉と表記しよう。「裁判のレトリック」に見られる「法的証拠」の枠組みが、一九世紀以前の〈証拠〉の有力なモデルであったとすれば、ＥＢＭに見られる「エビデンス」の捉え方は、ＲＣＴ（ないしメタ分析）という「科学的証拠」を中心に置く〈証拠〉の新しいモデルになっている。

「エビデンス」というカタカナ語が使われるのも、このことと関わる。ＥＢＭの「エビデンス」には、「科学的証拠」も「非科学的証拠」も含まれている。だから、それが指示する範囲は「証拠」とほとんど一致する。しかし、「証拠」という言葉が、「法的証拠」のニュアンスを引きずっており、「証言／物証」という区別を想起させるのに対し、ＥＢＭの「エビデンス」は、これと全く異なる形で、「証拠の序列化」を行っている。その意味で、「エビデンス」は「証拠」と範囲を共有しながらも、その区分を完全に書き換えている。Evidence-basedという英語がこうした特殊なニュアンスを持つからこそ、「エビデンス」という新語が求められるのだろう。

二〇世紀には、「科学的証拠」を絶対視し、それ以外の「非科学的証拠」を切り捨てる動きも広く見られた。そうした実証主義（ないし科学主義）の風潮が強まったからこそ、それに対する反発として、「科学的証拠」を否定する相対主義（ないし反科学主義）の風潮も広がった。しかし、二〇世紀末に生まれたＥＢＭは、「科学的証拠」を重視しつつも、「非科学的証拠」を「エビデンス」の序列の中に位置づけている。つまり、ＥＢＭは「非科学的証拠」を排除せず、そこにも弱い「エビデンス」があると考えている。

本書の第Ⅰ部では、相対主義（＝反実在論）的な疑念を持つことができるにもかかわらず、現実には相対主義を貫くことができないと認める立場を「反‐反実在論」と呼んだ。それは、相対主義における相対主義の問い直しだったが、EBMの枠組みは、「科学的証拠」を重視しながらも、それを絶対視しない点で、実証主義による実証主義の問い直しになっている。

そう考えると、今日における〈証拠〉の問題は、「科学的証拠」よりもむしろ、「非科学的証拠」の方にあると言えるかもしれない。[11]「統計的方法」を使う場合、RCTが最善の「エビデンス」であることは、すでに自明になっている。けれども、RCTが必ず実行できるとは限らない。例えば、効果を調べたい治療法が有害であれば、倫理的な問題を伴うし、確率が著しく低い事象を扱おうとすれば、膨大なサンプルが必要になってしまう。そうした場合でも、医療の現場のように、専門家の「証言」が求められる局面では、不十分な「エビデンス」から何らかの結論を出すことが求められる。そのとき、いかなる判断を下すべきなのか？

EBMは、その判断の指針を示すことで、二次的な「証言のゲーム」に対応しているのだ。

4　二一世紀の〈証拠〉

今日では、EBMで練り上げられた「エビデンス・ベースト」の考え方が、政治や教育における意思決定にまで応用され、EBPM（Evidence-Based Policy Making）やEBE（Evidence-Based Education）を生んでいる。[12]当然、そこで目指されるのは、「最新かつ最善のエビデンス」を活用することだが、それは同時に、専門家の説明責任を果たす効果も持っている。だからこそ、様々な意思決定の場面で「エビデンス」が求められるようになっているのだろう。

逆に言うと、専門家に対して「エビデンス」の有無を確かめようとするとき、人々はその専門家の

「証言」を疑っていることになる。それは、「エビデンス」を出さない限り信じないと言っているに等しいからだ。

そう考えると、「エビデンス」を重視する態度は、思いのほか「陰謀論」とも近いところにある。二〇世紀末以降、「エイズ否認主義」や「地球温暖化否定論」といった「科学否定論science denial」と呼ばれる「陰謀論」の拡大が注目されるようになったが、そこでも陰謀の存在を示す〈証拠〉が執拗に求められてきた。もちろん、「陰謀論」が持ち出す〈証拠〉には、荒唐無稽に見えるものも多く、科学的な「エビデンス」よりも、「証言」や「物証」といった伝統的な「証拠」の考え方が目立つ。しかし、それでも、〈証拠〉を集めながら、専門家の「証言」を疑ってかかる点では、「エビデンス」を重視する態度と大差ない。したがって、正反対に見える「エビデンス」と「陰謀論」という動きはいずれも、二次的な「証言のゲーム」に対応した出来事だと見ることができる。

その意味で、「エビデンス」の問題は、私たちがどこまでを専門家に任せ、どこからは任せないのかをめぐる「信頼」の再区分の問題でもある。膨大な情報を蓄積したデータベースが、非専門家にもアクセス可能になり、やる気さえあれば、研究結果を自分で調べることもできるようになっている。そのような形で、専門家と非専門家の境界が崩れ、従来なら専門家に一任されていたことが、非専門家の厳しい目に晒されているのだ。

しかし、「エビデンス」を求めれば一件落着かと言えば、そうとも言えない。たしかに、専門家の「証言」を鵜呑みにするよりも、「エビデンス」を求める方がより慎重な態度だとは言える。だが、「エビデンス」を示すよう専門家に求めるだけなら、それは結局、別の形で専門家に一任していることになる。つまり、「人任せ」のあり方が変わるだけで、「人任せ」であることには変わりない。そもそも、当の「エビデンス」を作り出すのが専門家集団である以上、「人任せ」であることをやめられるわけでもない。だとするならば、少なくとも、私たち自身がどう「人任せ」であるのかを自覚し、そのあり方を見直していくべきだろう。

何をどこまで専門家に任せ、どこからは自分で引き受けるのか――〈証拠〉を問いただすとき、私たちはこの問いを突きつけられている。〈証拠〉の未来は、この問いの先にある。

注

序章

1　哲学上の立場としての「実証主義」の系譜については、伊勢田［2018：第4章］が整理している。その中で、伊勢田は「哲学的実証主義」と「科学内的実証主義」を区別し、後者を観察可能なものに分析対象を限定する科学者の考え方としている（伊勢田［2018:138］）。ただし、通俗的な意味での「実証主義」は、分析対象の限定よりも、むしろ、観察の手続きを重視する発想を指す場合が多い。本書がここで「実証主義」と呼ぶのは、そうした考え方のことである。

2　この一節は、ピーター・バーガーとトーマス・ルックマンの『現実の社会的構成』において、知識社会学的な発想の萌芽とされている（Berger and Luckmann［1966=1977→2003:7］）。

3　「相対主義」にも、道徳的相対主義・審美的相対主義・認識論的相対主義といったタイプがある（Meiland and Krausz［1982=1989］）。ここでは、認識論的相対主義のことを指している。

4　厳密に言えば、「言語論的転回」とは分析哲学の展開を指す言葉だが、多くの場合、フランス現代思想を含む広い意味で使われている。本書が採用するのも、後者の用法である。

5　二〇世紀の思想では、純粋な言語活動に留まらず、その他の記号的活動も引っくるめて、広い意味で言語の問題と見なすことが多い。本書では、こうした意味での記号活動を、通常の意味の言語と区別するために〈言語〉と表記する。

6　「歴史修正主義」や「ポスト真実」がポストモダニズムの産物ではないかとの批判を巻き起こしたことは、人文・社会科学が抱える態度分裂を象徴的に示している。

7　板倉聖宣は、「虹は七色である」という認識が、言語体系の違いを反映したものではなく、単に習って覚えたものにすぎない可能性を指摘している（板倉［2003:14-22］）。その意味で、虹の問題に言語による分節化がどの程度まで関わっているかは不明だが、少なくともそれが歴史的・文化的に構築されたものだとは言える。

8　本項は、松村［2018:72-73］での議論を敷衍したものである。

9　社会学において狭義の「構築主義」は「社会問題の構築主義」を指すものであり、その展開については中河伸俊が整理している（中河［2006］）。一方、より広い意味での「構築主義」については、上野千鶴子が編集した『構築主義とは何か』で扱われている（上野編［2001］）。北田暁大は、前者を「方法論的構築主義」、後者を「政治的構築主義」と呼び分けている（北田［2003→2018:56-59］）。

10　「構成主義 Constructivism」は、認識を生物学的有機体の器官の働きに還元するジャン・ピアジェ由来の用語であり、主に認知心理学で使われてきた。社会学の「構築主義 Constructionism」は、これと異なる文脈を形成してきたと言える（千田［2001:13-15］）。ニクラス・ルーマンは、社会学の中でも例外的に「ラディカル構成主義」（Luhmann［1988=1996］）を自認しているが、この言葉も心理学系の用語である。ただし、科学論の例が示すように、非‐心理学系の議論であれば、必ず「構築主義 Constructionism」という名称が使われるわけでもない。

11　社会学と科学論とで異なる名称が使われていること自体、あまり気づかれていないように見える。このことは瑣末な問題にも思えるが、「構築主義」と「社会構成主義」との研究伝統の違いが見逃されてしまう危険性があることには注意すべきだろう。

12　ソーカル&ブリクモンと科学論の社会構成主義者との間では、後になって、さらに詳細な対話も行われている（Labinger and Collins［2001］）。

13　次節で確認するように、この言葉は、科学史家であるピーター・ギャリソンが自身の立場を説明するために用いたものである。ギャリソンはそこに深い意味を込めているわけではないが、本書ではこの言葉に積極的な意味を付与することで、社会構成主義の射程が明確になると考えている。

14　いまのところ、こうした研究群の総称は存在しない。最もそれに近いのは、ダストンの言う「歴史的認識論」だろう。それは認識論の歴史を意味する（Daston［1994］）。だが、ハッキングは、「歴史的認識論」自体は認識論でないから、「メタ認識論」と呼ぶべきだと主張する。その上で、自らのプロジェクトを「メタ認識論」を含み込む「歴史的存在論」と称している（Hacking［2002=2012:16-25］）。

15　シェイピンによれば、哲学者は単に人々が「正しい」と見なしているだけでは「真理」の名前に値しないと考え、それ以上の状態を「真理」と捉える。一方、歴史家・文化人類学者・社会学者は、人々が「正しい」と見なすことを「真理」と捉えている（Shapin［1994:3-6］）。そのため、社会学者の捉え方は哲学的な観点からの批判を浴びやすい。哲学者ではないが、ソーカルとブリクモンは、科学社会学者のバーンズやブルアが「真理」と「真理だという信念」を同一視する点を批判している（Sokal and Bricmont［1997=1998=2000→2012:133-134］）。

16　これらの問いはシェイピンの「真理の社会史」にも含まれるが、シェイピンの関心はもっぱら一七世紀に向けられており、こうした見方の持つ理論的含意は十分に検討されていない。本書が試みるのは、「真理の社会史」をより一般性のある理論的視座へと拡張することである。

17　本節は、松村［2015:44-47］での議論を敷衍したものである。

18　バーガーとルックマンの知識社会学は、社会と人間の弁証法（＝過程）を描いているため、こうした発想を先取りしているように見えるかもしれない。だが、二人は知識の中身に関心を向けておらず、知識生産のプロセスそれ自体はほとんど扱っていない（千田［2001:20-21］）。

19　日本では、橋爪大三郎が「言語派社会学」の立場から「知識社会学」の課題を問い直している（橋爪［1984→1993］）。これは、「知識」の問題を「言説の制度」の問題へと置き換えている点で、ここで言う「真理の社会学」の先駆的な業績に当たる。

20　これらの論者は、「言表」「アクター」「差異」といった積極的には定義されない（がゆえに分析単位の実体化に抵抗する）概念を導入する一方で、従来の理論に見られる「主体」「社会」「行為」などの実体的な単位を斥けている。「真理の社会学」をとることは、反省的な視線を自分自身にも向けることを要求するため、自分の分析を絶対視させない消極的概念化が要請される。だからこそ、これらの議論においては、新しい知識社会学の模索が、同時に、社会学の文体それ自体の革新としても提示されてきたのだろう（Foucault［1969=2012］, Latour［2005=2019］, Luhmann［1990=2009a; 2009b］）。

第1章

1　ただし、「科学技術社会論」や「科学の社会的研究」といった呼称は分野の総称であり、必ずしも社会構成主義に限定されているわけではない。

2　例えば、戸田山和久は、「広義の実在論」と「観念論」を区別し、前者の中に「狭義の実在論」と「反実在論」を置き、「観念論」の側に「社会構成主義」を置く（戸田山［2005:149-150］）。ここでは、「反実在論」と「社会構成主義」が区別されるが、後者は「広義の実在論」に反対している点で、「広義の反実在論」に位置づけられていると言える。

3　ただし、英米系の科学哲学内在的に見た場合でも、科学的実在論vs反実在論の対立図式は十分でない。例えば、ジェームズ・ロバート・ブラウンは、哲学的な反実在論（道具主義・検証主義）が社会構成主義と対立することを指摘している（Brown［2001=2010: 第5章］）。

4　社会構成主義者の一人と目されるイアン・ハッキングは、人間の使う分類法やカテゴリーが他ならぬ人間によって生み出されたとする立場を「唯名論」、認識のあり方に左右されない絶対的な実在を疑う立場を「観念論」と区別した上で、自身の立場を「動的唯名論」とする（Hacking［1984→2002=2012:102-104］, Hacking［1986→2002=2012:221-223］）。

5　ハッキングは、科学的実在論論争の一例とも言えるサイエンス・ウォーズの係争点を偶然性・唯名論・安定性の三つにまとめている（Hacking［1999=2006:155-207］）。たしかに、サイエンス・ウォーズをトータルに見れば、大小様々な係争点があるだろう。しかし、本書は、科学的実在論と反実在論の根本的な対立点が「実在する」といった言葉（＝エレベーター語）の用法にあると考えるため、問題をその点に絞る。

6　ブラウンは、実在論と社会構成主義の対立点を、科学を客観的なものだと捉えるか、主観的なものだと捉えるかの違いに見出している（Brown［2001=2010:199-200］）。ブラウン自身は英語圏の科学哲学の流れに属するが、基本的な構図に関しては、社会構成主義内在的な整理になっている。

7　ここで引用する批判に先立って、ラウダンが知識社会学を検討したものとしては、Laudan［1977=1986］がある。その後、Laudan［1981］が発表されたが、これに対しては、ブルアからの再反論Bloor［1981］と、それに対するラウダンの再々反論Laudan［1982］という応酬があった。

8　ラウダンはここからさらに、「部分的記述の誤謬fallacy of partial description」という問題を提起した。バーンズとブルアは「合理的信念」と「非合理的信念」の双方を等しく社会学的に説明しようとする。しかし、信念が生まれる原因には、この他にも、経済的要因・心理的要因・生物学的要因など様々なものがある。そう考えると、社会学・経済学・心理学・生物学といった因果的説明のうち、社会学的説明だけを持ち出すのは、あまりに一面的だろう。そこでラウダンは、数ある要因の中から社会学的要因だけを持ち出すことを「部分的記述の誤謬」と呼んだのである（Laudan［1981:194］）。ただし、バーンズとブルアも、物理的・遺伝学的・心理学的原因などの「非社会的原因」を排除していない（Barnes and Bloor［1982=1985:89］）。

9　コリンズ&イヤリーとその批判対象であるスティーヴ・ウルガーおよびラトゥール&カロンの応酬は、アンドリュー・ピカリングの*Science as Practice and Culture*に収められている（Collins and Yearly［1992a］, Woolgar［1992］, Callon and Latour［1992］, Collins and Yearly［1992b］）。なお、同書にはこれとは別に、「規則のパラドックス」に関するブルアとマイケル・リンチの論争も含まれている（Lynch［1992a］, Bloor［1992］, Lynch［1992b］）。「認識論的チキン」論争のような反実在論の問題と、「規則のパラドックス」をめぐる解釈主義の問題とは、ともに相対主義の問題として一括りにされかねないが、異なる論法が展開されているため、差し当たり別の問題だと捉えた方が良いだろう。

10　社会学者が暗黙に持ち込む実在措定を批判するウルガーの身振りは、遠藤知巳の「客観性の一段ずらし」批判にも近い（遠藤［2000a→2006:37］）。ただし、遠藤の場合、社会的対象の実在措定よりもむしろ、「社会」という単位設定が持ち込んでしまう想像力の方を、遥かに強く問題化している。それによれば、一九世紀の空間では、個人の実存的選択（例えば自殺）と社会が短絡的に結びつけられたが、二〇世紀の空間には、個人の行為の中に社会の水準を見出すというような仮想的な「社会」イメージがある（遠藤［2000b:207-208］）。その意味で、「行為」や「実践」という単位設定自体が、二〇世紀的な想像力の制約を受けており、そうした想像力が失効した瞬間、二〇世紀社会学の文体は根拠を失ってしまうとも考えられる（遠藤［2000a→2006:32-33］）。

11　コリンズとイヤリーの論理は、「社会問題の存在をめぐる不等前提」（＝ＯＧ１）と「実在一般の不等前提」（＝ＯＧ２）とを区別し、ＯＧ２は問題にしなくて良いとする中河の指摘と重なる面もあると思われる（中河［1999:275-284］）。社会問題の構築主義であれば、これで十分だという見方が説得的なのかもしれない。しかし、「実在論／反実在論」自体が関心の対象となる科学論の社会構成主義や歴史構築主義の場合、こうした方針を採用することはできないと思われる。

12　ウルガーは「メタ態度変更」について、「選択の自由ということの考え方は馬鹿げている」（Woolgar［1992:331］）と述べているし、カロンとラトゥールも、自然物についての科学者による説明を受け入れるのであれば、それはマートン派の科学社会学に逆戻りしてしまうと警告している（Callon and Latour［1992:357］）。

13　『確実性の問題』の一九四節以外では、同書二〇三節・二四五節・二七〇節・二七三節などがある。ほぼ同じことが「疑う余地がない」といった様々な言葉でも表現されている。

14　伊勢田哲治は、科学知識の社会学の「ストロング・プログラム」の射程を評価しつつ、それをさらに敷衍して「もっと強いプログラム」を提唱する（伊勢田［2004:45-52］）。これは「反‐反実在論」と論理的にはほぼ等価だが、本書は、科学知識の社会学自体が、すでにそうした射程を含んでいると考えている。

15　こうした作業を進める上で、社会構成主義内部での立場の相違は、さほど大きな違いをもたらすわけではない。例えば、コリンズとイヤリーは、ラトゥールとカロンが人間の行為者の問題を非人間の行為主体の問題に置き換えていると批判するが、そうした認識の相違にもかかわらず、コリンズとラトゥールらの事例研究における自然界の扱い方が多くの面で共通していることも指摘している（Collins and Yearly［1992b:376, 386-387］）。

16　二重否定を肯定にしないことの重要性については佐藤俊樹が指摘している（佐藤［2008:27, 29-30］）。一般に、二重否定が消去されるのは、二分法が成立している場合である。例えば、白と黒しかなければ、「「白でない」でない」は白になる。しかし、本書は、実在論と反実在論を二分法的に捉えるべきではないと考えているため、実在論の二重否定をあくまで「反－反実在論」としている。

17　こうした発想は、ハッキングやラトゥールが「社会的構成」という言葉の持つ暴露的なイメージを批判し、「構築 construction」に「積み上げていくことで堅固なものになる」という字義通りのイメージを与えようとしていることからもわかる（Hacking［1999=2006:120-124］, Latour［1999=2007:145-146］）。なお、久保明教は、ラトゥールの議論が、「構築されるもの／構築されざるもの」の区別を置くのではなく、全てを「構築されるもの」と見なした上で、よりよく「構築」されているか否かを問題にしていると指摘し、そうした発想を「汎構築主義」と特徴づけている（久保［2019:227-228］, 久保［2021:44-45］）。ただし、よりよく「構築」されているか否かという問題に絞れば、それは「反－反実在論」に立つ社会構成主義に広く共通する見方だとも考えられる。ラトゥールの場合には、そこに「アクター」をめぐる特有の想定が入っており、その点が他の論者とは異なる。

18　ラトゥールが含まれることからもわかる通り、このことは人類学の「存在論的転回」にもつながっている。例えば、アネマリー・モルは「客体がリアルなのだとすれば、それは客体が実践の一部だからだ。客体とは実行された実在なのだ」（Mol［2002:4=2016:77］）と述べているが、これはまさにここで取り上げた議論に等しい。

19　だからこそ、ラトゥール（とウルガー）は、「相対主義」との違いを強調したり、あえて「実在論」のように自己呈示したりすることで、「反実在論」だと見なされるのを防ごうとしてきた（Latour and Woolgar［1979→1986:180=2021:172］, Latour［1999:2=2007:3］）。

20　二一世紀に入ってからの「実在論ブーム」にも、こうした動きと重なるところがある。例えば、思弁的実在論のカンタン・メイヤスーは、広い意味で観念論的な考え方を「相関主義」と呼び、これを批判している。ただし、「相関主義」を単に否定するのではなく、「相関主義」の論理を徹底したところに「絶対的なもの」を見出そうとする（Meillassoux［2006=2016］）。また、新実在論のマルクス・ガブリエルは、ある対象が存在するかどうかは「意味の場」ごとに異なるという一種の相対主義を取りながらも、何らかの「意味の場」において「存在する」と見なされるものはあまねく存在するという議論を立てる（Gabriel［2013=2018:97-106］）。どちらも、反実在論的な考え方を一旦は受け入れつつ、そこから離れていく点で、素朴実在論とは違う。

21　こうした考え方を最も明示的に展開しているのは、バトラーだろう。『ジェンダー・トラブル』において、バトラーは「身体的性差」（＝セックス）と「社会的性差」（＝ジェンダー）が分けられないことを示した（Butler [1990=1999→2018:191-198]）。さらに、続く『問題＝物質となる身体』では、「身体」が「言説」（≒社会）の「外部」として構築されることを「物質化」と呼んで、その機制を分析している（Butler [1993=2021:8-19]）。ジジェクもまた、「本質／見かけ」（≒外部世界／言説）の区別自体が構築物であることを指摘している（Žižek [1989=2000→2015:389-393]）。同じように、ルーマンも「実在」という名称が「システム／環境」の区別に依拠したものであると主張する（Luhmann [1988=1996:233]）。なお、ルーマンとジジェクの議論の近接性については馬場靖雄が、バトラーとルーマンの議論の等価性については榊原賢二郎が、それぞれ論じている（馬場 [2001:54]，榊原 [2016:54-68]）。

第2章

1　逆に言えば、ルーマンの議論だけを理解しても意味がない。ルーマンの議論は、既存研究との差異という点においてこそ、その射程と限界とを正当に評価することができるためである。

2　ルーマンが所属していたビーレフェルト大学では、一九八二〜一九八三年に確率革命に関する研究グループが共同研究を行っており、一九八三年以降はクノール＝セティナが教鞭を執っていた。ルーマン自身は、一九八七〜一九八八年の冬学期に行われた研究会において自身の科学論を発表し、大学の重点領域である科学研究（Wissenschaftsforschung）のメンバーから多数の指摘を受けたと『社会の科学』の「序言」に記している（Luhmann [1990:10=2009a:vii]）。このことからも、ルーマンが科学論に触れていたことが確認できる。

3　ドイツ語のWissenschaftは、狭い意味での「科学」と、広い意味での「学術」とを同時に指すことのできる言葉である。ルーマンの議論にも、「科学」が想定されている部分と、「学術」一般が想定されている部分とが混在しているように見えるが、ルーマンが参照している先行研究の多くは科学論であり、邦訳もWissenschaftを「科学」としている。本書も、こうした事情に注意しつつ、「科学」という訳語を用いて議論を進める。

4　「機能分化」は、後期ルーマンの一貫した研究課題であり、『社会構造とゼマンティク』シリーズや『社会の……』シリーズの各巻で詳しく論じられている（Luhmann [1980=2011: 第1章], Luhmann [1997→2018=2009: 第4章]）。

5　ルーマンの議論はジョン・サールの「外的実在論

external realism」とも似ているが、サールのように「実在」を手放しで認めるわけではない（Searle［1995→1996: ch.8］）。

6　本書は『社会の科学』と科学論の社会構成主義の関係という観点から、ルーマンにおける実在論と反実在論の両立という問題を発見したが、井口暁は、これと同じ問題をルーマンの別の著作に見出し、その理論構成を検討している。それによると、この問題は「一次の観察／二次の観察」の区別と関わっている。「一次の観察」では、自分自身が行っている「区別」が「盲点化」されるため、「実在」を疑うことなく措定してしまう。これに対し、「二次の観察」（＝観察の観察）は、「一次の観察」の前提する「実在」が、実は、当の観察者によって「構築」されたものだと捉えることができる。このように、「一次の観察」と「二次の観察」という観察の二つのモードを並存させることで、ルーマンは実在論と反実在論を両立させている（井口［2021:26-30］）。

7　ルーマン自身は、科学論の社会構成主義を素朴な「反実在論」だと捉えているが、この点には留保が必要である。たしかに一九八〇年代の社会構成主義は「反実在論」へと傾斜していたかもしれないが、一九九〇年代には「反－反実在論」の自覚が強まったからだ。その意味で、科学システム論と社会構成主義は、ルーマン自身が考えるよりも近いところにあると考えられる。

8　この節は、松村［2014:86-87, 93-95］の着想を敷衍したものである。

9　ただし、論理実証主義は、当初重視していた「検証 verification」を放棄し、「確証 confirmation」を打ち出すことになった。「検証」とは、ある文が真理かどうかを完全に確定することを指すが、有限の観察で真理かどうかを決めるのは不可能である。そこで、主張を弱めて、ある文への確信を次第に深めていく「確証」を科学の条件とした（Carnap［1936-1937→1950=1977:98-99］）。

10　この節は、松村［2015:47-48］の着想を敷衍したものである。

11　以下で説明する科学システムの「コード」と「プログラム」の性質については、『社会の科学』の第五章「システムとしての科学」と第六章「正当な縮減」にまとめられている（Luhmann［1990=2009a: 第5章；2009b: 第6章］）。

12　この点では、むしろ、ラカトシュの「新事実の予測」の方がルーマンの議論に近い。ただし、ラカトシュが「新事実の予測」の有無を「科学／非科学」の境界と同一視したのに対し、ルーマンの視点からすれば、「予測」の有無は、単に「科学システム」の継続／停止を決める条件（の一つ）にすぎない。

13　科学システムの「自己言及」と「反省」については、『社会の科学』の第七章「反省」にまとめられている

(Luhmann［1990=2009b: 第7章］)。

14　なお、ルーマンは、「自己言及／他者言及」の区別が、「主体／客体」「超越論的／経験的」「分析的／総合的」といった哲学上の区別に取って代わると考えた（Luhmann［1990:382, 545-546=2009b:445, 593-594］)。

15　このことをルーマンは、「真理／非真理」というコードの区別と「自己言及／他者言及」という言及の区別が「直交」すると表現している（Luhmann［1990:707-708=2009b:741］, Luhmann［1992→2006:32-33=2003:18-19］)。

16　この節は、松村［2015:48-49］の着想を敷衍したものである。

17　その証拠に、ルーマンは「疑似科学」を科学システムの「内部の傍流」と位置づけており、そのことに何らの問題も感じていない（Luhmann［1990:573-574=2009b:618］)。

18　ルーマンは次のように述べている。「直接的な観察者にとって、知識はつねに真の知識であり、さもなければ知識ではない。この観察者は一種類の知識しか知らない。この観察者にとって（のみ）、「xがある」という言明と「xがある、ということは真である」という言明は論理的に等価であり、したがって冗長である」（Luhmann［1990:169=2009a:153］)。たしかに、分析哲学でよく用いられる「……は真である」という表現は日常生活にはあまり出てこない。これは、日常生活と哲学の落差自体が分析哲学の内部で問題にされるわけではないことを意味している。

19　佐藤俊樹は、二値コードの使用がまずあって、そのうち一部が「機能システム」になるという見方を示している（佐藤［2019:100-103］)。本書の見方もこれに近いが、佐藤は、コードの問題と言及（自己言及／他者言及）の問題を明確には区別しない点で、ルーマンの議論とはやや異なるように見える。

第3章

1　ここで「論争」と言うのは、主に赤川学と佐藤俊樹・遠藤知巳の間でなされた応酬を指す（赤川［2001a→2006］, 佐藤［1998］, 佐藤［2006］, 遠藤［2000a→2006］)。それぞれの立場は、赤川［2001b→2006］・赤川［2002→2006］・赤川［2005a→2006］・赤川［2005b］・佐藤［2002］・佐藤［2017］・遠藤［2000b］・遠藤［2017a］・遠藤［2017b］等で深められている。

2　ただし、本当の争点が「資料群」なのかという問題には留保をつけたい。なぜなら、両者にとって「資料」とは何なのかが、そもそも一致していない可能性もあるからだ。赤川は、「資料」を「何らかの論理を述べた文章」と想定しているように見える（赤川［1999］)。一方、遠藤は、「資料」を「何らかの配列を持つ記号」と想定しているように見える（遠藤［2016］)。もちろん、「配列」

（≒図柄・形象・曲率）を広い意味でとれば、「論理」もその一種だと言えるが、「配列」に注目する限り、「資料」のどの側面をどう切り出すか自体が著しく多様になる。だから、観点を変えれば「資料群」の想定自体も変わる。「言説」がしばしば「多面体」と呼ばれるのもそのためだ。その意味で、「資料群」の設定問題は、根本的には「資料」観の違いに帰着するとも考えられる。これについては、内田隆三の言う「社会微分学」も参照のこと（内田［2008:392-396］）。

3　ただし、ここで問題になっていることは、社会学の「観察者／当事者」問題とは異なる。「観察者／当事者」問題では、「観察者」の分析枠組が「当事者」の意味了解とズレてしまうことが問題になる。たしかに、言説分析でもこのことは問題になりうるが、言説分析はむしろ、「当事者」自身もその存在に気づいていない布置連関の発見を目指している。その意味で、「当事者」の意味了解は、あくまでも二次的な関心事だと言える。

4　ただし、赤川の立場にも一定の変化が見られる。赤川は、言説分析と近接関係にある内容分析が、「標本」を「母集団」に近づけようとしていることを指摘し、それが「出来の悪い標本調査」にしかならないことに注意を促している。その上で、言説の歴史社会学（＝言説分析）は、資料の分布の偏りを正すよりもむしろ、その偏り自体を分析対象にすべきだと提案している（赤川［2005a→2006:115-117］）。

5　『知の考古学』の記述が「反方法」派の主張と合致するという理由以外に、「方法」派のフーコー理解に疑問があるという理由もある。言説分析では「言説」をどのような単位と見なすかが重要な論点になる。赤川は、言説分析の方法を論じる際に、「言説を形成＝編成する規則性」を、①分析が共通の対象に言及していること、②その言及に一定の仕方があること、③「恒常的で一貫した諸概念のシステム」が展開されていること、④理論的主題が同一で恒常的であること、の四つの要素からなるものだと指摘している（赤川［1999:30-31］）。だが、この定式化はフーコー自身の主張とは正反対である。というのも、フーコーは①〜④を棄却しているからだ。フーコー自身は、「言説の規則性」を対象・スタイル・概念・主題の「同一性」ではなく、そこに見られる「分散」によって定義している（Foucault［1969:48-56＝2012:64-76］）。一般に、資料の「ジャンル」は「同一性」を基準とする場合が多いが、フーコーはそうしたジャンル了解を裏切るものとして「言説」という単位を設定している。そう考えると、赤川の持つ「言説」のイメージが、どこまでフーコーのそれと等しいかは判断がつかない。言うまでもなく、そのことは赤川自身の方法論の妥当性とは無関係だが、少なくとも、フーコー読解という点では、赤川の言説分析がフーコーのそれと同じものなのかは議論の余地があると思われる。

6　この点については、『知の考古学』の「I 序論」「II-I 言説の統一性」で詳述されている。

7　この点については、橋爪［1985→1986→2013］、内田［1980］、内田［1990→2020］、内田［1996］、内田［2005: 第5章］、大澤［1996］等を参照。なお、橋爪は「言説分析は、方法ではあっても理論ではない」（橋爪［2006:195］）と述べているが、言説分析と言語ゲーム論の理論的性能を比較していることを考えると、実質的には理論として扱っていると言える。

8　この項は、松村［2015:44-45］の着想を敷衍したものである。

9　重田園江は、知識社会学とフーコーによる分析の違いを、知識を保持する主体の存立基盤を問題にするか、知の対象となる主体を問題にするかの差に見出している（重田［1994→2020:29-32］）。ただし、「主体」自体を分析対象にするならば、「主体」抜きの分析装置が必要になるだろう。そこで導入されたのが「言表／言説」だと考えられる。

10　説明項と被説明項が「因果」の形式になっているのに対し、フーコーはあくまでも二つの項が同時成立的なものだと捉えるため、「相関項」と呼ぶのが適切である。

11　ただし、キットラー自身は、フーコーの「アルシーヴ」という概念自体も「図書館」という制度の相関項にすぎず、レコードやフィルムといった文書以外の資料が出現する時代の手前で止まってしまうことを批判している（Kittler［1985＝2021: 721-722］、Kittler［1986＝1999→2006a:26-28］）。

12　同じことは、古典的知識社会学の一種であるピーター・バーガーとトーマス・ルックマンの知識社会学にも当てはまる。二人は、人間が行為によって社会現象を作り出すことを「外化」、社会現象が人間にとって客観的な現実として立ち現れることを「客観化」、その現実が社会化によって人間の意識の中に組み込まれることを「内在化」と呼び、「外化→客観化→内在化」のプロセスが繰り返される「弁証法的過程」こそが社会だと考えた（Berger and Luckmann［1966＝1977→2003:94-95］）。この議論には、「外化」が「内在化」を初めから前提している点で「循環論法」（大澤［1996:206-207］）だとの批判もあるが、社会理論として見ると、そもそもモデル自体が常識的である。

13　フーコーは「言表」を「命題」「文」「言語行為」から区別したが（Foucault［1969＝2012:III-I］）、他の二つと比べると、「言語行為」との違いは不明瞭である。実際、フーコー自身も、後になって「言表」と「言語行為」が違うという主張を引っ込めている（Dreyfus and Rabinow［1982→1983＝1996:122］）。このことをもって「言表」と「言語行為」は同じだと考える向きもあるが、「言語行為」は「主体」との関係によって分類される点で、やはり「言表」とは決定的に違う。そこには、「約束」「宣言」「命令」のようなありふれた行為類型が持ち込まれやすく、通常の社会学へと容易く回収されてしまうからだ（Gutting［1989=1992:366-367］, 遠藤［2017a:58］）。ラトゥールの言う「アクター（ネットワーク）」も、積極的な定義を拒む点で、フーコーの「言表」によく似ている（Latour［2005=2019:57-58］, 久保［2019:49］）。ただし、「ネットワーク」という言葉を導入する瞬間に、特定の想像力が入り込むようにも感じられる。

14 内田や市野川容孝は、フーコーによる「身体」の分析を発展的に継承している（内田［1987］, 市野川［2000］）。また、ジョナサン・クレーリー、キットラー、多木浩二のように、「図像」や「物」の分析を推し進める論者もいる（Crary［1990=1997］, Crary［1999=2005］, Kittler［1985=2021］, Kittler［1986=1999→2006a; 2006b］, 多木［1982→2002→2008］）。

15 フーコーやキットラーは、「言語」という単位それ自体の歴史特殊性を浮き彫りにしている（Foucault［1966=1974→2020］, Kittler［1985=2021］, 北田［2006:76-84］）。同じように考えるならば、「社会は言語によって構成されている」とか「社会は実践という単位からなる」といった社会像を自然に持ってしまうこと自体が、（一九世紀には見られない）二〇世紀的な「社会学的想像力」の効果にすぎないのかもしれない（遠藤［2000b:207-208］）。「反方法」派の提起した「資料群の全体」（＝全体性）という論点も、本来的には方法論の問題ではなく、むしろ「社会」のミクロとマクロの関係をめぐる想像力の問題だと考えた方が良い（遠藤［2000a→2006:32-33］）。

16 ただし、「権力」概念については注意すべき点もある。フーコーは『言説の領界』以降、「言説」の「稀少化」のメカニズムを積極的に語り始め、権力分析へとシフトした（Foucault［1971=2014］, Foucault［1975a=1977→2020］, Foucault［1976=1986］）。しかし、「権力」という概念は、やはり社会学の概念と近すぎる。その意味で、権力分析は通常の「社会学的想像力」に回収される危険性が高い（遠藤［2000a→2006:48-49］, 佐藤［2002］, 内田［2005:144-146］）。とはいえ、これにはもちろん例外もある。例えば、市野川の「生-権力」研究は、私たちの「社会学的想像力」を裏切る「事実」の重要性に自覚的である（市野川［2000］, 市野川［2006］, 市野川［2012］）。

17 後期フーコーにおける「真理」の問題系については、廣瀬［2011］や金森［1994→2015］を参照。

18 「言説」という概念についても、同じ方向で考え直すことができる。例えば、内田は次のように述べている。「記号や言説と呼ばれるものは、実在に従属しているのでもなければ、実在から自律しているのでもない。それらは実在の隙間から湧き出す、その意味では実在の穴や空隙の連なりだが、実在なる〈感覚〉はそうした空隙の複雑な網の目を介してやってくる」（内田［2013:483］）。これは「言説／実在」という落差自体が構築されているという議論とも平行的である。

19　本書が問題にしたいのは、とくに「真理のゲーム」と「裁判形態」の関わりをめぐる議論である。具体的には、『〈知への意志〉講義』（Foucault［2011=2014］）、「真理と裁判形態」（Foucault［1974→1994=2000→2006］）、『精神医学の権力』（Foucault［2003=2006］）、「狂人の家」（Foucault［1975b→1994=2000→2006］）、『悪をなし真実を言う』（Foucault［2012=2015］）などを念頭に置いている。

20　「真理のゲーム」と「真理を語ること」は、ヴィトゲンシュタインの「言語ゲーム」や言語行為論を応用したものである（Foucault［1974→1994:539=2000:96→2006:12］, Foucault［2012:4, 7=2015:25, 30］）。「真理を語ること」が言語行為の一種だと考えると、フーコーと言語行為論の違いはほとんどなくなる。だが、「真理を語ること」という一般的ではない行為の切り出し方は、やはり通常の言語行為の切り出し方とは力点が異なる。

21　図中の円と円を結ぶ矢印（例：「宗教・占い」→「科学」）は、イメージを助けるために筆者が導入したものであり、フーコー自身が主題的に論じているのは「法廷」→「科学」の矢印である。

22　現代社会にも見られる「理系はコミュニケーションが苦手」とか「科学者はコミュニケーション能力が低い」といった表象は、コミュニケーション様式の差異という観点から考察できる可能性がある。

23　もちろん、そのことは物議を醸すものであり、「紳士」の範囲を制限する見方と制限しない見方が並存していくことになる。一八世紀以降も「紳士」の範囲は拡大し、その基準も出自・土地・育ちの良さ・能力の間で揺れ動いた（Corfield［1992=1997］）。

24　「礼儀正しい」を意味するcivilという言葉が、同時に「市民の」という意味の形容詞でもあるという事実には注意を払うべきだろう。それは、「礼儀」を身につけた人物（＝宮廷社会の成員）だけが「市民」たりうるという身分制（＝階層分化）の系譜を暗示している（市野川［2006:89-95］）。

25　ただし、この点についてはローレンス・M・プリンチーペによる批判がある。プリンチーペによると、ボイルの失われた著作『変成についての対話 *Dialogue on Transmutation*』には、王立協会をモデルにした「高貴な協会 noble society」が登場するが、そこでは真理探求に必要な限りにおいて論争や否定は許容されており、拒絶されたのは不必要な無礼さであったという（Principe［1998:71-73］）。この指摘は重要だが、「否定」と「無礼さ」の区別の難しさが存在していたと考えれば、シェイピンの議論とも矛盾しない。

中間考察

1　ルーマンの理論枠組に内在した言い方をすれば、「象徴的に一般化されたコミュニケーション・メディア」としての「真理」を、科学システムの「真理」と同一視した点に、ルーマンの議論の問題点がある。「象徴的に一般化されたコミュニケーション・メディア」は、「自我／他者」と「体験／行為」の組み合わせにより、四つのパターンに分類される（Luhmann［1997→2018:334-337=2009:376-378］）。「真理」は「他者の体験」と「自我の体験」の接続に関わるものだが、この定義からすれば「真理」は広く社会全般に見出しうるようにも思える。ところが、ルーマンはこうした「真理」をもっぱら科学システムによってのみ扱われるものと見なしている。その結果、「機能分化」をかなり強く前提する議論になっている。もちろん、ルーマン自身は「真理」の概念史的な分析も行っているが、近代以前にコード化された「真理」があったのかどうかといった重要な論点を、ほとんど素通りしている（Luhmann［1990=2009a: 第4章］）。

第4章

1　松本三和夫は、「科学の制度化」に二つの過程があると指摘する。一つは科学者集団が科学制度に移行すること（例：一七世紀におけるアカデミーの成立）、もう一つは科学制度が科学組織に移行すること（例：一九世紀における職業科学者の成立）、である。前者を「近代科学化」、後者を「専門職業化」と呼ぶ（松本［1998→2016:141-145］）。ここで言う「科学の制度化」は、前者に当たる。

2　例えば、ダストンは、シェイピンとシャッファーの著作が近代科学の特徴である「実験」や「事実」という形式の成立を扱ったものだと指摘する（Daston［1997:18-19］）。シェイピン自身も「客観性」や「利害超越性」などのカテゴリーが一七世紀ヨーロッパの産物だと強調している（Shapin［1996=1998:204-208］）。

3　科学が「普遍主義」を裏切ることは、マートン自身も認めている。例えば、マートンは、著名な学者の研究が注目を集める一方、無名な学者の研究は注目されにくいことを「マタイ効果」と呼んだが、それが行き過ぎると「権威主義」に陥るという（Merton［1968:62］）。しかし、マートンの議論は「権威主義」をあくまでも例外事例と処理する見方を含んでおり、この点が批判に晒されてきた。例えば、マイケル・マルケイは、マートンのエートス論が「規範」と「行為」の関係を単純化していると指摘し、現場での「規範」の使われ方は多様であると分析する（Mulkay［1980:111-114］）。一方、ジョン・ザイマンは、二〇世紀後半に科学が産業との結びつきを深め、

「アカデミック科学」から「ポストアカデミック科学」に変化したと指摘する。そこでは、「普遍主義」とは反対の「権威主義」が基調になったという（Ziman［1994=1995:226-232］, Ziman［2000=2006:82-84］）。

4　後述するように、ローズ＝マリー・サージェントはシェイピンとシャッファーの議論をこの形で理解した上で、ボイルの実験は「権威主義」的ではないと反論している（Sargent［1989］, Sargent［1995］, Sargent［1997］）。サージェントによる批判は日本でもしばしば言及されてきた（伊勢田［2004］, 隠岐［2003］）。

5　ガレノスの著作の大部分は中世ヨーロッパに伝わっておらず、長きにわたり、それを要約したものが間接的に流通していた。遅くとも一五〇〇年頃までには、主要著作のギリシア語原典・ラテン語訳書が出版され始めた（Debus［1978:59=1986:98-100］, 邦訳には一五世紀末と一六世紀末の取り違えあり）。

6　ただし、プリンチーペは、ボイルと同じ戦略が、ボイルに先立つ錬金術の中にすでに見られると指摘している（Principe［1998:108-109］）。実際に両者がどこまで同じかは議論の余地があるが、このことは、ボイルの論証戦略が特殊事例ではないことを示している。

7　『リヴァイアサンと空気ポンプ』への歴史家からの批判は、「二〇一一年版への序文」でまとめられている（Shapin and Schaffer［1985→2011:xxxv-xxxvii=2016:21-23］）。当時の書評（一九八六〜一九九一年）で提起された論点はAchibari［2017］が整理している。多くの批判がホッブズとボイルの論争を政治思想として読み解く主張に向けられているが、本章ではシェイピンとシャッファーの研究のうち、より論争的でない側面に当たるボイルの科学的実践に話題を限定している。

8　隠岐さや香は、シェイピンとシャッファーおよびサージェントの双方が、科学と政治を適切に関係づけていないことを批判している（隠岐［2003:8-11］）。この指摘は適切なものだが、本書では、科学と政治の関係というよりも、むしろ、科学それ自体に含まれる「社会性」の水準を問題にする。

9　ロックは自然哲学の方面でボイルと親交が深く、ボイルの実験の助手を務めることもあった。その意味で、ロックの証言論は、ボイルの実践の哲学的対応物だとも言える（平野［2015:7-8］, Shapiro［1991=2003:207］）。

10　この点について、サージェントの立場からは、「社会的地位」も全て「認識上の理由」に還元できるという反論がありうる。だが、この反論が意味を持つためには「認識上の理由」とは何かを定義しなければならない。そうでなければ、何もかも「認識上の理由」に還元できてしまうからである。そもそも「紳士」や「無知」といったカテゴリー自体、思考の節約に役立つ点で一定の「合理性」を持っているとも言えなくはない。

11　『リヴァイアサンと空気ポンプ』（Shapin and Schaffer［1985→2011=2016］）に対するサージェントの最初の批判はSargent［1989］である。そして、シェイピンの『真理の社会史』（Shapin［1994］）の出版後、Sargent［1995］・Sargent［1997］が出ている。本書は、Sargent［1995］・Sargent［1997］が、潜水士の事例に関するShapin［1994］の新たな説明を十分に吟味していないのではないかと考えている。事実、Sargent［1997］は、全体にわたってシェイピンの議論を批判しているにもかかわらず、Shapin［1994］については一度しか引用していない。

12　実際、ブリュノ・ラトゥールとスティーヴ・ウルガーは、『ラボラトリー・ライフ』の初版（一九七九）の副題だった「科学的事実の社会的構築」を、第二版（一九八六）では「科学的事実の構築」へと変更した（Latour and Woolgar［1979→1986:281=2021:277-278］）。「社会的」という言葉は（一）の意味で理解されやすいので、（二）の立場であることを強調するには、この言葉を消去する必要があったのである。ただし、本書は、（一）から（二）への移行が、社会構成主義に共通する問題関心だったと考えている。

13　なお、サージェント自身は、実質的に「社会的過程アプローチ」に至っており、シェイピンの議論をsocial constitutionism、自らの立場をsocial constructionismと呼んで区別している（Sargent［1997:79］）。この表現は、「構築」を建築のメタファーで捉えるハッキングやラトゥールの用語法と似ている（Hacking［1999=2006:120-124］、Latour［1999=2007:145-146］）。

14　ただし、社会構成主義と言説分析の関係は、いささか微妙な問題を孕んでもいる。遠藤知巳が「全体社会を想定することをやめれば、「実践」を「実践」として切り出し、「社会」の単位とする視線の根拠自体、消失するはずだ」（遠藤［2000a→2006:32-33］）と書いているように、「実践」という単位が自明に見えること自体が二〇世紀の特殊性にすぎないと考えることもできるからだ。逆に言えば、「実践」は最終審級として持ち出されやすい。事実、シェイピンとシャッファーは、フーコーの影響を認めつつも、実践的な活動に力点を置く「言語ゲーム」という用語を「言説」よりも好むと述べている（Shapin and Scaffer［1985→2011=2016: 第1章註32］）。社会学的な単位への懐疑は、ラトゥールのアクターネットワーク理論にも見られるが（Latour［2005=2019:59-60］）、言説分析は単位設定自体の歴史変化を発見することに力点を置いている（北田［2006:71-76］）。

15　フーコーの真理論を考えると、このことはもっとはっきりする。シェイピンの『真理の社会史』（Shapin［1994］）は、フーコーの真理論を応用しているが、「真理を語ること」はここで言う「科学的実践」に相当する。だからこそ、シェイピンはフーコーの議論をスムーズに取り入れることができたのだろう。

16 moral certaintyは「道徳的確実性」と訳されることが多いため、moral demonstrationも「道徳的証明」とした。ただし、ここでのmoralは「道徳的」というよりも、「人と人の関係」を意味する当時の用法であると考えられる。そのため、現代日本語への翻訳が難しいが、本書では通用性に鑑み、差し当たり「道徳的」としている。フランクリンによると、「道徳的確実性」という用語は、パリ大学総長を務めたジャン・ジェルソンが一四〇〇年頃に導入したものだという（Franklin [2001→2015=2018:115]）。

17 必ずしも歴史的検討に基づくものではないが、ラトゥールは、無関心・超然性・無私公平といった規範が、法的言語から科学言語にもたらされたと指摘している（Latour [2002=2017: 第5章]）。

18 一七世紀における自然現象の個別性（＝出来事性）の重視が、「事実fact」や「証拠evidence」などの概念の編成に与えた影響については、ダストンの一連の研究を参照のこと（Daston [1991a], Daston [1991b], Daston [1997]）。

19 一七世紀のパリ王立科学アカデミーについては、隠岐[2011:11-32]を参照。

20 二〇世紀の英米系の科学哲学では「感覚与件」（センスデータ）と「観察の理論負荷性」が激しい対立を繰り広げたが、どちらも科学が「観察文」と「理論文」からなるという前提は共有している。この点については、第6章も参照。

21 この節は、松村[2015:49-51]の着想を敷衍したものである。

22 ユルゲン・ハーバーマスは、近代社会では客観的世界・社会的世界・主観的世界が分化しており、それに対応するように、命題的真理・規範的正当性・自己表示的誠実さの三つの妥当性要求が生じていると指摘した（Habermas [1981=1985:83-89, 149-152]）。本書の言う「真／偽」と「本当／嘘」は、命題的真理と自己表示的誠実さにほぼ相当するが、ハーバーマスの議論はこの区別の歴史的展開を扱うものにはなっていない。

23 すでに見たように、一七世紀イギリスの紳士は「嘘をつかない」ことを名誉としており、「嘘」だとあからさまに指摘することは忌避された。そのため、「本当」と「嘘」の間に、複雑な表現のバリエーションが生じた（Shapin [1994:111], 遠藤[2016:68-70]）。

24 「証言のゲーム」と「命題のゲーム」という区別は、橋爪の「情報の言説技術論」と「真理の言説技術論」に近い（橋爪[1984→1993:170-171]）。ただし、橋爪は「情報」と「真理」の区別をアプリオリに持ち込んでいる。これは中世から初期近代に見られた「臆見」と「真知」の区別にほぼ相当するが、本書が扱うのは「臆見」と「真知」の二分法が問い直される一七世紀以降の状況である。そこでは、ある発話を「証言」と「命題」のどちらと見なすかが問題になり、「証言のゲーム」と「命題のゲーム」の交錯が生まれている。

25　ミルの『論理学体系』は、ミル自身が編集を担当したジェレミー・ベンサムの『法廷証拠の理論 *Rationale of Judicial Evidence*』(一八二七) を下敷きにしたものだと言われている (矢島 [1993:25-26])。この点を踏まえると、ミルが「裁判のレトリック」を意識的に導入した可能性も考えられる。

第5章

1　ただし、ここで言う「非科学」は「疑似科学」に限定されない。「疑似科学」や「オカルト」も「非科学」の一部だが、「歴史学」や「文学」なども「科学でない」という意味で「非科学」に含まれる。

2　*Oxford English Dictionary* では、pseudoscience の二つの意味が区別されている。それは、(1) 科学的に正しいか、または科学的方法に基づくと思われている学問分野や信念体系、(2) 科学的だと主張されてはいるが、そのようには受け入れられていない研究、の二つである。このうち、(1) の初出は一七九六年、(2) は一八三一年とされる (Oxford University Press [2017→2018])。

3　R・G・A・ドルビーは「科学」と「疑似科学」の境界設定の難しさを認識した上で、代わりに、正統的な科学者によって公認されている「正統科学」と公認されていない「逸脱科学」の区別を導入した (Dolby [1979=1986:306-311])。この二分法は有用だが、「逸脱」の程度をうまく扱うことができない。「逸脱科学」にも、正統的な科学者によって全く無視されるものと無視されないものがある。本書はむしろ、この差異に着目している。

4　心霊研究史の総説には Sommer [2014] がある。近代心霊主義の通史としては Oppenheim [1985=1992] や Blum [2006=2007→2010] が包括的だが、新たな通史として Luckhurst [2002] や McCorristine [2010] がある。これらは、科学論・視覚文化論・メディア論などを踏まえ、方法論的自覚を持つ点で新しい動向だと言える。なお、日本では、一柳 [1994→2021]・橋本 [2010]・浜野 [2015] など文学・表象文化論方面での研究が目立つ。

5　心霊研究のトリックについては、松田 [1985] や高木 [1985] などの奇術史を参照のこと。この実験については、松田 [1985:116-119] で論じられている。科学史・文化史はトリックに対する理解を欠くきらいがあるため、奇術史の知見を補うことが有効だと思われる。

6　例えば、心霊写真はカメラという自動記録装置によるものだが、二重露光によるトリックが可能である。

7　心霊研究の中心はイギリスであり、そこにヴィクトリア朝の文化の影響があることは従来から指摘されてきた。文化史的な関心からすれば、心霊現象への関心と各国文化の関係が重要な主題となりうる。しかし、本書のように科学的手続きの歴史を扱う場合には、むしろ、国際的なネットワークに注目する必要がある。

8　ただし、一八七四年以降のクルックスは、実験対象である霊媒師フローレンス・E・クックとの愛人関係が疑われており、実験結果の信頼性に問題がある（Hall [1984]）。そのため、ここでは最初期の実験を分析対象とした。

9　Crookes [1871a:343] より引用。ホームがアコーディオンを片手で持っている。

10　Crookes [1871a:345] より引用。板の左端にホームの手が乗せられている。

11　ここには、やや複雑な事情がある。記事の冒頭においてハギンズとコックスはDr. A. B.とMr. C. D.という匿名で言及されていたが、出版前に名前を出す許可が出たため、記事の末尾では名前が明らかにされた（Crookes [1871a:347→1874:17=1980:41]）。なお、邦訳ではコックスを兄弟と解釈しているが、二人は別人だと思われる。

12　Crookes [1871b:489] より引用。右側にある手から発せられる「心霊力」が羊皮紙Aを振動させ、その振動が針Bを通じて反対側の針Cへと伝わり、時計仕掛けで動くガラス板EFへと記録される。

13　Crookes [1871b:490-491] より引用。横軸は時間変化、縦軸は羊皮紙の振動に当たる。上から一番目の図は、ホームではない一人の婦人を対象に行ったもので、天板上のL・M（ないしO・N）の位置に手を置いた場合の「心霊力」による振動を示している。二番目・三番目の図は、霊媒師ホームがPの位置に手を固定した場合に生じた「心霊力」による振動を表している。

14　クルックスとカーペンターの応酬は、Carpenter [1871]・Crookes [1872a→1874=1980]・Carpenter [1872→1889]・Crookes [1872b] と続く。その後、しばらく論争は落ち着くが、Carpenter [1876→1889] により対立が再燃する。二人の論争の全体像については、Brock [2008:215-223] を参照のこと。

15　心霊研究の文脈において、「誠実」という言葉には、単に「嘘をつかない」ことだけでなく、「自分の発言に責任を持っているので、疑いをかけるべきではない」とのニュアンスも含まれているように見受けられる。

16　Hodgson and Davey [1887:466-467] より引用。蝶番で繋がった二つの石板を閉じ、再び開くと文字が現れる。石板には英語のみならず、外国語が現れることもあった。これは、日本人の参加者相手に日本語の文章を出現させたものである。なお、外国語が現れる現象は、ヒステリーや自動筆記の場合にも見られる。さらに遡れば、悪魔憑きにあった人物が古代語（ヘブライ語・ラテン語など）を話すことがあった。本人が話せないはずの言語を話せてしまうことが、悪魔の存在証明になったのである（Certeau [1970→2005=2008:67-73]）。

17　ホジソンとデイヴィーの論文は、前半をホジソンが担当している。この引用はホジソンの担当部分である。

18　ただし、ル・ボンが参照しているのは、フランスの『心霊科学年報 *Annales des sciences psychiques*』である。

19　フリードリヒ・キットラーは、眼の錯覚の研究が奇術から生理学・心理学へと移行したと指摘しているが（Kittler［1986=1999→2006a:287］）、奇術そのものが生理学・心理学の対象になったと考えた方が良いだろう。事実、チャールズ・サンダース・パースやエルンスト・マッハは観察能力を論じるに当たって奇術に言及しているし、ベルクソンも記憶を論じる際に奇術に言及している（Peirce［1868:104-105→1934=2014:65］, Mach［1905→1920=1966→1971→2002: 11〜13節］, Bergson［1902→1959: 933-934=2012:227-228］）。

20　シュテルンは『証言心理学論考 *Beiträge zur Psychologie der Aussage*』（一九〇四）という雑誌を創刊したが、それは後に、『応用心理学雑誌 *Zeitschrift für angewandte Psychologie*』へと名前を変え、世界初の応用心理学の学術雑誌になった（Kittler［1986=1999→2006a:212-213］, サトウ［2005:15］, サトウ［2013:695］）。このことからもわかる通り、「証言の心理学」は応用心理学の先駆けだった。実際、マスコミュニケーション論の古典であるウォルター・リップマンの『世論』（一九二二）は、「ステレオタイプ」概念の導入部分で、以下で見るヒューゴ・ミュンスターバーグの研究を引用している（Lippmann［1922=1987: 第6章］）。流言研究の古典となったゴードン・W・オルポートとレオ・ポストマンの『デマの心理学』（一九四七）もまた、シュテルンの研究をはじめとする「証言の心理学」の成果について一章を割いて論じている（Allport and Postman［1947=1952→2008: 第3章］）。

21　なお、『ワンダーウーマン』には、嘘発見器を思わせる「真実の投げ輪」が登場している（Alder［2007=2008: 266］）。ミュンスターバーグの影響はさらに、探偵小説にも及んだ。例えば、江戸川乱歩の「心理試験」（一九二五）では、嘘発見器や言語連想法が使用されている（江戸川［1925→2008］, 塚本［2018］）。

22　エリス・S・マグナーは、ミュンスターバーグとウィグモアの論争に見られる心理学と証拠法の関係をめぐる問題が、現在まで続く論点でもあると指摘している（Magner［1991:132-137］）。

23　科学論の観点を応用しつつ、法廷と科学の現在の関係を分析する研究もある（Jasanoff［1995=2015］, Lynch and Bogen［1996=2019］）。本書の場合、法廷と科学の関係自体の歴史的変化に関心を向けている。

24　「証言の心理学」の現在の状況については、高木［2006］を参照。「証言の心理学」が再び注目を集めるようになったのは、エリザベス・F・ロフタスによる目撃証言研究が登場する一九七〇年代のことである（高木

[2006:93-96]）。

25 なお、リシェの論文の英語要約として、Gurney [1884] がある。

26 一九〇八年には、スミスが過去の心霊実験で詐術を働いていたことが暴露されたが（Oppenheim [1985=1992: 190=191], Hacking [1988:442]）、この時点では知られていなかった。

27 Sidgwick et al. [1889:168] より引用。

28 Hansen und Lehmann [1895:487] より引用。

29 ただし、最近では「統計的検定」における「p値」の使用が見直されている。例えば、アメリカ統計協会（American Statistical Association）は、統計的検定に使われる「p値」の乱用を問題視する宣言を出した（Wasserstein and Lazar [2016=2017]）。

30 統計学と心霊研究のつながりは、統計学史において繰り返し指摘されてきた。例えば、Hacking [1988], Dehue [1997], Salsburg [2001=2006→2010] がある。ただし、本書の力点は、両者の関係ではなく、「証言」という発想との対比にある。

31 スティーヴン・M・スティグラーによれば、「統計学の方法」で扱われている素材の多くは、エッジワースが同年（一八八五年）にキングズ・カレッジで行った講義のシラバスと共通している（Stigler [1986:308]）。予定では、第二回講義で心霊研究が扱われることになっていた（Edgeworth [1885a→1986:363-364]）。

32 『ネイチャー』第五一巻には、H・G・ウェルズが心霊研究家フランク・ポドモアの著書『幻覚とテレパシー *Apparitions and Thought Transference*』（一八九四）を批判する文章を寄稿しており、ピアソンはそれに反応する形で心霊研究について論じていた（Wells [1894], Wells [1895], Pearson [1894a], Pearson [1894b], Pearson [1895], Luckhurst [2002:74]）。

33 例えば、フィッシャーは、トランプを使ったテレパシー実験におけるスコアリング手法を考案した。カードをランダムに答えた場合、マークは四分の一の確率で、数字は一三分の一の確率で、マークと数字は五二分の一の確率で当たる。しかし、これ以外にも、絵柄（ジャック・クイーン・キング）なのか数字（1～10）なのかまでは当たっているという「弱い成功」も評価したい。そこでフィッシャーは、当たらない場合をO、色が当たった場合をC、絵柄なのか数字なのかを当てた場合をR、数字を当てた場合をN、マークを当てた場合をSとし、OO・OR・ON・CO・CR・CN・SO・SR・SNの各スコアを$\log n$によって計算することを提案した（Fisher [1924]）。nとは試行回数のことであり、n回のうち一回当たることを確率pで表す。現在では$-\log p$とも書かれる（Diaconis and Mosteller [1989:856]）。確率pが低ければ低いほど高いスコアになれば良いので、対数を取った上で正負を反転させている。

34　例えば、次のような記述において、フィッシャーが何をどこまで考えていたのかを問うことができる。「Pが0.1と0.9との間にあれば、検定される仮説を疑う理由は確かにない。また0.02より小さければ、その仮説が事実の全部を説明し得ないことを強く示している。五%点を超えるχ^2の値が無視されることはめったに起こらない」(Fisher [1925:79→1958=1952→1970:63]、邦訳は後から増補されたと思われる記述を含むため、その箇所を除外した)。

35　『実験計画法 *The Design of Experiments*』(一九三五)での「有意性検定」の説明は、ミルクティーを飲んで紅茶とミルクを注いだ順番を当てる婦人の例だが、これもテレパシー実験と同じ構造を持つ(Fisher [1935→1966=1954→1971:第2章], Hacking [1988:449-451], Dehue [1997:669-670])。

36　超心理学については、Horn [2009=2011] および石川 [2012] を参照。「心霊研究」と「超心理学」はあまり区別されないこともあるが、本書では、心霊研究と超心理学を理論・方法の両面で区別している。もちろん、超心理学の中にも心霊研究に近いものは存在し続けており、両者の区別には曖昧なところがある。そのため、この区別は完全なものとは言えないが、「超心理学」という新たな名称が出現したことは、両者の間に断絶があることを意味している。

37　フランクリンは、蓋然性の歴史に「非定量的蓋然性」から「定量的蓋然性」へという趨勢と「非定量的蓋然性」の残存を見出している(Franklin [2001→2015=2018:エピローグ])。本書はこの理解を少し修正し、「定量/非定量」の未分化状態から分化状態への変化だと捉えている。なお、ヒュームからミルに至る展開に関しては、井上 [1992] を参照。

38　別の箇所では、物質科学の発達がもたらしたものについて、「すなわちそれは正確さ、厳密さ、証明への配慮、単に可能か蓋然的なものと確実なものとを区別する習慣です」(Bergson [1919→1959:877=2012:124]、[ ] 内は引用者による)と述べている。「確実性」には、「確実certain」から「蓋然的probable」までの幅があり、物質科学は「確実」か否かに敏感だというのである。シャピロによれば、ヨーロッパ(とくにイギリス)で「確実性」と「蓋然性」とが程度問題だと捉えられるようになったのは一七世紀以降のことだが、中にはアイザック・ニュートンのように「確実性」を再び「蓋然性」から切り離す論者もいた(Shapiro [1983: ch.2])。ベルクソンの用いた区別には、こうした歴史的背景もある。

39　ただし、ここで言う「社会的条件」は、一般的に社会学的変数として想定される「階級」や「民族」ないし「社会構造」のことではない。むしろ、言説分析や社会構成主義について論じた通り、「言説」や「実践」の相関項として析出される「社会構造（めいたもの）」のことであり、そこには物質的条件も含まれる。そのため、次章ではむしろ、「技術史的条件」という表現が用いられる。

第6章

1 「共時的／通時的」という区別は、どの程度のタイムスパンを「同時代」と見なすかに依存している。時代が遠く隔たっていても、「同時代」と捉えれば「共時的」になるし、時代が近くても「別の時代」と考えれば「通時的」になる。歴史事象に関するラトゥールの手つきを見る限り、ラトゥール自身は科学を「共時的」な視点で論じる傾向が強いように見える。

2 クーンは、教科書の中に測定値が例示されることの機能を、どの程度の近さをもって二つの数値が「一致」したと見なすかをめぐる判断基準の共有に求めたが（Kuhn［1961→1977=1992→1998:226-234］）、「有効数字」はその基準に理論的根拠を与える。

3 デジタル表示は単に目盛りが数字になっただけだと思われるかもしれない。しかし、数字化される以上、概数の計算が自動的に行われるため、それまでの段階とは異なる性質を持つ。例えば、東京大学教養学部基礎物理学実験テキスト編集委員会・東京大学教養学部附属教養教育高度化機構編［2006→2020:257-258］を参照。

4 以上は「定量化」をめぐる変化だが、自動記録装置の導入は非定量的な領域にも見られた。例えば、医学における細菌の写真や、天文学における火星の写真はその例である。ただし、当時の写真には色彩やシャープネス等の面で問題があり、必ずしもスケッチより優れているとは言えなかった。そのため、写真にレタッチが行われる（あるいは少なくともそれが検討される）場合もあったが、そうした人間の介入には批判があった（Schlich［2000:48-52］, Tucker［2005:165-170, 220-222］, 田中［2013:230-244］, Daston and Galison［2007→2010:179-182=2021:146-149］, 入江［2020:305-320］）。また、天文学では、「火星運河説」をめぐり、観察者の眼の錯覚ではないかとする錯覚説も登場した（入江［2020:292-299, 331-336］）。このように、非定量的な領域においても、「観察者の消去」や「観察者の対象化」が生じていた。

5 実際、ポーターは「機械的客観性」の観点から「定量化」の歴史を描いている（Porter［1995=2013: はじめに］）。ただし、ダストンとギャリソンの時期区分には疑問もある。すでに述べた通り、サイモン・シャッファーによると、一八世紀には、実験者の身体の測定・制御・消去といった「非‐身体化」の動きが見られた（Schaffer［1992→1994a］）。同じように、誤差理論や指示・記録計器の発達も一八世紀にまで遡ることができる。そう考えると、一九世紀以前に「機械的客観性」に相当する理念や実践が本当に存在しなかったのかは、改めて問われるべきだろう。そのためには、二人の扱った「アトラス」以外のジャンルでの動きを見ていく必要がある。

6 『確率の哲学的試論』は、先に出版された『確率の解析的理論 *Théorie analytique des probabilités*』（一八一二）の簡単な要約に当たる。この箇所は、『確率の解析的理論』（Laplace［1812→1820→1886=1986］）の第II編第四章「多数の観察の平均結果の誤差の確率および最も有利な平均結果について」に対応している。

7 『心理学』は、それに先立って出版された『心理学原理 *The Principles of Psychology*』（一八九〇）の簡略版になっている。ただし、それは単なる要約ではなく、新たに書き直された部分も多く含む。ここでの引用箇所は、『心理学原理』第一三章「弁別と比較」の一部に対応するものだが（James［1890:533-549］）、『心理学』では、新たに設けられた第二章「感覚総論」に入っている。それに伴い、内容も全面的に書き換えられ、（おそらく初学者向けに）統計的方法の意義をより詳しく説明する形になっている。

8 「証言の確率」とは、証人が嘘をつく（あるいは間違いを犯す）確率を設定し、その条件のもとで発生する事象の確率を分析するものだ。『確率の解析的理論』では数式が展開されるのみだが、『確率の哲学的試論』では具体的な計算法が解説されている。例えば、議論は次のように進む。——一〇〇〇個の数字の入った壺から一つの数字が取り出され、証人が七九という数字を発表した場合を考える。ただし、証人が一〇回に一回は嘘をつくとする。証言が正しい場合、証人が七九と言う確率は、七九が選ばれる確率一〇〇〇分の一と嘘をついていない確率一〇分の九を掛けた一万分の九になる。一方、証言が嘘である場合、証人が七九と言う確率は、七九以外の数字が選ばれる確率一〇〇〇分の九九九と証人が七九を選ぶ確率九九九分の一と嘘をつく確率一〇分の一を掛けた一万分の一になる（Laplace［1814:12=1997:26-27］）。

9 ラトゥールの用語系では、「銘刻器 inscription device」が、まさに「非人間」による「非人間」の「代理」に当たる（Latour［1987=1999:115］）。その意味で、少なくとも通時的比較を行う場合には、単なる「非人間」と「銘刻器」の区別を重く見るべきだろう。

10 一九世紀の科学哲学における三人の位置づけは、伊勢田［2018: 第5章］に詳しい。マッハやデュエムと比べると、ポアンカレの著作は一九世紀に進行した物理学の数学化の哲学的意味を考察する性格が強い。

11 デュエムによると、「日常の証言」は目立った情報だけを記憶するので、その点に限れば確実性が高い。これに対し、「物理学者の証言」は、確実性の面では劣るが、細部まで説明できるという（Duhem［1906→1914:246-

247＝1991:218-219〕)。デュエムが、物理学もまた「細部」を捉えられると主張している点は注目に値する。このことは、ギンズブルグの主張とは裏腹に、一九世紀の技術史的条件の変化が「ガリレオ的パラダイム」と「推論的パラダイム」のどちらにも影響を与えている可能性を示唆している。

12 例えば、次のような実験が想定されている。「一人の観察者が、頭部がエボナイトでできているプラグの金属製の突出部を小さな穴に差し込む。鉄棒が振れ、鉄棒は、結び付けられている鏡によって、セルロイド製のものさしの上に光の帯を投げ返す。観察者はこの光の帯の運動を目で追う。これはおそらく一つの実験なのである。この光斑の行き来を用いて、この物理学者は鉄片の振れを詳細に観察しているのである」(Duhem〔1906→1914: 218＝1991:193〕)。

13 ノイラートを中心とする論理実証主義の内部偏差に関しては、桑田〔2017〕を参照。

14 この点について、ポーターは次のような説明を与えている。科学者共同体には分野によって「強い共同体」と「弱い共同体」がある。外部からの信頼がある「強い共同体」に対し、外部からの信頼を欠く「弱い共同体」は、信頼獲得のための戦略を必要とする。その戦略が「没個人性＝客観性」だという。例えば、「定量化」や「標準化」がその代表例だが、初期の近代科学に見られた「裁判のレトリック」もこれに当たる(Porter〔1995＝2013: 292-296〕)。ポーターの説明はわかりやすいが、「裁判のレトリック」と「定量化」を「没個人性」として一括りにするため、「裁判のレトリック」から「定量化」への移行が生じた経緯を説明できない。

15 この点については、Daston and Galison〔2007→2010:325-327＝2021:268-269〕を参照。ダストンとギャリソンはそこまで明確には述べていないが、実験教育の集団化・標準化は「機械的客観性」と「訓練された判断」の両者を推し進めたと考えられる。本書は、研究者の均一化に注目しているが、この点ではどちらも同じである。

16 今日の物理学・化学実験の教科書でも、測定誤差の扱い方や測定器の目盛りの読み方と補正といった点が説明されている。例えば、東京大学教養学部化学部会編〔2007→2012〕、東京大学教養学部基礎物理学実験テキスト編集委員会・東京大学教養学部附属教養教育高度化機構編〔2006→2020〕を参照。もちろん、基礎実験の段階で、誤差理論や指示・記録計器の実質的な理解が得られるとは限らないが、少なくとも「測定回数」や「データ」の感覚を持つとは言えるだろう。また、今日では中等教育段階までに有効数字や検流計について学ぶため、そうした感覚自体は広く浸透しているとも考えられる。

終章

1　第5章では、一九世紀末に登場した「証言の心理学」を取り上げたが、それは、「証言」の分析者が発言者を代弁する方法として機能していた。歴史学・人類学・社会学では、しばしば「証言」の取り扱いが方法論上の問題になるが、それらも実質的には「証言の心理学」と同じことを行っていると考えられる。

2　イェルジー・ネイマンとエゴン・S・ピアソンはさらに、これを「棄却／採択」の二値判断へと置き換えた。つまり、「棄却しない」という消極的な判断を「採択」という積極的な判断に変更したのである。この点をめぐっては、フィッシャー派とネイマン＝ピアソン派とで立場が分かれるが、今日では折衷的な立場が主流になっている（三中［2018a:52-53］）。

3　本節の内容は、松村［2021］の一部をもとにしている。

4　ワインバーグが持ち出した「対審手続き」は英米法の「当事者主義」に基づくが、これは「科学者＝証人モデル」にほぼ相当する。一方、「科学者＝裁判官モデル」は大陸法の「職権主義」に近い。その意味で、ワインバーグの議論は、「科学者＝証人モデル」の必要性をいち早く説いたものだと見ることができるだろう。

5　名部圭一が指摘するように、「あの医者はやぶだ」と考えたとしても、「どこかにもっと良い医者がいるはずだ」という形で、「抽象的システム」に対する信頼を維持できる（名部［1996:5-7］）。

6　本節の内容は、松村［2020］の一部を再構成したものである。

7　実際、こうした状態に対処するために、一九七二年には、論文の「被引用数」をもとに学術雑誌の影響力を測る「インパクト・ファクター」が生まれ、「研究の指標化」が進められてきた（逸村・池内［2013:32-33］）。

8　すでに一九九〇年代初頭の時点で、医師が医学的知識を最新の状態に保つには、毎日一九本程度の論文を読む必要があった（Gray［2002=2004:10-11］）

9　この点については、松村［2020:95-96］を参照。

10　各国における「診療ガイドライン」の導入の過程については、石垣［2017］を参照。

11　例えば、三中信宏は、「法則定立的」な研究とは異なり、実験による事象の繰り返しが不可能な「歴史叙述科学」における仮説検証の方法を検討している（三中［2018b］）。

12　この背景には、社会科学におけるＲＣＴの導入がある。統計的因果推論やインターネット調査の発達に伴い、社会科学でもＲＣＴの議論が盛んになっている（伊藤［2017］，佐藤［2019］）。

あとがき

本書の始まりは、ある出来事に遡る。

高校三年生になる二〇〇五年の春、私は北京にいた。交換留学プログラムで、現地の学校に二ヶ月間ほど滞在することになったのである。海外で生活するのは初めてで、学校でもホームステイ先でも、新鮮な驚きの連続だった。

そんなある日、新しいホームステイ先に引っ越しをした。迎えに来たステイ先の子は明るく陽気な人で、お父さんの運転する車の中、日本の漫画やアニメの話をしてくれた。ところが、家に着いてしばらくすると、その子は徐に歴史教科書の話題を切り出した。ちょうどその当時、日本と中国・韓国の間で「歴史教科書問題」が大きな注目を集めていたのである。私たちは電子辞書を引きながら、なにやら議論めいたことを始めたが、議論はうまく噛み合わないまま平行線を辿り、そのままお開きになった。

その夜、私は天井を見つめながら、自分の歴史認識についてグルグルと考えを巡らせていた。そうしているうち、ふと小学校での一コマを思い出した。クラスメートの一人が、南京事件の存在を否定する本を学校に持ってきて、「南京大虐殺って、無かったらしいぜ」と言ったのだ。それを遠くで聞いていた私は、心の中でこう呟いた。「バカだなぁ、あったに決まってるじゃん。だって、塾の暗記カードにそう書いてあったんだから」。

学習塾という巨大な組織が配布している暗記カードが間違っているはずはない――小学校の私はそう確信していた。そして、高校生になった自分もまた、同じ知識を持ち続けていた。こんなにも重要な事柄について、暗記カードという薄っぺらい根拠しか持ち合わせていないこと。それに気がついたとき、私は、自分がまるで薄氷の上に立っているような寒気を感じた。

もちろん、ここで言いたいのは、南京事件には根拠がないということではない。そうではなくて、私たちが何かを確信するには、条件さえ整えば、紙切れ一枚で十分だということである。

同じことは、およそあらゆることに当てはまる。政治にしろ、経済にしろ、科学にしろ、私たちの知識は、他人から見聞きしたことばかりだ。それどころか、自分の生みの親が誰であるのかさえ、後から教えてもらったことにすぎない。にもかかわらず、何かが「正しい」とか「間違っている」といったことを、あれほど自信を持って判断できてしまうのは、一体なぜなのか？　このときから、私は「知識」や「真理」とは何なのかが、さっぱりわからなくなってしまった。

その意味で、この本はごく個人的な問題を出発点にしている。けれども、それは私だけの問題でもないだろう。今日では、原発事故やパンデミックに象徴されるように、情報の混乱が目立つ。その中で、何が正しく、何が間違っているのかが、ますます見通しにくくなっている。そういう形で、高校生の私が直面した問題が、多くの人にとっても切実な問題になっているのではないかと思う。

この本が、そうした人々のもとに届くことを願っている。

＊

本書は、二〇一九年度に東京大学大学院総合文化研究科に提出した博士論文「言説と証拠：社会構成主義と真理の社会学」に大幅な加筆・修正を加えたものである。研究に当たっては、ＪＳＰＳ科研費・特別研究員奨励費（20J00952）および研究活動スタート支援（21K20196）の助成を受けた。

本書の一部には、すでに刊行された学術論文が再利用されている。再利用に際しては、著作権を保有する掲載雑誌の許諾を得た。ただし、再録に際し、大幅な加筆・修正を加えている。初出時の書誌情報は次の通りである。なお、再利用に当たらない既刊論文については、本書との関係を引用の形で示している。

第一章　松村一志（二〇一八）「社会構成主義をどう評価するか？：科学的実在論と反実在論の二分法を再考する」『年報社会学論集』第三一号：七二―八三頁

第五章　松村一志（二〇一九）「実験報告の修辞学：一九世紀後半の心霊研究と「裁判のレトリック」」『相関社会科学』第二八号：三―一六頁

本書の刊行までには、多くの方々のお世話になった。

博士論文の審査をご担当いただいた佐藤俊樹先生・瀬地山角先生・市野川容孝先生・廣野喜幸先生・遠藤知巳先生に、まずは感謝申し上げたい。指導教員の佐藤先生からは、いつも頭をガーンと殴られるようなコメントをいただいた。あまりのレベル差に幾度となく愕然とさせられたが、そうしたぶつかり稽古の中で、「頭を使う」とはどういうことなのかを、身をもって教えていただいた。瀬地山先生には、大学入学当初から、社会学的な「面白さ」の感覚を教えていただいた。市野川先生には、いつもハッとする「事実」を教えていただき、自分の持つ「社会学的想像力」の貧しさに気づかせていただいた。廣野先生は、他専攻であるにもかかわらず、審査を快くお引き受けくださり、筆者が十分に意識できていなかった科学論上の論点を提起してくださった。遠藤先生もまた、急なお願いにもかかわらず、博論審査をお引き受けくださり、現代社会を考えるヒントをいくつも授けてくださった。

加えて、修士論文の審査をお願いした内田隆三先生・山本泰先生にもお礼申し上げたい。内田先生には、「理論」という営みが一体どういうものなのかを目の前で見せていただいた。また、山本先生は、筆者の研究の狙いや課題点をいつも瞬時に察知してくださった。とくに、修士論文について、「設計図はよく出来ているけど、単調だね」と言われて以来、どうすれば「単調」にならずに済むのかを随分と考えさせられた。うまくいったかどうかわからないが、本書はそのささやかなリベンジのつもりである。

この他にも、授業・研究会・学会などを通じて、多くの先生方のお世話になった。一人一人のお名前を挙げることはできないが、この場を借りて感謝の意を表したい。

本書の主な作業は、東京大学と日本女子大学の在籍時に進められ、最終作業は職場である成城大学で行われた。また、非常勤講師として勤務した昭和薬科大学・山梨県立大学・明治学院大学の施設も使わせていただいた。各大学のスタッフの皆様、そして同僚の先生方にお礼申し上げる。

学生時代の友人・知人からも、多くを教えていただいた。中でも、社会学を専門とする同世代の方々から受けた影響は大きなものがある。すっかり隔世の感があるが、私が学部生時代を過ごした二〇〇〇年代後半は「社会学ブーム」の最中だった。大学院に入って、自分と同じ「社会学ファン」の方々と出会えたことは、研究を進める上での大きな励みになった。おかげで、苦しくも楽しい修行時代を送ることができた。

博士論文の書籍化に当たっては、まずもって青土社に感謝したい。実際の作業においては、担当編集の加藤峻さんに大変お世話になった。初めてお会いした際、「出版助成は必要ですか？」と尋ねると、加藤さんが「出版助成ありきではなく、丁寧にリライトすることで一般の読者にも届く本にしましょう」と力強くおっしゃったことが印象に残っている。その後、博士論文の一文一文を見直す途方もない作業が続いたが、加藤さんの静かな闘志に支えられ、何とか最後まで完走することができた。本書は、まぎれもなく加藤さんとの共同作業の賜物である。また、筆者のたっての希望で、装丁を川添英昭さんにお願いした。素敵な装丁に仕上げてくださったことに、お礼申し上げたい。

その他、研究を始めるきっかけを与えていただいた私立武蔵高等学校中学校ならびに中国人民大学附属中学の関係者の方々にも、感謝の意を表したい。思い返してみると、本書の執筆に当たっては、中高時代に所属していた奇術部での経験が、思わぬ形で役立つことになった。「何が実在するのか」とか「動かぬ証拠はあるのか」といった疑問を持ってしまうのも、ものが消えたり、ひょっこり現れたりすることの不思議さに惹かれてきたからなのかもしれない。

最後になるが、これまで様々な形で支えてもらった家族と親戚に心から感謝したい。

二〇二一年一〇月

松村一志

索引

人名

さ行

た行

な行

は行

ま行

ら行

わ行

事項

あ行

か行

た行

な行

は行

ま行

ら行

参考文献

安孫子誠也・岡本拓司・小林昭三・田中一郎・夏目賢一・和田純夫（2007）『はじめて読む物理学の歴史：真理の項を目指して』ベレ出版.

Achibari, Azadeh (2017) “The Reviews of *Leviathan and the Air-Pump*: A Survey,” *ISIS*, 108:108-116.

Acute Pain Management Guideline Panel (1992) *Acute Pain Management: Operative or Medical Procedures and Trauma*, Rockvill: Agency for Health Care Policy and Research, Public Health Service, U.S. Department of Health and Human Services.

赤川学（1999）『セクシュアリティの歴史社会学』勁草書房.

———（2001a）「言説分析とその可能性」『理論と方法』16(1): 89-102.→（2006）『構築主義を再構築する』勁草書房, 23-51.

———（2001b）「言説分析と構築主義」上野千鶴子（編）『構築主義とは何か』勁草書房, 63-83.→（2006）『構築主義を再構築する』勁草書房, 52-71.

———（2002）「言説の歴史社会学における権力問題」『年報社会学論集』15: 16-29.→（2006）『構築主義を再構築する』勁草書房, 72-103.

———（2005a）「言説の歴史社会学・序説」『社会学史研究』27:3-15.→（2006）『構築主義を再構築する』勁草書房, 104-121.

———（2005b）「言説の歴史を書く：言説の歴史社会学の作法」盛山和夫・土場学・野宮大志郎・織田輝哉（編）『〈社会〉への知／現代社会学の理論と方法：経験知の現在（下）』勁草書房, 125-144.

Alder, Ken (2007) *The Lie Detectors: The History of an American Obsession*, New York: Free Press. =（2008）青木創（訳）『嘘発見器よ永遠なれ：「正義の機械」に取り憑かれた人々』早川書房.

Allport, Gordon Willard and Leo Postman (1947) *The Psychology of Rumor,* New York: Henry Holt. =（1952）南博（訳）『デマの心理学』岩波書店.→（2008）新装版.

Aquinas, Thomas (1266-1273) *Summa theologiae*.→（1888-1906）*Sancti Thomae Aquinatis opera omnia, issu impensaque Leonis XIII P.M. edita tomi IV-XII: Summa theologia cum comm. card. Thomae de Vio Caietani*. =（1960）高田三郎（訳）『神学大全 I』創文社.

浅田彰・東浩紀・千葉雅也（2017）「特別鼎談 ポスト・トゥルース時代の現代思想」『新潮』114(8):119-151.

綾部広則（2001）「来たるべき科学論へ向けて：ポストSSK時代の課題」『現代思想』29(10):211-227.

———（2002）「実験装置の科学論：クーンは乗り越えられるか」金森修・中島秀人（編）『科学論の現在』勁草書房, 203-229.

東浩紀・萱野稔人・北田暁大・白井聡・中島岳志（2008）「共同討議「国家・暴力・ナショナリズム」」『思想地図vol.1：特集 日本』日本放送協会出版, 6-60.

馬場靖雄（2001）「構成と現実／構成という現実」中河伸俊・北澤毅・土井隆義（編）『社会構築主義のスペクトラム：パースペクティブの現在と可能性』ナカニシヤ出版, 43-57.

Babbage, Charles (1830) *Reflections on the Decline of Science in England, and on Some of Its Causes*, London: B. Fellowes and J. Booth.

Bacon, Francis (1620) *Novum organum.* →(1878) Thomas Fowler (ed.), *Bacon's Novum Organum*, Oxford: Clarendon Press. →(1889) 2nd ed. ＝（1978）桂寿一（訳）『ノヴム・オルガヌム：新機関』岩波文庫.

Barnes, Barry and David Bloor (1982) "Relativism, Rationalism and the Sociology of Knowledge," in Martin Hollis and Steven Lukes (eds.), *Rationality and Relativism*. Oxford: Basil Blackwell, 21-47. ＝（1985）高田紀代志（訳）「相対主義・合理主義・知識社会学」『現代思想』13(8):83-101.

Beck, Ulrich (1986) *Risikogesellschaft: Auf dem Weg in eine andere Moderne*, Frankfurt: Suhrkamp. ＝（1998）東廉・伊藤美登里（訳）『危険社会：新しい近代への道』法政大学出版局.

Bem, Daryl J. (2011) "Feeling the Future: Experimental Evidence for Anomalous Retroactive Influences on Cognition and Affect," *Journal of Personality and Social Psychology*, 100(3):407-425.

Benn-David, Joseph (1971) *The Scientist's Role in Society: A Comparative Study*, Englewood Cliffs: Prentice-Hall. ＝（1974）潮木守一・天野郁夫（訳）『科学の社会学：現代社会学入門12』至誠社.

Bennet, Deborah J. (1998) *Randomness*, Harvard: Harvard University Press. ＝（2001）江原摩美（訳）『確率とデタラメの世界：偶然の数学はどのように進化したか』白揚社.

Berger, Peter L. (1963) *Invitation to Sociology: A Humanistic Perspective*, Garden City: Doubleday. ＝（1979）水野節夫・村山研一（訳）『社会学への招待』思索社. →（2007）普及版. →（2017）筑摩書房.

———— and Thomas Luckmann (1966) *The Social Construction of Reality: A Treatise in the Sociology of Knowledge*, Garden City: Doubleday. ＝（1977）山口節郎（訳）『日常世界の構成：アイデンティティと社会の弁証法』新曜社. →（2003）『現実の社会的構成：知識社会学論考』

Bergson, Henri (1902) "L'effort intellectuel," *L'énergie spirituelle*, Paris: Félix Alcan. →(1959) in André Robinet et Henri Gouhier (eds.), *Œuvres: Essai sur les données immédiates de la conscience, Matière et mémoire, Le rire, L'évolution créatrice, L'énergie spirituelle, Les deux sources de la morale et de la religion, La pensée et le mouvant*, Paris: Presses universitaires de France, 930-959. ＝（2012）原章二（訳）「知的努力」『精神のエネルギー』平凡社, 223-271.

———— (1919) " « Fantomes de vivants » et « recherche psychique »," *L'énergie spirituelle*, Paris: Félix Alcan. →(1959) in André Robinet et Henri Gouhier (eds.), *Œuvres: Essai sur les données immédiates de la conscience, Matière et mémoire, Le rire, L'évolution créatrice, L'énergie spirituelle, Les deux sources de la morale et de la religion, La pensée et le mouvant*, Paris: Presses universitaires de France,

860-878. = （2012）原章二（訳）「〈生きている人のまぼろし〉と〈心霊研究〉」『精神のエネルギー』平凡社, 97-129.

Bernard, Claude (1865) *Introduction à l'étude de la médecine expérimentale*, Paris: J. B. Beillière. = （1938）三浦岱栄（訳）『実験医学序説』岩波書店. →（1970）改訳版.

Biagioli, Mario (1993) *Galileo Courtier: The Practice of Science in the Culture of Absolutism*, Chicago: The University of Chicago Press.

——— (1996) "Etiquette, Interdependence, and Sociability in Seventeenth-Century Science," *Critical Inquiry*, 22(2):193-238.

Bloor, David (1973) "Wittgenstein and Mannheim on the Sociology of Mathematics," *Studies in History and Philosophy of Science*, 4(2):173-191.

——— (1976) *Knowledge and Social Imagery*, London: Routledge & Kegan Paul. = （1985）佐々木力・古川安（訳）『数学の社会学：知識と社会表象』培風館.

——— (1981) "The Strength of the Strong Program," *Philosophy of the Social Sciences*, 11(2):199-213.

——— (1992) "Left and Right Wittgensteinians," in Andrew Pickering (ed.), *Science as Practice and Culture*, Chicago: The University of Chicago Press, 261-282.

Blum, Deborah (2006) *Ghost Hunters: William James and the Search for Scientific Proof of Life After Death*, New York: Penguin Press. = （2007）鈴木恵（訳）『幽霊を捕まえようとした科学者たち』文藝春秋. →（2010）文庫版.

Boyle, Robert (1660) *New Experiments Physico-Mechanicall, Touching the Spring of the Air, and Its Effects*, Oxford: H. Hall.

——— (1661) *The Sceptical Chymist: or Chymico-Physical Doubts & Paradoxes*, London: F. Cadwell for F. Crooke. = （1987）田中豊助・藤田紀子・石橋裕（訳）『古典化学シリーズ3 懐疑の化学者』内田老鶴圃.

——— (1675) *Some Considerations about Reconcilableness of Reason and Religion*, London: T.N. for H. Herringman.

Brain, Robert, M. (2013) "Materialising the Medium: Ectoplasm and the Quest for Supra-Normal Biology in Fin-de Siècle Science and Art." in Anthony Enns and Shelly Trower (eds.), *Vibratory Modernism*, New York: Palgrave Macmillan, 115-144.

Broad, William and Nicholas Wade (1982) *Betrayers of Truth: Fraud and Deceit in the Halls of Science*, New York: Simon & Schuster. = （1988）牧野賢治（訳）『背信の科学者たち』化学同人. →（2006）『背信の科学者たち：論文捏造はなぜ繰り返されるのか？』講談社. →（2014）講談社.

Brock, William H. (2008) *William Crookes (1832-1919) and the Commercialization of Science*, Aldershot: Ashgate.

Brown, James R. (2001) *Who Rules in Science?: An Opinionated Guide to the Wars*, Cambridge: Harvard University Press. = （2010）青木薫（訳）『なぜ科学を語ってすれ違うのか：ソーカル事件を超えて』みすず書房.

Burr, Vivien (1995) *An Introduction to Social Constructionism*, London: Routledge. =（1997）田中一彦（訳）『社会的構築主義への招待：言説分析とは何か』川島書店.

Butler, Judith (1990) *Gender Trouble: Feminism and the Subversion of Identity*, New York: Routledge. =（1999）竹村和子（訳）『ジェンダー・トラブル：フェミニズムとアイデンティティの撹乱』青土社.→（2018）新装版

——— (1993) *Bodies That Matter*, Abingdon: Routledge. =（2021）佐藤嘉幸（監訳）・竹村和子・越智博美ほか（訳）『問題＝物質となるジェンダー：「セックス」の言説的境界について』以文社.

Callon, Michel (1986) "Some Elements of a Sociology of Translation: Domestication of the Scallops and the Fishermen of St Brieuc Bay," in John Law (ed.), *Power, Action and Belief: A New Sociology of Knowledge?*, London: Routledge & Kegan Paul, 196-223.

——— and Bruno Latour (1992) "Don't Throw the Baby Out with the Bath School!: A Reply to Collins and Yearly," in Andrew Pickering (ed.), *Science as Practice and Culture*, Chicago: The University of Chicago Press, 343-368.

Carnap, Rudolf (1931) "Überwindung der Metaphysik durch Logische Analyse der Sprache," *Erkenntnis*, 2:219-241. =(1959) "The Elimination of Metaphysics through Logical Analysis of Language," in A. J. Ayer (ed.), *Logical Positivism*, Glencoe: Free Press. =（1977）内田種臣（訳）「言語の論理的分析による形而上学の克服」永井成男・内井惣七（編）『カルナップ哲学論集』紀伊國屋書店, 10-33.

——— (1932) "Die physikalische Sprache als Universalsprache der Wissenschaft," *Erkenntnis*, 2:432-465. =（1986）竹尾治一郎（訳）「科学の普遍言語としての物理的言語」坂本百大（編）『現代哲学基本論文集Ｉ』勁草書房, 185-240.

——— (1936) "Testability and Meaning," *Philosophy of Science*, 3(4):419-471; (1937) "Testability and Meaning: Continued," *Philosophy of Science*, 4(1):1-40.→(1950) *Testability and Meaning*, New Haven: Graduate Philosophy Club, Yale University. =（1977）永井成男（訳）「テスト可能性と意味」永井成男・内井惣七（編）『カルナップ哲学論集』紀伊國屋書店, 98-189.

Carpenter, William B. (1871) "Spiritualism and Its Recent Converts," *Quarterly Review*, 1871(Oct):301-353.

——— (1872) "Man the Interpreter of Nature," *Popular Science Monthly*, 1:684-701.→(1889) in *Nature and Man: Essays Scientific and Philosophical*, New York: D. Appleton, 185-210.

——— (1876) "On the Fallacy of Testimony in Relation to the Supernatural," *Contemporary Review*, 27:279-295.→(1889) in *Nature and Man: Essays Scientific and Philosophical*, New York: D. Appleton, 239-260.

Cattel, James Mckeen (1895) "Measurements of the Accuracy of Recollection," *Science*, 2(49):761-766.

Certeau, Michel de (1970) *La possession de Loudun*, Paris: Julliard.→(2005) Paris: Gallimard. =（2008）矢橋透（訳）『ルーダンの憑依』みすず書房.

千葉雅也（2015）「アンチ・エビデンス：90年代的ストリートの終焉と柑橘系の匂い」10+1 website, https://www.10plus1.jp/monthly/2015/04/index03.php 2021年8月18日DL.→（2018）『意味がない無意味』河出書房新社, 164-184.

Collins, Harry M. (1985) *Changing Order: Replication and Induction in Scientific Practice*, London: Sage.

——— and Steven Yearly (1992a) "Epistemological Chicken," in Andrew Pickering (ed.), *Science as Practice and Culture*, Chicago: The University of Chicago Press, 301-326.

——— and Steven Yearly (1992b) "Journey into Space," in Andrew Pickering (ed.), *Science as Practice and Culture*, Chicago: The University of Chicago Press, 369-389.

——— and Trevor Pinch (1994) *The Golem: What Everyone Should Know about Science*, Cambridge: Cambridge University Press. =（1997）福岡伸一（訳）『七つの科学事件ファイル：科学論争の顛末』化学同人.

Collins, Wilkie (1859-1860) *The Woman in White*.→(1910) London: J. M. Dent & Sons. =（1996）中島賢二（訳）『白衣の女（下）』岩波書店.

Cooper, Joe (1990) *The Case of the Cottingley Fairies*, London: Simon & Schuster. =（1999）井村君江（訳）『コティングリー妖精事件』朝日新聞社.

Corfield, Penelope J. (1992) "The Democratic History of the English Gentleman," *History Today*, 42: 40-47. =（1997）松塚俊三・坂巻清（訳）「イギリス・ジェントルマンの論争多き歴史」『思想』873:67-85.

Crary, Jonathan (1990) *Techniques of the Observer: On Vision and Modernity in the Nineteenth Century*, Cambridge: The MIT Press. =（1997）遠藤知巳（訳）『観察者の系譜：視覚空間の変容とモダニティ』十月社.→（2005）以文社.

——— (1999) *Suspensions of Perception: Attention, Spectacle, and Modern Culture*, Cambridge: The MIT Press. =（2005）岡田温司（監訳）・石谷治寛・大木美智子・橋本梓（訳）『知覚の宙吊り：注意、スペクタクル、近代文化』平凡社.

Crookes, William (1870) "Spiritualism Viewed by the Light of Modern Science," *Quarterly Journal of Science*, 7(27):316-321.→（1874）in *Researches on the Phenomena of Spiritualism*, London: J. Burns, 3-8. =（1980）森島三郎（訳）『心霊現象の研究』たま出版, 17-26.

——— (1871a) "Experimental Investigation of a New Force," *Quarterly Journal of Science*, 8(31):339-349. →(1874) in *Researches on the Phenomena of Spiritualism*, London: J. Burns, 9-19. =（1980）森島三郎（訳）『心霊現象の研究』たま出版, 27-44.

——— (1871b) "Some Further Experiments on Psychic Force," *Quarterly Journal of Science*, 8(32):471-493. →(1874) in *Researches on the Phenomena of Spiritualism*, London: J. Burns, 21-43. =（1980）森島三郎（訳）『心霊現象の研究』たま出版, 45-88.

——— (1872a) *Psychic Force and Modern Spiritualism: A reply to the "Quarterly Review" and Other Critics*, London: Longmans, Green. →(1874) "Psychic Force and Modern Spiritualism: A reply to the "Quarterly Review"," in *Researches on the Phenomena of Spiritualism*, London: J. Burns, 45-72. =（1980）森島三郎（訳）『心霊現象の研究』たま出版, 89-129.

——— (1872b) "On man as the interpreter of nature," *Proceedings of the British Association*,

1872(Oct):509-511.

Crosby, Alfred W. (1997) *The Measure of Reality: Quantification and Western Society, 1250-1600*, Cambridge: Cambridge University Press. =（2003）小沢千重子（訳）『数量化革命：ヨーロッパ覇権をもたらした世界観の誕生』紀伊國屋書店.

Cunningham, Andrew and Perry Williams (1993) "De-Centering the 'Big Picture': The Origins of Modern Science and the Modern Origins of Science," *BJHS*, 26:407-432.

Darnton, Robert (1968) *Mesmerism and the End of the Enlightenment in France*, Cambridge: Harvard University Press. =（1987）稲生永（訳）『パリのメスマー：大革命と動物磁気催眠術』平凡社.

Daston, Lorraine (1988) *Classical Probability in the Enlightenment*, Princeton: Princeton University Press.

——— (1991a) "Marvelous Facts and Miraculous Evidence in Early Modern Europe," *Critical Inquiry*, 18(1):93-124.

——— (1991b) "Baconian Facts, Academic Civility, and the Prehistory of Objectivity," *Annals of Scholarship*, 8:337–63.

——— (1994) "Historical Epistemology," in James Chandler, Arnold I. Davidson and Harry D. Harootunian (eds.), *Questions of Evidence: Proof, Practice, and Persuasion across the Disciplines*, Chicago: The University of Chicago Press, 282-289.

——— (1997) "The Cold Light of Facts and the Facts of Cold Light: Luminescence and the Transformation of the Scientific Fact, 1600-1750," in David L. Rubin (ed.), *EMF Studies in Early Modern France: Signs of the Early Modern II, 17th century and beyond*, Charlottesville: Rookwood Press, 17-45.

——— (2009) "Science Studies and the History of Science," *Critical Inquiry*, 35(4):798-813.

——— and Peter Galison (2007) *Objectivity*, New York: Zone Books. → (2010) 2nd pbk ed. =（2021）瀬戸口明久・岡澤康浩・坂本邦暢・有賀暢迪（訳）『客観性』名古屋大学出版会.

Dear, Peter (1985) "Totius in Verba: Rhetoric and Authority in the Early Royal Society," *Isis*, 76(2):144-161. →（1997）Peter Dear (ed.), *The Scientific Enterprise in Early Modern Europe*, Chicago: The University of Chicago Press, 255-272.

——— (1990) "Miracles, Experiments, and the Ordinary Course of Nature." *Isis*, 81(4):663-683.

Debus, Allen G. (1978) *Man and Nature in Renaissance*, Cambridge: Cambridge University Press. =（1986）伊東俊太郎・村上陽一郎・橋本眞理子（訳）『ルネサンスの自然観：理性主義と神秘主義の相克』サイエンス社.

Dehue, Trudy (1997) "Deception, Efficiency, and Random Groups: Psychology and the Gradual Origination of the Random Group Design," *Isis*, 88(4):653-673.

Diaconis, Persi and Mosteller Frederick (1989) "Methods for Studying Coincidences," *Journal of the American Statistical Association*, 84(408):853-861.

Dolby, R. G. A. (1979) "Reflections on Deviant Science," in Roy Wallis (ed.), *On the Margins of Science: The Social Construction of Rejected Knowledge*, Keele: University of Keele, 9-47. ＝（1986）杉山滋郎（訳）「逸脱科学に関する考察」高田紀代志・杉山滋郎・下坂英・横山輝雄・佐野正博（訳）『排除される知：社会的に認知されない科学』青土社, 306-374.

Doyle, Conan Arthur (1922) *The Coming of Fairies*, London: Hodder & Stoughton. ＝（1998）井村君江（訳）『妖精の出現：コティングリー妖精事件』あんず堂.→（2021）『妖精の到来：コティングリー村の事件』アトリエサード.

Dreyfus, Hubert L. and Paul Rabinow (1982) *Michel Foucault: Beyond Structuralism and Hermeneutics*, Chicago: The University of Chicago Press.→(1983) 2nd ed. ＝（1996）山形頼洋・井上克人・北尻祥晃・高田珠樹・山田徹郎・山本幾生・鷲田清一（訳）『ミシェル・フーコー：構造主義と解釈学を超えて』筑摩書房.

Duhem, Pierre (1906) *La théorie physique: Son objet, et sa structure*, Paris: Chevalier & Rivière.→(1914) 2. éd., Paris: Marcel Rivière. ＝（1991）小林道夫・熊谷陽一・安孫子信（訳）『物理理論の目的と構造』勁草書房.

Edgeworth, Francis Y. (1885a) "Logic of Statistics."→(1986) "Syllabus for Edgeworth's 1885 Lectures, King's College, London," in Stephen M. Stigler, *The History of Statistics: The Measurement of Uncertainty before 1900*, Cambridge: Belknap Press of Harvard University Press, 363-366.

——— (1885b) "Methods of Statistics," *Journal of the Statistical Society of London*, Jubilee volume:181-217.

——— (1885c) "The Calculs of Probabilisties Applied to Psychical Research," *Proceedings of the Society for Psychical Research*, 3:190-199.［第3巻：1885年］

——— (1886) "The Calculs of Probabilisties Applied to Psychical Research II," *Proceedings of the Society for Psychical Research*, 4:189-208.［第4巻：1886-1887年］

江戸川乱歩（1925）「心理試験」『新青年』大正14年2月号.→（2008）千葉俊二（編）『江戸川乱歩短編集』岩波書店, 81-123.

遠藤知巳（2000a）「言説分析とその困難：全体性／全域性の現在的位相をめぐって」『理論と方法』15: 49-60.→（2006）「言説分析とその困難（改訂版）: 全体性／全域性の現在的位相をめぐって」佐藤俊樹・友枝敏雄（編）『言説分析の可能性：社会学的方法の迷宮から』東信堂, 27-58.

———（2000b）「現代社会はいかにして近代であるのか？」大澤真幸（編）『社会学の知33』新書館, 204-209.

———（2016）『情念・感情・顔：「コミュニケーション」のメタヒストリー』以文社.

———（2017a）「言語行為と言説」友枝敏雄・浜日出夫・山田真茂留（編）『社会学の力：最重要概念・命題集』有斐閣, 56-59.

———（2017b）「ディスクール（言説）」日本社会学会理論応用事典刊行委員会

（編）『社会学理論応用事典』丸善出版, 348-349.
Evidence-Based Medicine Working Group (1992) "Evidence-Based Medicine: A New Approach to Teaching the Practice of Medicine," *JAMA*, 268(17):2420-2425.
Faraday, Michael (1853a) "Table-Turning," *Times*, June 30. =（1981）秦一夫（訳）「コックリさん（Table-turning）について：ザ・タイムズ編集長へ」ものの見方考え方研究会（編）『ものの見方考え方 第2集』季節社, 153-157.
——— (1853b) "Experimental Investigation of Table-Moving," *The Athenaeum*, 1340:801-803. =（1981）秦一夫（訳）「コックリさん（Table-moving）の実験的研究」ものの見方考え方研究会(編)『ものの見方考え方 第2集』季節社, 157-166.
Feyerabend, Paul (1975) *Against Method: Outline of an Anarchistic Theory of Knowledge*, London: NLB. =（1981）村上陽一郎・渡辺博（訳）『方法への挑戦：科学的創造と知のアナーキズム』新曜社.
Fisher, Ronald A. (1924) "A Method of Scoring Coincidences in Tests with Playing Cards," *Proceedings of the Society for Psychical Research*, 34:181-185.
——— (1925) *Statistical Methods for Research Workers*, Edinburgh: Oliver and Boyd. → (1958) 13th ed. =（1952）遠藤健児・鍋谷清治（訳）『研究者のための統計的方法』荘文社.［底本：第11版（1950年)］→（1970）改訂版, 森北出版.
——— (1928) "The Effect of Psychological Card Preferences," *Proceedings of the Society for Psychical Research*, 38:269-271.［第38巻：1928-1929年］
——— (1929) "The Statistical Method in Psychical Research," *Proceedings of the Society for Psychical Research*, 39:189-192.［第39巻：1930-1931年］
——— (1935) *The Design of Experiments*, Edinburgh, London: Oliver and Boyd. → (1966) 8th ed. =（1954）遠藤健児・鍋谷清治（訳）『実験計画法』荘文社.［底本：第6版（1951年)］→（1971）改訂版, 森北出版.
Foucault, Michel (1966) *Les mots et les choses: Une archéologie des sciences humaines*, Paris: Gallimard. =（1974）渡辺一民・佐々木明（訳）『言葉と物：人文科学の考古学』新潮社. →（2020）新装版.
——— (1969) *L'archéologie du savoir*, Paris: Gallimard. =（2012）慎改康之（訳）『知の考古学』河出書房新社.
——— (1971) *L'ordre du discours: Leçon inaugurale au Collège de France prononcée le 2 décembre 1970*, Paris: Gallimard. =（2014）慎改康之（訳）『言説の領界』河出書房新社.
——— (1974) "A verdade e as formas juridicas," *Cadernos da P. U. C.*, 16 :5-133. → (1994) "La vérité et les formes juridiques," in Daniel Defert et François Ewald (eds.), *Dits et écrits tome II 1970-1975*, Paris: Gallimard, n° 139. =（2000）西谷修（訳）「真理と裁判形態」蓮實重彦・渡辺守章（監修）『ミシェル・フーコー思考集成V：権力／処罰』筑摩書房, 94-216. →（2006）小林康夫・石田英敬・松浦寿輝（編）『フーコー・コレクション6：生政治・統治』筑摩書房, 9-152.
——— (1975a) *Surveiller et punir: Naissance de la prison*, Paris: Gallimard. =（1977）田村俶

（訳）『監獄の誕生：監視と処罰』新潮社. →（2020）新装版.

――――― (1975b) "La casa della follia," in Franco Basaglia e Franca Basaglia Ongaro (eds.), *Crimini di Pace*, Torino: Einaudi. → (1994) "La maison des fous," in Daniel Defert et François Ewald (eds.), *Dits et écrits tome II 1970-1975*, Paris: Gallimard, n° 146. =（2000）高桑和巳（訳）「狂人の家」蓮實重彥・渡辺守章（監修）『ミシェル・フーコー思考集成Ⅴ：権力／処罰』筑摩書房, 284-291. →（2006）小林康夫・石田英敬・松浦寿輝（編）『フーコー・コレクション4：権力・監禁』筑摩書房, 175-186.

――――― (1976) *La volonté de savoir: Histoire de la sexualité*, Paris: Gallimard. =（1986）渡辺守章（訳）『性の歴史Ⅰ：知への意志』新潮社.

――――― (1977) "Intervista a Michel Foucault," Alessandro Fontana e Pasquale Pasquino (eds.) *Microfisica del potere : Interventi politici*, Torino: Einaudi, 3-28. → (1994) "Entretien avec Michel Foucault," in Daniel Defert et François Ewald (eds.), *Dits et écrits tome III 1976-1979*, Paris: Gallimard, n° 192. =（2000）北山晴一（訳）「真理と権力」蓮實重彥・渡辺守章（監修）『ミシェル・フーコー思考集成Ⅵ：セクシュアリテ／真理』筑摩書房, 189-219. →（2006）小林康夫・石田英敬・松浦寿輝（編）『フーコー・コレクション4：権力・監禁』筑摩書房, 326-372.

――――― (1984) "L' éthique du souci de soi comme pratique de la liberté," *Concordia: Revista internacional de filosofia*, 6 :99-116. → (1994) in Daniel Defert et François Ewald (eds.), *Dits et écrits tome IV 1980-1988*, Paris: Gallimard, n° 356. =（2002）廣瀬浩司（訳）「自由の実践としての自己への配慮」蓮實重彥・渡辺守章（監修）『ミシェル・フーコー思考集成Ⅹ：倫理／道徳／啓蒙』筑摩書房, 218-246. →（2006）小林康夫・石田英敬・松浦寿輝（編）『フーコー・コレクション5：性・真理』筑摩書房, 292-336.

――――― (2003) *Le pouvoir psychiatrique: Cours au Collège de France 1973-1974*, Paris: Seuil/Gallimard. =（2006）慎改康之（訳）『ミシェル・フーコー講義集成Ⅵ 精神医学の権力：コレージュ・ド・フランス講義一九七三――九七四年度』筑摩書房.

――――― (2011) *Leçon sur la volonté de savoir: Cours au Collège de France 1970-1971, suivi de le Savoir d'Œdipe*, Paris: Seuil/Gallimard. =（2014）慎改康之・藤山真（訳）『ミシェル・フーコー講義集成Ⅰ：〈知への意志〉講義　コレージュ・ド・フランス講義一九七〇――九七一年度』筑摩書房.

――――― (2012) *Mal faire, dire vrai: Fonction de l'aveu en justice*, Louvain-la-Neuve: Presses universitaires de Louvain/The University of Chicago Press. =（2015）市田良彦（監訳）・上尾真道・信友建志・箱田徹（訳）『悪をなし真実を言う：ルーヴァン講義1981』河出書房新社.

Franklin, James (2001) *The Science of Conjecture: Evidence and Probability before Pascal*, Baltimore: John Hopkins University Press. → (2015) 2015 ed. =（2018）南條郁子（訳）『〈蓋然性〉の探究：古代の推論術から確率論の誕生まで』みすず書房.

Freud, Sigmund (1916) *Vorlesungen zur Einführung in die Psychoanalyse, Teil 1*, Leipzig: Hugo Heller. → (1940) Anna Freud, E. Bibring, W. Hoffer, E. Kris und O. Isakower (eds.),

Gesammelte Werke, XI: Vorlesungen zur Einführung in die Psychoanalyse, London: Imago Publishing.→(1998) 9. Aufl., Frankfurt am Main: S. Fischer. =（2012）新宮一成・高田珠樹・須藤訓任・道籏泰三（訳）『フロイト全集15：1915—17年 精神分析入門講義』岩波書店.

藤垣裕子（2003）『専門知と公共性：科学技術社会論の構築へ向けて』東京大学出版会.

————（2017）「研究不正とは何か：専門誌共同体と研究者集団の自律性をめぐって」『科学技術社会論研究』14:11-21.

福島真人（2013）「科学の防御システム：組織論的「指標」としての捏造問題」『科学技術社会論研究』10:69-81.→（2017）『真理の工場：科学技術の社会的研究』東京大学出版会, 229-249.

古川安（1989）『科学の社会史：ルネサンスから20世紀まで』南窓社.→（2000）増訂版.→（2018）筑摩書房.

Gabriel, Markus (2013) *Warum es die Welt nicht gibt*, Berlin: Ullstein. =（2018）清水一浩（訳）『なぜ世界は存在しないのか』講談社.

Galison, Peter (1997) *Image and Logic: A Material Culture of Microphysics*, Chicago: The University of Chicago Press.

Gibbons, Michael., Camille Limoges, Helga Nowotny, Simon Schwartzman, Peter Scott and Martin Trow (1994) *The New Production of Knowledge: The Dynamics of Science and Research in Contemporary Societies*, London: Sage. =（1997）小林信一（監訳）・綾部広則・中島秀人・塚原東吾・柿原泰・野村元成・小林朝子・調麻佐志（訳）『現代社会と知の創造：モード論とは何か』丸善出版.

Giddens, Anthony (1990) *The Consequences of Modernity*, Cambridge: Polity Press. =（1993）松尾精文・小幡正敏（訳）『近代とはいかなる時代か？：モダニティの帰結』而立書房.

Gieryn, Thomas, F (1983) "Boundary-Work and the Demarcation of Science from Non-Science: Strains and Interests in Professional Ideologies of Scientists," *American Sociological Review*, 48(6):781-795.

Ginzburg, Carlo (1979) "Spie: Radici di un paradigma indiziario," in Aldo Gargani (ed.), *Crisi della ragione*, Torino: Einaudi, 59-106. =（1988）竹山博英（訳）「徴候：推論的範例の根源」『神話・寓意・徴候』せりか書房, 177-226.

Gooday, Graeme (1990) "Genesis of Physics Teaching Laboratories," *BJHS*, 23:25-51.

Gray, J. A. Muir (2002) *The Resourceful Patient*, Oxford: eRosetta Press. =（2004）斉尾武郎（監訳）『患者は何でも知っている：EBM時代の医師と患者』中山書店.

Gunning, Tom (1995) "Phantom Images and Modern Manifestations: Spirit Photography, Magic Theater, Trick Films and Photography's Uncanny," in Patrice Petro (ed.), *Fugitive Images from Photography to Video*, Bloomington: Indiana University Press, 42-71. =（2003）望月由紀（訳）「幽霊のイメージと近代的顕現現象：心霊写真、マジック劇場、トリック映

画、そして写真における不気味なもの」長谷正人・中村秀之（編訳）『アンチ・スペクタクル：沸騰する視覚文化の考古学』東京大学出版会, 181-218.

Gurney, Edmund (1884) "M. Richet's Recent Research in Thought-Transference," *Proceedings of the Society for Psychical Research*, 2:239-264.［第2巻：1884年］

Gutting, Gary (1989) *Michel Foucault's Archaeology of Scientific Reason: Science and the History of Reason*, Cambridge: Cambridge University Press. =（1992）成定薫・金森修・大谷隆昶（訳）『理性の考古学：フーコーと科学思想史』産業図書.

Guyatt, Gordon (1991) "Evidence-Based Medicine," *ACP J Club*, 114: A16.

——— and Drummond Rennie (eds.) (2002) *Users' Guides to the Medical Literature: Essentials of Evidence-Based Clinical Practice*, Chicago: American Medical Association Press. =（2003）古川壽亮・山崎力（訳）『臨床のためのEBM入門：決定版JAMAユーザーズガイド』医学書院.

Habermas, Jürgen (1981) *Theorie des Kommunikiven Handelns*, Frankfurt am Main: Suhrkamp. =(1985) 河上倫逸・M. フーブリヒト・平井俊彦（訳）『コミュニケイション的行為の理論（上）』未來社.

Hacking, Ian (1975a) *The Emergence of Probability: A Philosophical Study of Early Ideas about Probability, Induction and Statistical Inference*, Cambridge: Cambridge University Press. → (2006) 2nd ed. =（2013）広田すみれ・森元良太（訳）『確率の出現』慶應義塾大学出版会.

——— (1975b) *Why Does Language Matter to Philosophy?* Cambridge: Cambridge University Press. =（1989）伊藤邦武（訳）『言語はなぜ哲学の問題になるのか』勁草書房.

——— (1983) *Representing and Intervening: Introductory Topics in the Philosophy of Natural Science*, Cambridge: Cambridge University Press. =（1986）渡辺博（訳）『表現と介入：ボルヘス的幻想と新ベーコン主義』産業図書. →（2015）『表現と介入：科学哲学入門』筑摩書房.

——— (1984) "Five Parables," in Richard Rorty, J. B. Schneewind and Quentin Skinner (eds.), *Philosophy in History*, Cambridge: Cambridge University Press, 103-124. → (2002) in *Historical Ontology*, Cambridge: Harvard University Press, 27-50. =（2012）出口康夫（訳）「五つの寓話」出口康夫・大西琢朗・渡辺一弘（訳）『知の歴史学』岩波書店, 67-121.

——— (1986) "Making up People," in Thomas Heller, Morton Sosna and David Wellbery (eds), Reconstructing Individualism, Stanford: Stanford University Press, 222-236. → (2002) in *Historical Ontology*, Cambridge: Harvard University Press, 99-114. =（2012）渡辺一弘（訳）「人々を作り上げる」出口康夫・大西琢朗・渡辺一弘（訳）『知の歴史学』岩波書店, 209-235.

——— (1988) "Telepathy: Origins of Randomization in Experimental Design," *Isis*, 79(3):427-451.

——— (1990) *The Taming of Chance*, Cambridge: Cambridge University Press. =（1999）石原英樹・重田園江（訳）『偶然を飼いならす：統計学と第二次科学革命』木鐸社.

——— (1995) *Rewriting the Soul: Multiple Personality and the Sciences of Memory*, Princeton:

Princeton University Press. =（1998）北沢格（訳）『記憶を書きかえる：多重人格と心のメカニズム』早川書房.
——— (1999) *The Social Construction of What?* Cambridge: Harvard University Press. =（2006）出口康夫・久米暁（訳）『何が社会的に構成されるのか』岩波書店, 1-65.
——— (2002) "Historical Ontology," in *Historical Ontology*, Cambridge: Harvard University Press, 1-26. =（2012）出口康夫（訳）「歴史的存在論」出口康夫・大西琢朗・渡辺一弘（訳）『知の歴史学』岩波書店.
Hall, Trevor H. (1984) *The Medium and the Scientist: The Story of Florence Cook and William Crookes*, New York: Prometheus Books.
浜野志保（2015）『写真のボーダーランド：X線・心霊写真・念写』青弓社.
Hankins, Thomas L. and Robert J. Silverman (1995) *Instruments and the Imagination*, Princeton: Princeton University Press.
Hansen, F. C. C. und Alfred Lehmann (1895) "Über unwillkürliches Flüstern: Eine kritische und experimentelle Untersuchung der sogenannten Gedankenübertragung," *Philosophische Studien*, 11:471-530.
Hanson, Norwood Russell (1958) *Patterns of Discovery*, Cambridge: Cambridge University Press. →(1965) pbk ed. =（1986）村上陽一郎（訳）『科学的発見のパターン』講談社.
Harvey, William (1628) *Exercitatio anatomica de motu cordis et sanguinis in animalibus*, Francofurti: Guilielmi Fitzeri. →(1928) Reprinted ed. =（2005）岩間吉也（訳）『心臓の動きと血液の流れ』講談社.
橋本一径（2010）『指紋論：心霊主義から生体認証まで』青土社.
橋爪大三郎（1984）「知識社会学の根本問題」『ソシオロゴス』8: 1-10. →（1993）「知識社会学の根本問題：本編」『橋爪大三郎コレクション3：制度論』勁草書房, 157-255.
———（1985）「Foucaultの微分幾何学：権力分析の文体論」『ソシオロゴス』9: 136-146. →（1986）「フーコーの微分幾何学：権力分析の文体論」『仏教の言説戦略』勁草書房, 38-61. →（2013）サンガ, 57-84.
———（2006）「知識社会学と言説分析」佐藤俊樹・友枝敏雄（編）『言説分析の可能性：社会学的方法の迷宮から』東信堂, 183-204.
平川秀幸（2002）「実験室の人類学：実践としての科学と懐疑主義批判」金森修・中島秀人（編）『科学論の現在』勁草書房, 23-62.
平野耿（2015）「経験論と新哲学：ロック、ボイル、シドナム」『イギリス哲学研究』38:5-14.
廣野喜幸（2002）「近代生物学・医学と科学革命」廣野喜幸・市野川容孝・林真理（編）『生命科学の近現代史』勁草書房, 35-52.
廣瀬浩司（2011）『後期フーコー：権力から主体へ』青土社.
Hodgson, Richard and S. J. Davey (1887) "The Possibilities of Mal-Observation and Lapse of Memory from a Practical Point of View," *Proceedings of the Society for Psychical Research*, 4:381-

495.［第4巻：1886-1887年］
Hooke, Robert (1726) *Philosophical Experiments and Observations of the Late Eminent Dr. Robert Hooke*, London: W. and J. Innys.
Horn, Stacy (2009) *Unbelievable: Investigations into Ghosts, Poltergeists, Telepathy, and Other Unseen Phenomena, from the Duke Parapsychology Laboratory*, New York: Ecco. =（2011）ナカイサヤカ（訳）・石川幹人（監修）『超常現象を科学にした男：J. B. ラインの挑戦』紀伊國屋書店.
Hume, David (1748) *Philosophical Essays Concerning Human Understanding.* →(1758) *An Enquiry Concerning Human Understanding.*→(1882) Thomas Hill Green and Thomas Hodge Grose (eds.), *David Hume: The Philosophical Works vol.3*, Aalen: Scientia Verlag.→(1964) Reprinted ed. =（2004）斎藤繁雄・一ノ瀬正樹（訳）『人間知性研究：付・人間本性論摘要』法政大学出版局.→（2020）普及版.
市野川容孝（2000）『身体／生命』岩波書店.
――――（2006）『社会』岩波書店.
――――（2012）『社会学』岩波書店.
一柳廣孝（1994）『〈こっくりさん〉と〈千里眼〉：日本近代と心霊学』講談社.→（2021）『〈こっくりさん〉と〈千里眼〉：日本近代と心霊学・増補版』青弓社.
井口暁（2021）「構築主義論争とルーマン理論」『現代社会学理論研究』15:18-34.
池田功毅・平石界（2016）「心理学における再現性危機：問題の構造と解決策」『心理学評論』59(1):3-14.
井村君江（2021）「まえがき：「コティングリー妖精事件」の存在意義」井村君江・浜野志保（編）『コティングリー妖精事件：イギリス妖精写真の新事実』青弓社, 7-11.
稲垣直樹（1993）『ヴィクトル・ユゴーと降霊術』水声社.
――――（2007）『フランス〈心霊科学〉考：宗教と科学のフロンティア』人文書院.
井上琢智（1992）「J. S. ミルと確率論」日本イギリス哲学会（監修）『J. S. ミル研究』御茶の水書房, 223-239.
入江哲朗（2020）『火星の旅人：パーシヴァル・ローエルと世紀転換期アメリカ思想史』青土社.
伊勢田哲治（2003）『疑似科学と科学の哲学』名古屋大学出版会.
――――（2004）『認識論を社会化する』名古屋大学出版会.
――――（2018）『科学哲学の源流をたどる：研究伝統の百年史』ミネルヴァ書房.
石垣千秋（2017）『医療制度改革の比較政治：一九九〇―二〇〇〇年代の日・米・英における診療ガイドライン政策』春風社.
石川幹人（2012）『超心理学：封印された超常現象の科学』紀伊國屋書店.
板倉聖宣（2003）『虹は七色か六色か：真理と教育の問題を考える』仮説社.
伊藤公一朗（2017）『データ分析の力：因果関係に迫る思考力』光文社.
伊東俊太郎（1978）『近代科学の源流』中央公論社.→（2007）中央公論新社.

逸村裕・池内有為（2013）「インパクトファクターの功罪：科学者社会に与えた影響とそこから生まれた歪み」『月刊化学』68(12):32-36.
James, William (1890) *The Principles of Psychology vol.1*, New York: Henry Holt.
——— (1892) *Psychology, Briefer Course*, London: Macmillan. =（1992）今田寛（訳）『心理学（上）』岩波書店.
——— (1897) "What Psychical Research Has Accomplished," in *The Will to Believe and Other Essays in Popular Philosophy*, New York: Longmans Green, 299-327. →(1960) in Gardner Harphy and Robert O. Ballou (eds.), *William James on Psychical Research*, New York: The Viking Press, 25-47.
——— (1898) "Lehmann and Hansen on 'the Telepathic Problem'," *Science: New Series*, 8(209):956.
——— (1899a) "Messrs. Lehmann and Hansen on Telepathy," *Science: New Series*, 9(227):654-655.
——— (1899b) "Telepathy One More," *Science: New Series*, 9(230):752-753.
Jasanoff, Sheila (1995) *Science at the Bar: Law, Science, and Technology in America*, Cambridge: Harvard University Press. =（2015）渡辺千原・吉良貴之（監訳）『法廷に立つ科学：「法と科学」入門』勁草書房.
Jastrow, Joseph (1902) "Memory (Defects of)," in James Mark Baldwin (ed.), *Dictionary of Philosophy and Psychology vol. 2*, New York: Macmillan, 64-66.
Kargon, Robert (1986) "Expert Testimony in Historical Perspective," *Law and Human Behavior*, 10(1):15-27.
Knapp, Krister Dylan (2017) *William James: Psychical Research and the Challenge of Modernity*, Chapel Hill: The University of North Carolina Press.
菊池哲彦（2016）「写真というテクノロジー」長谷正人（編）『映像文化の社会学』有斐閣, 9-24.
金森修（1994）「真理生産の法廷、戦場――そして劇場」『情況』第二期5(6):133-147.→（2015）「真理生産の法廷・戦場・劇場」『知識の政治学：〈真理の生産〉はいかにして行われるか』せりか書房, 106-128.
———（2000）『サイエンス・ウォーズ』東京大学出版会.
河本英夫（1995）『オートポイエーシス：第三世代システム』青土社.
北田暁大（2001）「〈構築されざるもの〉の権利をめぐって：歴史構築主義と実在論」上野千鶴子（編）『構築主義とは何か』勁草書房, 255-273.→（2018）「「構築されざるもの」の権利？：歴史構築主義と実在論」『社会制作の方法：社会は社会を創る、でもいかにして？』勁草書房, 83-99.
———（2003）「存在忘却？：二つの構築主義をめぐって」『歴史学研究』778:35-40/62.→（2018）『社会制作の方法：社会は社会を創る、でもいかにして？』勁草書房, 55-71.
———（2006）「フーコーとマクルーハンの夢を遮断する：フリードリヒ・キット

ラーの言説分析」佐藤俊樹・友枝敏雄（編）『言説分析の可能性：社会学的方法の迷宮から』東信堂, 59-87.

Kittler, Friedrich (1985) *Aufschreibe Systeme 1800•1900*, München: Wilhelm Fink. =（2021）大宮勘一郎・石田雄一（訳）『書き取りシステム 1800・1900』インスクリプト.

——— (1986) *Grammophon, Film, Typewriter*, Berlin: Brinkmann & Bose. =（1999）石光泰夫・石光輝子（訳）『グラモフォン・フィルム・タイプライター』筑摩書房.→（2006a）『グラモフォン・フィルム・タイプライター（上）』筑摩書房;（2006b）『グラモフォン・フィルム・タイプライター（下）』筑摩書房.

Knight, David (2009) *The Making of Modern Science: Science, Technology, Medicine and Modernity 1789-1914*, Cambridge: Polity Press.

Knorr-Cetina, Karin D. (1983) "The Ethnographic Study of Scientific Work: Towards a Constructivist Interpretation of Science," in Karin D. Knorr-Cetina and Michael Muklay (eds.), *Science Observed: Perspectives on the Social Study of Science*. London: Sage, 115-140.

久保明教（2019）『ブルーノ・ラトゥールの取説：アクターネットワーク論から存在様態探求へ』月曜社.

———（2021）「汎構築主義の射程：ブリュノ・ラトゥールにおける実在と社会」『現代社会学理論研究』15:35-46.

Kuhn, Thomas (1961) "The Function of Measurement in Modern Physical Science," *Isis*, 52(2):161-193.→(1977) in *The Essential Tension: Selected Studies in Scientific Tradition and Change*, Chicago: The University of Chicago Press, 178-224. =（1992）安孫子誠也（訳）「近代物理科学における測定の機能」安孫子誠也・佐野正博（訳）『本質的緊張：科学における伝統と革新 2』みすず書房.→（1998）『科学革命における本質的緊張』, 223-279.

——— (1962) *The Structure of Scientific Revolutions*, Chicago: The University of Chicago Press.→(1970) 2nd ed. =（1971）中山茂（訳）『科学革命の構造』みすず書房.

——— (1976) "Mathematical vs. Experimental Traditions in the Development of Physical Science," *The Journal of Interdisciplinary History*, 7:1-31.→(1977) "Mathematical versus Experimental Traditions in the Development of Physical Science," in *The Essential Tension: Selected Studies in Scientific Tradition and Change*, Chicago: The University of Chicago Press, 31-65. =（1987）安孫子誠也（訳）「物理科学の発達における数学的伝統と実験的伝統」安孫子誠也・佐野正博（訳）『本質的緊張：科学における伝統と革新 1』みすず書房.→（1998）『科学革命における本質的緊張』, 47-88.

——— (1977) "Objectivity, Value Judgement and Theory Choice,"in *The Essential Tension: Selected Studies in Scientific Tradition and Change*, Chicago: The University of Chicago Press, 320-339. =（1992）佐野正博（訳）「客観性、価値判断、理論選択」安孫子誠也・佐野正博（訳）『本質的緊張：科学における伝統と革新 2』みすず書房.→（1998）『科学革命における本質的緊張』, 415-447.

Kusukawa, Sachiko (2012) *Picturing the Book of Nature*, Chicago: Chicago University Press.

桑田学（2017）「オットー・ノイラートにおける物理主義と経済科学」『立教経済学研究』70(3):1-23.

Labinger, Jay A. and Harry Collins (eds.) (2001) *The One Culture?: A Conversation about Science*, Chicago: The University of Chicago Press.

Lakatos Imre (1978) *The Methodology of Scientific Research Programmes: Philosophical Papers Volume1*, Cambridge: Cambridge University Press. ＝（1986）村上陽一郎・井山弘幸・小林傳司・横山輝雄（訳）『方法の擁護：科学的研究プログラムの方法論』新曜社.

Laplace, Pierre-Simon (1812) *Théorie analytique des probabilités*, Paris: Courcier. → (1820) 3. éd. → (1886) *Œuvres complètes de Laplace Tome 7*, Paris: Gauthier-Villars. ＝（1986）伊藤清・樋口順四郎（訳）『ラプラス確率論：確率の解析的理論』共立出版.

——— (1814) *Essai philosophique sur les probabilités*, Paris: Courcier. ＝（1997）内井惣七（訳）『確率の哲学的試論』岩波書店.

Latour, Bruno (1987) *Science in Action: How to Follow Scientists and Engineers through Society*, Cambridge: Harvard University Press. ＝（1999）川崎勝・高田紀代志（訳）『科学が作られているとき：人類学的考察』産業図書.

——— (1991) *Nous n'avons jamais été modernes: Essai d'anthropologie symétrique*, Paris: La Découverte. ＝（1993）Catherine Porter (tr.), *We Have Never Been Modern*, Cambridge : Harvard University Press. ＝（2008）川村久美子（訳）『虚構の「近代」：科学人類学は警告する』新評論.

——— (1999) *Pandora's Hope: Essays on the Reality of Science Studies*. Cambridge: Harvard University Press. ＝（2007）川崎勝・平川秀幸（訳）『科学論の実在：パンドラの希望』産業図書.

——— (2002) *La fabrique du droit: Une ethnographie du Conseil d' État*, Paris: La Découverte. ＝（2017）堀口真司（訳）『法が作られているとき：近代行政裁判の人類学的考察』水声社.

——— (2005) *Reassembling the Social: An Introduction to Actor-network-theory*, Oxford: Oxford University Press. ＝（2019）伊藤嘉高（訳）『社会的なものを組み直す：アクターネットワーク理論入門』法政大学出版局.

——— and Steve Woolgar (1979) *Laboratory Life: The Social Construction of Scientific Facts*, Princeton: Princeton University Press. → (1986) *Laboratory Life: The Construction of Scientific Facts*, 2nd ed. ＝（2021）立石裕二・森下翔（監訳）・金信行・猪口智広・小川湧司・水上拓哉・吉田航太（訳）『ラボラトリー・ライフ：科学的事実の構築』ナカニシヤ出版.

Laudan, Larry (1977) *Progress and Its Problems: Toward a Theory of Scientific Growth*, Berkeley: University of California Press. ＝（1986）村上陽一郎・井山弘幸（訳）『科学は合理的に進歩する：脱パラダイム論へ向けて』サイエンス社.

——— (1981) "The Pseudo-Science of Science?" *Philosophy of the Social Sciences*, 11(2): 173-198.

——— (1982) "More on Bloor," *Philosophy of the Social Sciences*, 12(1):71-74.

——— (1983) "The Demise of the Demarcation Problem," in Robert S. Cohen and Larry Laudan (eds.), *Physic, Philosophy and Psychoanalysis: Essays in Honor of Adolf Grünbaum*, Dordrecht: D. Reidel Publishing, 111-127.

Le Bon, Gustave (1895) *Psychologie des foules*, Paris: Félix Alcan. ＝（1947）櫻井成夫（訳）『群衆心理』岡倉書房.→（1952）創元社.→（1993）講談社.［底本：第29版（1921年）・第38版（1931年）］

Licoppe, Christian (1994) "The Crystallization of a New Narrative Form in Experimental Reports (1660-1690): The Experimental Evidence as a Transaction between Philosophical Knowledge and Aristocratic Power," *Science in Context*, 7(2):205-244.

Lippmann, Walter (1922) *Public Opinion*, New York: Macmillan. ＝（1987）掛川トミ子（訳）『世論（上）』岩波書店.

Locke, John (1690) *An Essay Concerning Human Understanding I-IV*. → (1961) John W. Yolton (ed.), *An Essay Concerning Human Understanding vol.2*, London: J. M. Dent & Sons. → (1964) Revised ed. ＝（1977）大槻春彦（訳）『人間知性論（四）』岩波書店.

Luckhurst, Roger (2002) *The Invention of Telepathy: 1870-1901*, Oxford: Oxford University Press.

Luhmann, Niklas (1968) *Vertrauen: Ein Mechanismus der Reduktion sozialer Komplexität*, Stuttgart: Ferdinand Enke. → (1973) 2. Aufl. ＝（1990）大庭健・正村俊之（訳）『信頼：社会的な複雑性の縮減メカニズム』勁草書房.

——— (1980) *Gesellschaftsstruktur und Semantik I*, Frankfurt am Main: Suhrkamp. ＝（2011）徳安彰（訳）『社会構造とゼマンティクⅠ』法政大学出版局.

——— (1981) "Die Ausdifferenzierung von Erkenntnisgewinn: Zur Genese von Wissenschaft," in Nico Stehr und Volker Meja (eds.), *Wissenssoziologie*, Opladen: Westdeutscher Verlag. → (2008) in *Ideenevolution: Beitrage zur Wissenssoziologie*, Frankfurt am Main: Suhrkamp, 132-185. ＝（2017）土方透（監訳）「科学の発生：認識獲得システムの分出」『理念の進化』新泉社, 125-170.

——— (1984) *Soziale Systeme: Grundriß Einer Allgemeinen Theorie*, Frankfurt am Main: Suhrkamp. → (2015) 16. Aufl. → (2018) 17. Aufl. ＝（2020）馬場靖雄（訳）『社会システム：或る普遍的理論の要綱（上）』勁草書房.［底本：第16版］

——— (1988) *Erkenntnis als Konstruktion*, Bern: Benteli. ＝（1996）土方透・松戸行雄（訳）「構成としての認識」『ルーマン、学問と自身を語る』新泉社, 223-256.

——— (1990) *Die Wissenschaft der Gesellschaft*, Frankfurt am Main: Suhrkamp. ＝（2009a）徳安彰（訳）『社会の科学 1』法政大学出版局;（2009b）徳安彰（訳）『社会の科学 2』法政大学出版局.

——— (1992) *Beobachtungen der Moderne*, Opladen: Westdeutscher Verlag. → (2006) 2. Aufl. ＝（2003）馬場靖雄（訳）『近代の観察』法政大学出版局.［底本：初版］

——— (1997) *Die Gesellschaft der Gesellschaft I*, Frankfurt am Main: Suhrkamp. → (2018) 10. Aufl. ＝（2009）馬場靖雄・赤堀三郎・菅原謙・高橋徹（訳）『社会の社会 1』法政大学出版局.［底本：初版］

Lynch, Michael (1992a) "Extending Wittgenstein: The Pivotal Move from Epistemology to the Sociology of Science," in Andrew Pickering (ed.), *Science as Practice and Culture*, Chicago: The University of Chicago Press, 215-265.

——— (1992b) "From the 'Will to Theory' to the Discursive Collage: A Reply to Bloor's Left and Right Wittgensteinians," in Andrew Pickering (ed.), *Science as Practice and Culture*, Chicago: The University of Chicago Press, 283-300.

——— (1993) *Scientific Practice and Ordinary Action*. Cambridge: Cambridge University Press. =（2012）水川喜文・中村和生（監訳）『エスノメソドロジーと科学実践の社会学』勁草書房.

——— and David Bogen (1996) "Memory in Testimony," *The Spectacle of History: Speech, Text, and Memory at the Iran-Contra Hearings,* Durham: Duke University Press, 178-200. =（2019）朴沙羅（訳）「証言の中の記憶」『国際文化学研究：神戸大学大学院国際文化学研究科紀要』52:19-48.

Mach, Ernst (1886) *Die Analyse der Empfindungen und das Verhältnis des Physischen zum Psychischen,* Jena: Verlag von Gustav Fischer. →(1918) 7. Aufl. =（1963）須藤吾之助・廣松渉（訳）『感覚の分析』創文社.→（1971）新訳版, 法政大学出版局.

——— (1906) "Erkenntnis und Irrtum," *Erkenntnis und Irrtum: Skizzen zur Psychologie der Forschung*, Leipzig: Verlag von Johann Ambrosius Barth, 106-123.→(1920) 4. Aufl., 108-125. =（1966）廣松渉（訳）「認識と誤謬」廣松渉・加藤尚武（編訳）『認識の分析』創文社.→（1971）新装改訂版, 法政大学出版局.→（2002）廣松渉（編訳）, 新装改訂版, 58-82.

Magner, Eilis S. (1991) "Wigmore Confronts Münsterberg: Present Relevance of a Classic Debate," *Sydney Law Review*, 13:121-137.

Mannheim, Karl (1929) *Ideologie und Utopie*, Bonn: Friedrich Cohen.→(1952) *Ideologie und Utopie*, Frankfurt am Main: Schulte-Bulmke Verlag. =（1971）高橋徹・徳永恂（訳）「イデオロギーとユートピア」高橋徹（編）『マンハイム オルテガ』中央公論新社.→（2006）『イデオロギーとユートピア』中央公論新社.

——— (1931) "Wissenssoziologie," in Alfred Vierkandt (ed.), *Handwörterbuch der Soziologie*, Stuttgart: Ferdinand Enke Verlag, 659-680. =（1973）秋元律郎・田中清助（訳）「知識社会学」『現代社会学大系 第8巻 知識社会学』青木書店, 151-204.

Massey, Charles C. (1886) "The Possibilities of Mal-Observation in Relation to Evidence for the Phenomena of Spiritualism," *Proceedings of the Society for Psychical Research*, 4:75-99.［第4巻：1886-1887年］

松田道弘（1985）『超能力のトリック』講談社.

松本三和夫（1998）『科学技術社会学の理論』木鐸社.→（2016）『科学社会学の理論』講談社.

松村一志（2014）「「科学的」という言葉とその機能」『年報 科学・技術・社会』23:85-111.

――――（2015）「真理の社会学的分析に向けて：〈真理〉と〈真実〉の形式」『相関社会科学』24:43-58.
――――（2018）「社会構成主義をどう評価するか？：科学的実在論と反実在論の二分法を再考する」『年報社会学論集』31:72-83.
――――（2019）「実験報告の修辞学：19世紀後半の心霊研究と「裁判のレトリック」」『相関社会科学』28:3-16.
――――（2020）「「エビデンス」の奇妙な増殖：〈証拠〉の歴史から見たEBMと社会」『現代思想』48(12):94-103.
――――（2021）「科学否定論とフェイクの不安：リスク社会の科学とメディア」『現代思想』49(6):181-191.
Maturana, Humberto R. and Francisco J. Varela (1972) *De maquinas y seres vivos*, Santiago: Editorial Universitaria. =(1980) *Autopoiesis and Cognition: The Realization of the Living*, Dordrecht: D. Reidel Publishing. =（1991）河本英夫（訳）『オートポイエーシス：生命システムとはなにか』国文社.
McCorristine, Shane (2010) *Spectres of the Self: Thinking about Ghosts and Ghost-Seeing in England, 1750-1920*, Cambridge: Cambridge University Press.
Meillassoux, Quentin (2006) *Après la finitude: Essai sur la nécessité de la contingence*, Paris: Seuil. =（2016）千葉雅也・大橋完太郎・星野太（訳）『有限性の後で：偶然性の必然性についての試論』人文書院.
Meiland, Jack W. and Michael Krausz (eds.) (1982) *Relativism: Cognitive and Moral*, Notre Dame: University of Notre Dame Press. =（1989）常俊宗三郎・戸田省二郎・加茂直樹（訳）『相対主義の可能性』産業図書.
Merton, Robert K. (1949) *Social Theory and Social Structure: Toward the Codification of Theory and Research*, Glencoe: Free Press.→(1957) Revised ed. =（1961）森東吾・森好夫・金沢実・中島竜太郎（訳）『社会理論と社会構造』みすず書房.
―――― (1968) “The Matthew Effect in Science,” *Science*, 159(3810):56-63.
Mill, John Stuart (1843) *System of Logic, Ratiocinative and Inductive: Being a Connected View of the Principles of Evidence and the Methods of Scientific Investigation, vol.1-2*, London: John W. Parker. →(1882) 8th ed., New York: Harper & Brothers. =（1958a）大関将一・小林篤（訳）『論理学体系 論証と帰納Ⅲ：証明の原理と科学研究の方法について一貫した見解を述べる』春秋社;（1958b）大関将一・小林篤（訳）『論理学体系 論証と帰納Ⅳ：証明の原理と科学研究の方法について一貫した見解を述べる』春秋社.
Mills, C. Wright (1959) *The Sociological Imagination*, Oxford: Oxford University Press. =（2017）伊奈正人・中村好孝（訳）『社会学的想像力』筑摩書房.
三中信宏（2018a）『統計思考の世界：曼荼羅で読み解くデータ解析の基礎』技術評論社.
――――（2018b）「過去を復元する：その推論の理念と手法は学問の壁をまたぐ」『現代思想』46(13):160-169.

Minot, Charles S. (1886) "The Number-Habit," *Proceedings of the American Society for Psychical Research*, 1(2):86-95. ［第1巻：1885-1889年］
三浦清宏（2008）『近代スピリチュアリズムの歴史：心霊研究から超心理学へ』講談社.
Mol, Annemarie (2002) *The Body Multiple: Ontology in Medical Practice*, Durham: Duke University Press. ＝（2016）浜田明範・田口陽子（訳）『多としての身体：医療実践における存在論』水声社.
Mulkay, Michael (1980) "Interpretation and the Use of Rules: The Case of Norms of Science,"in Thomas F. Gieryn (ed.), *Science and Social Structure: A Festschrift for Robert K. Merton*, New York: New York Academy of Sciences, 111-125.
Münsterberg, Hugo (1908) *On the Witness Stand: Essays on Psychology and Crime*, New York: McClure Company.
宮台真司（2010）『システムの社会理論：宮台真司初期思考集成』勁草書房.
名部圭一（1996）「システム統合における「信頼」の様相」『現代社会理論研究』6:1-11.
中河伸俊（1999）『社会問題の社会学：構築主義アプローチの新展開』世界思想社.
――――（2006）「構築主義と言説分析」佐藤俊樹・友枝敏雄（編）『言説分析の可能性：社会学的方法の迷宮から』東信堂, 153-181.
中島秀人（1996）『ロバート・フック：ニュートンに消された男』朝日新聞社.→（2018）『ニュートンに消された男：ロバート・フック』KADOKAWA.
中村和生（2001）「知識社会学から知識の実践学へ」『年報社会学論集』14: 174-186.
中谷宇吉郎（1958）『科学の方法』岩波書店.
Neurath, Otto (1932) "Protokollsätze," *Erkenntnis*, 3:204-214. ＝（1986）竹尾治一郎（訳）「プロトコル言明」坂本百大（編）『現代哲学基本論文集Ｉ』勁草書房, 165-184.
岡澤康浩（2021）「ロレイン・ダストン、ピーター・ギャリソン『客観性』瀬戸口明久・岡澤康浩・坂本邦暢・有賀暢迪訳，名古屋大学出版会, 2021年」*Tokyo Academic Review of Books*, 29, https://doi.org/10.52509/tarb0029 2021/10/02 DL
隠岐さや香（2003）「科学と国家：外的科学史と内的科学史の超克へ」『科学史・科学哲学』17:2-19.
――――（2011）『科学アカデミーと「有用な科学」：フォントネルの夢からコンドルセのユートピアへ』名古屋大学出版会.
重田園江（1994）「ミシェル・フーコーにおける知と権力」『情況』第二期10(4):123-134.→（2020）『フーコーの風向き：近代国家の系譜学』青土社, 25-39.
Oppenheim, Janet (1985) *The Other world: Spiritualism and Psychical Research in England, 1850-1914*, Cambridge: Cambridge University Press. ＝（1992）和田芳久（訳）『英国心霊主義の抬頭：ヴィクトリア・エドワード朝時代の社会精神史』工作舎.
Ørsted, Hans Christian (1820) *Experimenta circa effectum conflictus electrici in actum magneticum*. ＝（1876）J. E. Kempe (tr.), "Experiments on the Effect of Electric Action on the Magnetic Needle," Journal of the Society of Telegraph Engineers, 5:464-469. →(1959) in Morris

Herbert Shamos (ed.), *Great Experiments in Physics: Firsthand Accounts from Galileo to Einstein*, New York: Holt, Rinehart and Winston. =（2018）清水忠雄（監訳）・大苗敦・清水祐公子（訳）「エルステッドの実験」『物理学をつくった重要な実験はいかに報告されたか：ガリレオからアインシュタインまで』朝倉書店, 137-141.

大澤真幸（1996）「知／言語の社会学」井上俊・上野千鶴子・大澤真幸・見田宗介・吉見俊哉（編）『岩波講座 現代社会学 第5巻：知の社会学／言語の社会学』岩波書店, 201-222.

Oxford University Press (2017) "pseudoscience, n.," *Oxford English Dictionary*, 3rd ed., Oxford: Oxford University Press. →(2018) *OED Online* https://www.oed.com/view/Entry/153794?redirectedFrom=pseudo+science 2021年8月18日DL.

Palfreman, Jon (1979) "Between Scepticism and Credulity: A Study of Victorian Scientific Attitudes to Modern Spiritualism," in Roy Wallis (ed.), *On the Margins of Science: The Social Construction of Rejected Knowledge*, Keele: University of Keele, 201-236.

Pascal, Blaise (1670) *Pensée de M. Pascal sur la religion et sur quelques autres sujets.* →(1963) *Pensée*, in Henri Gouhier et Louis Lafuma (eds.) *Œuvres Complètes*, Paris: Seuil, 493-641. =（1981）田辺保（訳）『パスカル著作集VI：パンセ1』教文館.

——— (1663) "Traité de l'équilibre des liqueurs," *Traitez de l'équilibre des liqueurs et de la pesanteur de la masse de l'air*, Paris: chez Guillaume Desprez, 1-44. =（1953）松浪信三郎（訳）「流体の平衡について」『パスカル 科学論文集』岩波書店, 53-90.［底本：Fortunat Strowski編『パスカル全集第一巻』, Jacques Chevalier編『パスカル著作集』］

——— (1648) *Récit de la grande expérience de l'équilibre des liqueurs*, Paris: chez Charles Savreux. =（1953）松浪信三郎（訳）「流体の平衡に関する大実験談」『パスカル 科学論文集』岩波書店, 29-51.［底本：Fortunat Strowski編『パスカル全集第一巻』, Jacques Chevalier編『パスカル著作集』］

Pearson, Karl (1894a) "Peculiarities of Psychical Research," *Nature*, 51:153.

——— (1894b) "Peculiarities of Psychical Research," *Nature*, 51:200.

——— (1895) "Peculiarities of Psychical Research," *Nature*, 51:273-274.

Peirce, Charles, S. (1868) "Questions Concerning Certain Faculties Claimed for Man," *Journal of Speculative Philosophy*, 2(2):103-114. →(1934) in Charles Hartshorne et al. (ed.), *Collected Papers of Charles Sanders Peirce vol.5*, Cambridge: Belknap Press of Harvard University Press. =（2014）植木豊（訳）「人間に生得的に備わっているとされてきた諸能力についての問い」『プラグマティズム古典集成：パース、ジェイムズ、デューイ』作品社, 61-92.

Pickering, Andrew (1992) "From Science as Knowledge to Science as Practice," in Andrew Pickering (ed.), *Science as Practice and Culture*, Chicago: The University of Chicago Press, 1-26.

——— (1995) *The Mangle of Practice: Time, Agency, & Science*, Chicago: The University of Chicago Press.

Poincaré, Henri (1902) *La science et l'hypothèse*, Paris: Ernest Flammarion. →(1917) 1917 éd. =

（1938）河野伊三郎（訳）『科学と仮説』岩波書店.→（1959）改版.

Poovey, Mary (1998) *A History of the Modern Fact: Problems of Knowledge in the Sciences of Wealth and Society*, Chicago: The University of Chicago Press.

Popper, Karl R. (1934) *Logic der Forschung*, Tübingen: J. C. B. Mohr. =(1959) *The Logic of Scientific Discovery*, London: Hutchinson. =（1971）大内義一・森博（訳）『科学的発見の論理（上）』恒星社厚生閣.

——— (1960) "On the Sources of Knowledge and of Ignorance," *Proceedings of the British Academy*. →(1963) *Conjectures and Refutations: The Growth of Scientific Knowledge*, London: Routledge & Kegan Paul, 3-30 .→(1965) 2nd ed.→(1969) 3rd ed.→(1972) 4th ed. =（1980）「知識と無知の根源について」藤本隆志・石垣壽郎・森博（訳）『推測と反駁：科学的知識の発展』法政大学出版局, 3-53.→（2009）新装版.［底本：Harper Torchbooksのペーパーバック版（1968年）も併用］

——— (1983) *Realism and the Aim of Science*, Abingdon: Routledge. =（2002）小河原誠・蔭山泰之・篠崎研二（訳）『実在論と科学の目的：W. W. バートリー三世編『科学的発見の論理へのポストスクリプト』より（上）』岩波書店.

Porter, Theodore M. (1995) *Trust in Numbers: The Pursuit of Objectivity in Science and Public Life*, Princeton: Princeton University Press. =（2013）藤垣裕子（訳）『数値と客観性：科学と社会における信頼の獲得』みすず書房.

Principe, Lawrence M. (1998) *The Aspiring Adept: Robert Boyle and His Alchemical Quest*, Princeton: Princeton University Press.

Ravetz, Jerome. R. (1999) "What is Post-Normal Science," *Future*, 31:647-653.

Richet, Charles (1884) "La suggestion mentale et le calcul des probabilités," *Revue philosophique de la France et de l'étranger*, 18:609-674.

Rorty, Richard (1987) "Science as Solidarity," in John S. Nelson, Allan Megill and Donald N. McCloskey (eds.), *The Rhetoric of the Human Sciences*, Madison: University of Wisconsin Press. =（1988）冨田恭彦（訳）「連帯としての科学」『連帯と自由の哲学：二元論の幻想を超えて』岩波書店, 1-32.→（1999）新装版.

Royal Society (2021a) Record (William Benjamin Carpenter), https://catalogues.royalsociety.org/CalmView/Record.aspx?src=CalmView.Persons&id=NA2869 2021年8月19日DL.

——— (2021b) Record (William Crookes), https://catalogues.royalsociety.org/CalmView/Record.aspx?src=CalmView.Persons&id=NA8188 2021年8月18日DL.

——— (2021c) Record (William Huggins), https://catalogues.royalsociety.org/CalmView/Record.aspx?src=CalmView.Persons&id=NA7376 2021年8月19日DL.

Russell, Bertland (1912) *The Problems of Philosophy*, London: Thornton Butterworth.→(1967) Oxford: Oxford University Press.→(1998) 2nd ed. =（2005）高村夏輝（訳）『哲学入門』筑摩書房.

——— (1914) "The Relation of Sense-data to Physics," *Scientia*, 16:1-27.→(1917) in *Mysticism and Logic: And Other Essays*, London: George Allen & Unwin, 145-179. =（1959）江森巳之

助（訳）「感官与件の物理学に対する関係」『神秘主義と論理』みすず書房.→（1995）新装版, 166-206.
Sackett, David L., Sharon E. Straus, W. Scott Richardson, William Rosenberg and R. Brian Haynes (1997) *Evidence-Based Medicine: How to Practice and Teach EBM*, Edinburgh, UK: Churchill Livingstone.→(2000) 2nd ed. ＝（2003）『Evidence-based medicine：EBMの実践と教育』エルゼビア・サイエンス.
榊原賢二郎（2016）『社会的包摂と身体：障害者差別禁止法制度後の障害定義と異別処遇を巡って』生活書院.
Salsburg, David (2001) *The Lady Tasting Tea: How Statistics Revolutionized Science in the Twentieth Century*, New York: W. H. Freeman. ＝（2006）竹内惠行・熊谷悦生（訳）『統計学を拓いた異才たち：経験則から科学へ進展した一世紀』日本経済新聞社.→（2010）文庫版, 日本経済新聞出版社.
Sargent, Rose-Mary (1989) "Scientific Experiment and Legal Expertise: The Way of Experience in Seventeenth-Century England," *Studies in History and Philosophy of Science*, 20(1): 19-45.
――― (1995) *The Diffident Naturalist: Robert Boyle and the Philosophy of Experiment*, Chicago: The University of Chicago Press.
――― (1997) "The Social Construction of Scientific Evidence," *Journal of Constructivist Psychology*, 10(1):75-96.
サトウタツヤ（2005）「法と心理学の歴史：第二次世界大戦前までを中心に」菅原郁夫・サトウタツヤ・黒沢香（編）『法と心理学のフロンティア Ⅰ巻 理論・制度編』北大路書房, 11-33.
―――（2011）『方法としての心理学史：心理学を語り直す』新曜社.
―――（2013）「法心理学」藤永保（監修）『最新 心理学事典』平凡社, 695-696.
佐藤俊樹（1998）「近代を語る視線と文体：比較のなかの日本の近代化」高坂健次・厚東洋輔（編）『講座社会学1：理論と方法』東京大学出版会, 65-98.
―――（2002）「言説、権力、社会、そして言葉：象牙の塔の「バベル」」『年報社会学論集』15:58-68.
―――（2006）「閾のありか：言説分析と実証性」佐藤俊樹・友枝敏雄（編）『言説分析の可能性：社会学的方法の迷宮から』東信堂, 3-25.
―――（2008）『意味とシステム：ルーマンをめぐる理論社会学的探究』勁草書房.
―――（2017）「データを計量する 社会を推論する：「新たな」手法が見せる社会科学と社会」『社会学評論』68(3):404-423.
―――（2019）『社会科学と因果分析：ウェーバーの方法論から知の現在へ』岩波書店.
Schaffer, Simon (1992) "Self Evidence," *Critical Inquiry*, 18(2):327-362.→(1994) in James Chanlder, Arnold I. Davidson, and Harry Harootunian (eds.), *Questions of Evidence: Proof, Practice, and Persuasion across the Disciplines*, Chicago: The University of Chicago Press, 56-91.
――― (1994) "Gestures in Question," in James Chanlder, Arnold I. Davidson, and Harry

Harootunian (eds.), *Questions of Evidence: Proof, Practice, and Persuasion across the Disciplines*, Chicago: The University of Chicago Press, 98-104.

Schlich, Thomas (2000) "Linking Cause and Disease in the Laboratory: Robert Koch's Method of Superimposing Visual and 'Functional' Representations of Bacteria," *History and Philosophy of the Life Sciences*, 22:43-58.

Searle, John R. (1995) *The Construction of Social Reality*, New York: Simon Schuster. →(1996) London: Penguin Books.

瀬田季茂（2005）『続 犯罪と科学捜査：DNA型鑑定の歩み』東京化学同人.

千田有紀（2001）「構築主義の系譜学」上野千鶴子（編）『構築主義とは何か』勁草書房, 1-41.

Shapin, Steven (1975) "Phrenological Knowledge and the Social Structure of Early Nineteenth-Century Edinburgh," *Annals of Science*, 32(1975), 219-243.

——— (1979) "The Politics of Observation: Cerebral Anatomy and Social Interests in the Edingburgh Phrenology Dispute," in Roy Wallis (ed.), *On the Margins of Science: The Social Construction of Rejected Knowledge*, Keele: University of Keele, 139-178. =（1986）高田紀代志（訳）「エディンバラ骨相学論争」高田紀代志・杉山滋郎・下坂英・横山輝雄・佐野正博（訳）『排除される知：社会的に認知されない科学』青土社, 133-200.

——— (1988) "The House of Experiment in Seventeenth-Century England," *Isis*, 79(3): 373-404.→(1997) in Peter Dear (ed.), *The Scientific Enterprise in Early Modern Europe*, Chicago: The University of Chicago Press, 233-304.

——— (1994) *A Social History of Truth*, Chicago: The University of Chicago Press.

——— (1996) *The Scientific Revolution*, Chicago: The University of Chicago Press. =（1998）川田勝（訳）『「科学革命」とは何だったのか：新しい歴史観の試み』白水社.

——— and Simon Schaffer (1985) *Leviathan and the Air-Pump: Hobbes, Boyle, and the Experimental Life*, Princeton: Princeton University Press.→(2011) 2nd ed. =（2016）吉本秀之（監訳）・柴田和宏・坂本邦暢（訳）『リヴァイアサンと空気ポンプ：ホッブズ、ボイル、実験的生活』名古屋大学出版会.

Shapiro, Barbara (1983) *Probability and Certainty in Seventeenth-Century England: A Study of the Relationships between Natural Science, Religion, History, Law, and Literature*, Princeton: Princeton University Press.

——— (1991) *Beyond Reasonable Doubt and Probable Cause: Historical Perspectives on the Anglo-American Law of Evidence*, Berkeley: University of California Press. =（2003）庭山英雄・融祐子（訳）『「合理的疑いを超える」証明とはなにか：英米証明理論の史的展開』日本評論社.

——— (1994) "The Concept 'Fact': Legal Origins and Cultural Diffusion," *Albion*, 26(2):227-252.

芝村良（2004）『R. A. フィッシャーの統計理論：推測統計学の形成とその社会的背

景』九州大学出版会.
篠木涼（2016）「アメリカ初期裁判心理学におけるミュンスターバーグとウィグモアの論争：大衆への訴えかけと専門家との関係から」『立命館人間科学研究』33:15-27.
Sidgwick, Henry (1884) "President's Address," *Proceedings of the Society for Psychical Research*, 2:152-156.［第2巻：1884年］
———— (1889) "The Canons of Evidence in Psychical Research," *Proceedings of the Society for Psychical Research*, 6:1-6.［第6巻：1889-1890年］
———— (1897) "Involuntary Whispering Considered in Relation to Experiments in Thought-transference," *Proceedings of the Society for Psychical Research*, 12:298-315.［第12巻：1896-1897年］
————, Eleanor M. Sidgwick and G. A. Smith (1889) "Experiments in Thought-transference," *Proceedings of the Society for Psychical Research*, 6:128-170.［第6巻：1889-1890年］
Society for Psychical Research (2021) Past Presidents, https://www.spr.ac.uk/about/past-presidents 2021年8月18日DL.
Sokal, Alan and Jean Bricmont (1997) *Impostures Intellectuelles*, Paris: Éditions Odile Jacob. =(1998) *Fashionable Nonsense: Postmodern Intellectuals' Abuse of Science*, New York: Picador. =（2000）田崎晴明・大野克嗣・堀茂樹（訳）『知の欺瞞：ポストモダン思想における科学の濫用』岩波書店.→（2012）文庫版.
Sommer, Andreas (2014) "Psychical Reseach in the History and Philosophy of Science: An Introduction and Review," *Studies in History and Philosophy of Biological and Biomedical Sciences*, 48:38-45.
Sprat, Thomas (1667) *The History of the Royal Society of London, for the Improving of Natural Knowledge*, London: T.R. for J. Martyn and J. Allestry.
Stafford, Barbara Maria (1994) *Artful Science: Enlightenment Entertainment and the Eclipse of Visual Education*, Cambridge: The MIT Press. =（1997）高山宏（訳）『アートフル・サイエンス：啓蒙時代の娯楽と凋落する視覚教育』産業図書.
Stern, William (1908) "Wirklichkeitsversuche," *Beiträge zur Psychologie der Aussage*, 2(1):1-31. =(1982) Ulrich Neisser (tr.), "Realistic Experiments," *Memory Observed: Remembering in Natural Contexts*, San Francisco: W.H. Freeman. =（1988）富田達彦（訳）「現実的実験」『観察された記憶：自然文脈での想起（上）』誠信書房, 115-129.
Stigler, Stephen M. (1986) *The History of Statistics: The Measurement of Uncertainty before 1900*, Cambridge: Harvard University Press.
Swijtink, Zeno G. (1987) "The Objectification of Observation: Measurement and Statistical Methods in Nineteenth Century," in Lorenz Krüger, Lorraine J. Daston, and Michael Heidelberger (eds.), *The Probabilistic Revolution vol.1: Ideas in History*, Cambridge: The MIT Press, 261-285.
高木光太郎（2006）『証言の心理学：記憶を信じる、記憶を疑う』中央公論新社.

高木重朗（1985）『魔法の心理学』講談社.
高山宏（2000）『奇想天外・英文学講義：シェイクスピアから「ホームズ」へ』講談社.→（2007）『近代文化史入門：超英文学講義』.
多木浩二（1982）『眼の隠喩：視線の現象学』青土社.→（2002）新装版.→（2008）筑摩書房.
田中祐理子（2013）『科学と表象：「病原菌」の歴史』名古屋大学出版会.
丹後俊郎（2002）『メタ・アナリシス入門：エビデンスの統合をめざす統計手法』朝倉書店.→（2016）新版.
Tarotan（2019）「反省文：p値を〈データが偶然で生じる確率〉と思うのはやめます」Tarotanのブログ, https://tarotan.hatenablog.com/entry/2019/06/29/235008 2021/10/05 DL
Taylor, Eugene (1996) *William James on Consciousness beyond the Margin*, Princeton: Princeton University Press.
Thomson, William (1889) "Electrical Units of Measurement," in *Popular Lectures and Addresses vol.1*, London and New York: Macmillan, 73-136.
Titchener, Edward B. (1898) "The 'Feeling of Being Stared at'," *Science: New Series*, 8(208):895-897.
――― (1899a) "Lehmann and Hansen on 'the Telepathic Problem'," *Science: New Series*, 9(210):36.
――― (1899b) "Professor James on Telepathy," *Science: New Series*, 9(228):686-687.
――― (1899c) "The Telepathic Question," *Science: New Series*, 9(231):787.
戸田山和久（2000）『論理学をつくる』名古屋大学出版会.
―――（2002）『知識の哲学』産業図書.
―――（2005）『科学哲学の冒険：サイエンスの目的と方法をさぐる』日本放送出版協会.
―――（2015）『科学的実在論を擁護する』名古屋大学出版会.
東京大学教養学部化学部会（編）（2007）『基礎化学実験』東京化学同人.→（2012）『基礎化学実験 第3版』.
東京大学教養学部基礎物理学実験テキスト編集委員会•東京大学教養学部附属教養教育高度化機構（編）（2006）『基礎物理学実験2006秋―2007春』学術図書出版社.→（2020）『基礎物理学実験 2020秋―2021春』.
津田敏秀（2013）『医学的根拠とは何か』岩波書店.
塚本真紀（2018）「江戸川乱歩「心理試験」の心理学」『尾道文学談話会会報』8:23-32.
Tucker, Jennifer (2005) *Nature Exposed*, Baltimore: Johns Hopkins University Press.
内田隆三（1980）「〈構造主義〉以後の社会学的課題」『思想』676:48-70.
―――（1987）『消費社会と権力』岩波書店.
―――（1990）『ミシェル・フーコー：主体の系譜学』講談社.→（2020）『ミシェル・フーコー』増補改訂.
―――（1996）「知の社会学のために：フーコーの方法を準拠にして」井上俊・上

野千鶴子・大澤真幸・見田宗介・吉見俊哉（編）『岩波講座 現代社会学 第5巻：知の社会学／言語の社会学』岩波書店, 35-66.
——— （2005）『社会学を学ぶ』筑摩書房.
——— （2008）「『眼の隠喩』：解説」多木浩二『眼の隠喩：視線の現象学』筑摩書房, 389-399.
——— （2013）『ロジャー・アクロイドはなぜ殺される？：言語と運命の社会学』岩波書店.
上野千鶴子（編）（2001）『構築主義とは何か』勁草書房.
Vesalius, Andreas (1543) *De humani corporis fabrica libri septem*, Basileae: Joannis Oporini. ＝（2007）島崎三郎（訳）『ファブリカ 第Ⅰ巻・第Ⅱ巻』うぶすな書院.
Wallace, Alfred Russel (1875) *On Miracles and Modern Spiritualism*, London: James Burns. ＝（1985）近藤千雄（訳）『心霊と進化と：奇跡と近代スピリチュアリズム』潮文社.
——— (1877) "*Mesmerism, Spiritualism, &c., Historically and Scientifically Considered.* Being Two Lectures Delivered at the London Institution, with Preface and Appendix. By William B. Carpenter, C.B., M.D., F.R.S., &c., &c. London: Longmans, Green, and Co., 1877," *Quarterly Journal of Science*, 14:391-416.
Wasserstein, Ronald L. and Nicole A. Lazar (2016) "The ASA Statement on p-Values: Context, Process, and Purpose," *The American Statistician*, 70(2):129-133. ＝（2017）日本計量生物学会（訳）「統計的有意性とP値に関するASA声明」日本計量生物学会ホームページ, https://www.biometrics.gr.jp/news/all/ASA.pdf 2021年8月20日 DL.
———, Allen L. Schirm and Nicole A. Lazar (2019) "Moving to a World Beyond "p < 0.05","
The American Statistician, 73(sup1): 1-19.
Wells, H. G. (1894) "Peculiarities of Psychical Research," *Nature*, 51:121-122.
——— (1895) "Peculiarities of Psychical Research," *Nature*, 51:274.
Weigl, Engelhard (1990) *Instrumente der Neuzeit*, Stuttgart: Metzler. ＝（1990）三島憲一（訳）『近代の小道具たち』青土社.［邦訳版はドイツ語版に先立って出版されたもの］
Weinberg, Alvin M. (1972) "Science and Trans-Science," *Minerva*, 10(2):209-222.
Wigmore, Henry (1909) "Professor Muensterberg and the Psychology of Testimony," *Illinois Law Review*, 3(7):399-445.
Wittgenstein, Ludwig (1953) *Philosophical Investigations*, Oxford: Basil Blackwell. ＝（1976）藤本隆志（訳）『ウィトゲンシュタイン全集8：哲学探究』大修館書店.
——— (1969) *Über Gewißheit = On Certainty*, Oxford: Basil Blackwell. ＝（1975） 黒田亘（訳）「確実性の問題」黒田亘・菅豊彦（訳）『ウィトゲンシュタイン全集9：確実性の問題・断片』大修館書店, 1-169.
Woolgar, Steve (1983) "Irony in the Social Study of Science," in Karin D. Knorr-Cetina and Michael Muklay (eds.), *Science Observed: Perspectives on the Social Study of Science*. London: Sage, 239-266.
——— (ed.) (1988) *Knowledge and Reflexivity: New Frontiers in the Sociology of Knowledge*, London:

Sage.
——— (1992) "Some Remarks about Positionism: A Reply to Collins and Yearly," in Andrew Pickering (ed.) *Science as Practice and Culture*, Chicago: The University of Chicago Press, 327-342.
——— and Dorothy Pawluch (1985) "Ontological Gerrymandering: The Anatomy of Social Problems Explanations," *Social problem*, 32(3):214-227. =（2000）平英美（訳）「オントロジカル・ゲリマンダリング：社会問題をめぐる説明の解剖学」平英美・中河伸俊（編）『構築主義の社会学：論争と議論のエスノグラフィー』世界思想社, 18-45.→（2006）平英美・中河伸俊（編）『新版 構築主義の社会学：実在論争を超えて』世界思想社, 184-213.
矢島杜夫（1993）『ミル『論理学体系』の形成』木鐸社.
山本義隆（2007a）『一六世紀文化革命 1』みすず書房.
———（2007b）『一六世紀文化革命 2』みすず書房.
吉見俊哉（1995）『「声」の資本主義：電話・ラジオ・蓄音機の社会史』講談社.→（2012）河出書房新社.
Zabell, S. L. (1988) "The Probabilistic Analysis of Testimony," *Journal of Statistical Planning and Inference*, 20:327-354.
Ziman John (1994) *Prometheus Bound: Science in a Dynamic Steady State*, Cambridge: Cambridge University Press. =（1995）村上陽一郎・川崎勝・三宅苞（訳）『縛られたプロメテウス：動的定常状態における科学』シュプリンガー・フェアラーク東京.
——— (2000) *Real Science: What It Is, and What It Means*, Cambridge: Cambridge University Press. =（2006）東辻千枝子（訳）『科学の真実』吉岡書店.
Žižek, Slavoj (1989) *The Sublime Object of Ideology*, Brooklyn: Verso. =（2000）鈴木晶（訳）『イデオロギーの崇高な対象』河出書房新社.→（2015）文庫版.
——— (1991) *For What They Know Not What They Do: Enjoyment as a Political Factor*, Brooklyn: Verso. =（1996）鈴木一策（訳）『為すところを知らざればなり』みすず書房.

［著者］松村一志（まつむら・かずし）
1988年東京都生まれ。東京大学大学院総合文化研究科国際社会科学専攻相関社会科学コース博士課程修了。博士（学術）。現在、成城大学文芸学部マスコミュニケーション学科専任講師。専門は社会学・科学論。本作が初の著書。

エビデンスの社会学

証言の消滅と真理の現在

2021年11月30日　第1刷発行
2022年 2 月22日　第2刷発行

著者——松村一志

発行者——清水一人
発行所——青土社

〒101-0051　東京都千代田区神田神保町1-29　市瀬ビル
［電話］03-3291-9831（編集）03-3294-7829（営業）
［振替］00190-7-192955

組版——フレックスアート
印刷・製本——双文社印刷

装幀——川添英昭

ISBN978-4-7917-7432-6　C0036